Ursula Hess

Allgemeine Psychologie II

Motivation und Emotion

Verlag W. Kohlhammer

Dieses Werk einschließlich aller seiner Teile ist urheberrechtlich geschützt. Jede Verwendung außerhalb der engen Grenzen des Urheberrechts ist ohne Zustimmung des Verlags unzulässig und strafbar. Das gilt insbesondere für Vervielfältigungen, Übersetzungen, Mikroverfilmungen und für die Einspeicherung und Verarbeitung in elektronischen Systemen.

Die Wiedergabe von Warenbezeichnungen, Handelsnamen und sonstigen Kennzeichen in diesem Buch berechtigt nicht zu der Annahme, dass diese von jedermann frei benutzt werden dürfen. Vielmehr kann es sich auch dann um eingetragene Warenzeichen oder sonstige geschützte Kennzeichen handeln, wenn sie nicht eigens als solche gekennzeichnet sind.

Es konnten nicht alle Rechtsinhaber von Abbildungen ermittelt werden. Sollte dem Verlag gegenüber der Nachweis der Rechtsinhaberschaft geführt werden, wird das branchenübliche Honorar nachträglich gezahlt.

```
LMU München
Universitätsbibliothek
Zentrale Lehrbuchsammlung
```

1. Auflage 2018

Alle Rechte vorbehalten
© W. Kohlhammer GmbH, Stuttgart
Gesamtherstellung: W. Kohlhammer GmbH, Stuttgart

Print:
ISBN 978-3-17-021991-5

E-Book-Formate:
pdf: ISBN 978-3-17-032353-7
epub: ISBN 978-3-17-032354-4
mobi: ISBN 978-3-17-032355-1

Für den Inhalt abgedruckter oder verlinkter Websites ist ausschließlich der jeweilige Betreiber verantwortlich. Die W. Kohlhammer GmbH hat keinen Einfluss auf die verknüpften Seiten und übernimmt hierfür keinerlei Haftung.

Grundriss der Psychologie

Herausgegeben von Bernd Leplow und Maria von Salisch

Begründet von Herbert Selg und Dieter Ulich

Diese Taschenbuchreihe orientiert sich konsequent an den Erfordernissen des Bachelorstudiums, in dem die Grundlagen psychologischen Fachwissens gelegt werden. Jeder Band präsentiert sein Gebiet knapp, übersichtlich und verständlich!

H. E. Lück/S. Guski-Leinwand
Geschichte der Psychologie

Ursula Hess
Allgemeine Psychologie II

F. Eggert
Deskriptive Statistik und Wahrscheinlichkeitstheorie

K. Rentzsch/A. Schütz
Psychologische Diagnostik

J. Schiebener/M. Brand
Allgemeine Psychologie I

D. Ulich/P. Mayring
Psychologie der Emotionen

F. Rheinberg/R. Vollmeyer
Motivation

U. Ehlert/R. La Marca/
E. A. Abbruzzese/U. Kübler
Biopsychologie

J. Kienbaum/B. Schuhrke
Entwicklungspsychologie der Kindheit

T. Faltermaier/P. Mayring/W. Saup/
P. Strehmel
Entwicklungspsychologie des Erwachsenenalters

H. M. Trautner
Allgemeine Entwicklungspsychologie

L. Laux
Persönlichkeitspsychologie

T. Greitemeyer
Sozialpsychologie

R. Guski
Wahrnehmung

F. J. Schermer
Lernen und Gedächtnis

H.-P. Nolting/P. Paulus
Pädagogische Psychologie

J. Felfe
Arbeits- und Organisationspsychologie, Bd. 1 und 2

L. v. Rosenstiel/W. Molt/
B. Rüttinger
Organisationspsychologie

T. Faltermaier
Gesundheitspsychologie

S. Trepte/L. Reinecke
Medienpsychologie

D. Köhler
Rechtspsychologie

G. Felser
Konsumentenpsychologie

M. Vollrath
Ingenieurpsychologie

Inhalt

Geleitwort 11

Teil 1: Motivation

1 **Grundlagen** 15
   1.1   Gegenstandsbestimmung und
          Grundfragen 15
          1.1.1   Quellen der Motivation 17
          1.1.2   Wie misst man Motivation? 18
   1.2   Historischer Abriss 21
          1.2.1   Descartes' Willenstheorie 21
          1.2.2   Instinkttheorien 22
          1.2.3   Triebtheorien 23

2 **Bedürfnistheorien** 28
   2.1   Einleitung 28
   2.2   Physiologische Bedürfnisse 28
   2.3   Psychologische Bedürfnisse 29
          2.3.1   Psychologische Bedürfnisse
                  (needs) nach Murray 29
          2.3.2   Universelle psychologische
                  Bedürfnisse nach Deci und Ryan 31
   2.4   Soziale Bedürfnisse 36
          2.4.1   Implizite und explizite Motive ... 37
          2.4.2   Leistungsmotivation 40
          2.4.3   Anschlussmotivation 48
          2.4.4   Machtmotivation 54

3 **Kognitive Theorien: Pläne und Ziele** 63
   3.1   Einleitung 63
   3.2   Kontrolltheorie 63
   3.3   Ziele 65

	3.3.1	Zielsetzungstheorie (Goal Setting Theory, Locke & Latham, 1990; Locke & Latham, 1994)	66
	3.3.2	Entscheidungstheorie (expected utility theory)	70
	3.3.3	Prospekt-Theorie (Neue Erwartungstheorie)	73
	3.3.4	Kritik an Zieltheorien	73

4 Kognitive Theorien und das Selbst — **76**
- 4.1 Einleitung — 76
- 4.2 Selbstregulation — 76
  - 4.2.1 Ego-Depletion — 79
  - 4.2.2 Selbstregulation und Belohnungsaufschub — 82
  - 4.2.3 Die Heiß-/Kalt-Theorie — 83
- 4.3 Regulationsfokustheorie — 84
- 4.4 Selbstwert (Self-esteem) — 85
- 4.5 Kognitive Dissonanz — 86
  - 4.5.1 Selbstkonsistenz — 87
  - 4.5.2 Selbstbestätigung — 88
  - 4.5.3 Kognitive Dissonanz als Motivator für Einstellungsänderungen — 89
  - 4.5.4 Einstellungsänderung durch einstellungskonträre Argumentation — 89
  - 4.5.5 Nachentscheidungsdissonanz — 90
  - 4.5.6 Rechtfertigung von Anstrengungen — 91
- 4.6 Erlernte Hilflosigkeit — 91
  - 4.6.1 Gefühl der mangelnden Kontrolle — 91
  - 4.6.2 Pessimistischer versus optimistischer Attributionsstil — 93
- 4.7 Reaktanz — 94
  - 4.7.1 Reaktanz und Hilflosigkeit — 94
  - 4.7.2 Modell der gelernten Hilflosigkeit und Reaktanz — 95

5 Extrinsische und intrinsische Motivation — **99**
- 5.1 Einleitung — 99

5.2	Die versteckten Kosten der Belohnung	101
5.3	Kognitive Evaluationstheorie	105
5.4	Selbstdeterminationstheorie	106
5.5	Organismische Integrationstheorie	106
5.6	Kausalitätsorientationstheorie	110

Teil 2: Emotionen

6 Grundlagen ... **115**
6.1 Gegenstandsbestimmung ... 115
    6.1.1 Emotionen und andere affektive Zustände ... 116
    6.1.2 Emotionskomponenten ... 118
6.2 Historischer Abriss ... 119

7 Emotionsausdruck ... **124**
7.1 Basisemotionen ... 124
7.2 Emotionaler (Gesichts-)Ausdruck ... 126
7.3 Was zeigen emotionale Gesichtsausdrücke wirklich? ... 128
    7.3.1 Frühes 20. Jahrhundert ... 128
    7.3.2 Behavioral Ecology Theory: Emotionen signalisieren Verhaltensabsichten ... 129
    7.3.3 Emotionsausdruck aus Sicht von Appraisaltheorien ... 132

8 Klassische Emotionstheorien: Darwin und James ... **134**
8.1 Einleitung ... 134
8.2 Evolutionäre Emotionstheorien: Charles Darwin ... 135
    8.2.1 Darwins Prinzipien ... 136
    8.2.2 Nachfolgetheorien ... 138
8.3 Physiologische Emotionstheorien: William James ... 140
    8.3.1 Nachfolgetheorien ... 142

	8.3.2	Die Fehlattribution von physiologischer Erregung 145

9 Kognitive Emotionstheorien: Appraisaltheorien 147
9.1 Grundlagen der Appraisaltheorien 147
9.2 Eine erste psychologische Appraisaltheorie: Magda Arnold 148
9.3 Lazarus' Theorie der Stressemotionen ... 150
9.4 Moderne Appraisaltheorien 152

10 Affektive Neurowissenschaften 160
10.1 Einleitung 160
10.2 McLeans »Triurne Brain« 160
10.3 Somatische Marker 162
10.4 Die Rolle der Amygdala 163
10.5 Panksepps Affective Neuroscience 165

11 Sozialkonstruktivistische Theorien 167

12 Emotion im sozialen Kontext 171
12.1 Sozialisation 171
    12.1.1 Emotionen empfinden 171
    12.1.2 Emotionen ausdrücken 172
    12.1.3 Emotionen erkennen 173
    12.1.4 Emotionswissen erwerben und anwenden 176
12.2 Soziale Interaktion 178
    12.2.1 Das soziale Mitteilen von Emotionen (emotional sharing) .. 179
    12.2.2 Imitation und Emotionsansteckung 183
    12.2.3 Emotionsregulation 187

13 Kulturelle Unterschiede und Ähnlichkeiten 193
13.1 Einleitung 193
13.2 Emotionsempfinden 193
    13.2.1 Emotionsbegriffe 193
    13.2.2 Beschreibung des Emotionsempfindens 194

13.3	Emotionsausdruck	195
	13.3.1 Kulturelle Dialekte	196
	13.3.2 Emotionsausdruck als Kontinuum über Spezies	197
13.4	Emotionsursache und Appraisal	198
13.5	Emotionsnormen und Regulation	200

Literatur **201**

Stichwortverzeichnis **229**

Geleitwort

Neue Studiengänge brauchen neue Bücher! Bachelor und Master sind nicht einfach verkürzte Diplom- oder Magisterausbildungen, sondern stellen etwas qualitativ Neues dar. So gibt es jetzt Module, die in sich abgeschlossen sind und aufeinander aufbauen. Sie sind jeweils mit Lehr- und Lernzielen versehen und spezifizieren sehr viel genauer als bisher, welche Themen und Methoden in ihnen zu behandeln sind. Aus diesen Angaben leiten sich Art, Umfang und Thematik der Modulprüfungen ab. Aus der Kombination verschiedener Module ergeben sich die Bachelor- und Masterstudiengänge, welche in der Psychologie konsekutiv sind, also aufeinander aufbauen. Die Bände der Reihe *Grundriss der Psychologie* konzentrieren sich auf das umgrenzte Lehrgebiet des Bachelorstudiums.

Da im Bachelorstudium die Grundlagen des psychologischen Fachwissens gelegt werden, ist es uns ein Anliegen, dass sich jeder Band der Reihe *Grundriss der Psychologie* ohne Rückgriff auf Wissen aus anderen Teilgebieten der Psychologie lesen lässt. Jeder Band der Grundrissreihe orientiert sich an einem der Module, welche die Deutsche Gesellschaft für Psychologie (DGPs) im Jahr 2005 für die Neugestaltung der Psychologieausbildung vorgeschlagen hat. Damit steht den Studierenden ein breites Grundwissen zur Verfügung, welches die wichtigsten Gebiete aus dem vielfältigen Spektrum der Psychologie verlässlich abdeckt. Dies ermöglicht nicht nur den Übergang auf den darauf aufbauenden Masterstudiengang der Psychologie, sondern auch eine erste Berufstätigkeit im psychologisch-assistierenden Bereich.

So führt der Bachelorabschluss in Psychologie zu einem eigenen, berufsbezogenen Qualifikationsprofil. Aber auch Angehörige anderer Berufe können von einer ergänzenden Bachelorausbildung in Psychologie profitieren. Überall dort, wo menschliches Verhalten und Erleben Entscheidungsabläufe beeinflusst, hilft ein fundiertes Grundwissen in Psychologie. Die Bandbreite reicht vom Fachjournalismus über den Erziehungs- und Gesundheitsbereich, die Wirtschaft mit diversen Managementprofilen, die Architektur und die Ingenieurwissenschaften bis hin zu Führungspositionen in Militär und Polizei. Die wissenschaftliche Psychologie bietet insofern – bei ethisch vertretbarer Anwendung – ein Gerüst, über welches man auf die Gesellschaft positiv Einfluss nehmen kann. Daher können auch Studierende und Praktiker aus anderen als den klassischen psychologischen Tätigkeitsfeldern vom Wissen eines Bachelors in Psychologie profitieren. Weil die einzelnen Bände so gestaltet sind, dass sie psychologisches Grundlagenwissen voraussetzungsfrei vermitteln, sind sie also auch für Angehörige dieser Berufsgruppen geeignet.

Wir möchten den ausgeschiedenen Herausgebern für ihre inspirierende Arbeit an dieser Reihe danken und hoffen, auch weiterhin auf ihre Erfahrungen zurückgreifen und ihren wertvollen Rat in Anspruch nehmen zu können. Den Leserinnen und Lesern wünschen wir vielfältige Erkenntnisse und Erfolge mit den Bänden der Reihe *Grundriss der Psychologie*.

Maria von Salisch
Bernd Leplow

Teil 1: Motivation

1 Grundlagen

1.1 Gegenstandsbestimmung und Grundfragen

Warum spielen Kinder Fangen? Warum trainiert Anna jeden Morgen? Warum nimmt Lars die Treppen und nicht den Aufzug? Alle diese Personen strengen sich körperlich an, aber tun sie das aus den gleichen Gründen?

Motivationsforschung beschäftigt sich mit der Frage, warum Personen das tun, was sie gerade tun. Genauer geht es um die Frage nach den Prozessen, die Richtung und Intensität des Verhaltens bestimmen. Diese Frage lässt sich in weitere Unterfragen aufteilen:

1. Warum wird ein Verhalten angefangen?
2. Was bestimmt das Ziel des Verhaltens?
3. Wodurch wird das Verhalten aufrechterhalten?
4. Wodurch wird das Ziel verändert?
5. Warum hört das Verhalten auf?

Motivationspsychologie beschäftigt sich mit den inneren und äußeren Anreizen, die Individuen dazu veranlassen, ein bestimmtes Verhalten zu wählen und auszuführen. Eine weitere Frage ist, warum bestimmte Reize für manche Personen Verhalten veranlassen und für andere nicht, also die Frage nach den individuellen Unterschieden in der Motivation. Aus dieser Sicht definieren z. B. Thill und Vallerand (1993) Motivation folgendermaßen:

Definition
▶ Motivation ist hypothetisches Konstrukt, das die internen und externen Kräfte beschreibt, die Verhalten auslösen und beenden, seine Richtung und Richtungsänderungen sowie die In-

tensität und Persistenz mit dem das Verhalten ausgeübt wird bestimmen.[1] ◄◄

Generell werden Motivationen als adaptives Verhalten verstanden. Unterschiedliche Verhaltensweisen sind mit angenehmen oder unangenehmen Konsequenzen verbunden. Herbert Spencer (Spencer, 1899) postulierte, dass angenehme Konsequenzen mit Aktivitäten verbunden sind, die dem Überleben nutzen, und unangenehme mit Aktivitäten, die dem Überleben schaden. Wir alle können schnell Gegenbeispiele nennen, dennoch ist es vermutlich richtig zu sagen, dass eine Vielzahl von motivierten Akten eher adaptiv ist. Wichtig ist auch zu bedenken, dass die Überlebensnützlichkeit eines Verhaltens sich mit der Zeit ändern kann. So war unsere Vorliebe für kalorienreiche Nahrung und Energiekonservierung nützlicher zu Zeiten, als Kalorien sehr knapp waren.

Motivation lenkt die Aufmerksamkeit des Organismus. Zu jedem Zeitpunkt gibt es eine Vielzahl von möglichen Verhaltensweisen und relevanten Umweltreizen. Je nach Motivation wählen wir ein mögliches Verhalten. So können Sie z. B. dieses Buch lesen, weil Sie motiviert sind, für eine Klausur zu lernen, gleichzeitig fangen Sie langsam an, Hunger (physiologisches Bedürfnis) zu entwickeln und hören die Stimmen Ihrer Mitbewohner (Affiliationsmotiv). Plötzlich bekommen Sie einen Krampf im Fuß, springen auf und hüpfen hin und her. Schmerz ist ein motivierender Faktor, der die Aufmerksamkeit auf sich zieht und sofortiges Handeln verlangt (Bolles & Fanselow, 1980). Wenn sich der Fuß wieder beruhigt hat, lesen Sie weiter – oder vielleicht unterhalten Sie sich doch mit Ihren Mitbewohnern oder bereiten sich etwas zu Essen zu. Dieses Beispiel zeigt auch, dass unterschiedliche Motivationen im Laufe der Zeit stärker und schwächer werden und so einen Verhaltensablauf bestimmen, wie in Abbildung 1.1 illustriert.

---

1 Freie Übersetzung der Autorin

1 Grundlagen

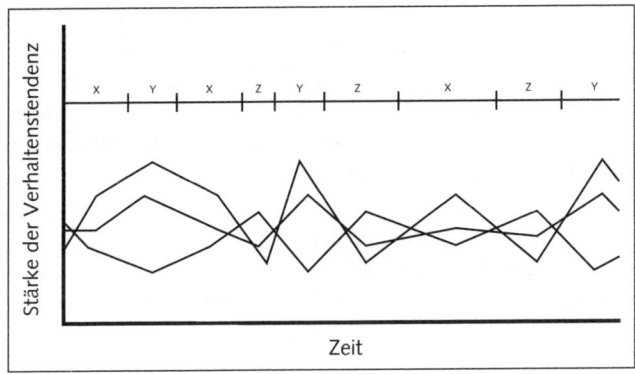

Abb. 1.1: Ein Beispiel für einen Verhaltensfluss (x, y, z) und die systematischen Veränderungen in der Stärke der Verhaltenstendenzen, die ihn hervorbringen (nach Atkinson, Bongort & Price, 1977).

1.1.1 Quellen der Motivation

Generell wird zwischen internen und externen Quellen der Motivation unterschieden. Externe Quellen sind Umweltanreize, die Richtung und Energie des Verhaltens bestimmen. Geld ist z. B. ein Anreiz, der Annäherungsverhalten auslöst. Wenn ich jemandem Geld für eine Tätigkeit anbiete, erhöhe ich die Chance, dass die Person diese Tätigkeit auch ausübt. Ein schlechter Geruch hingegen ist ein Beispiel für einen Umweltreiz, der Vermeidungsverhalten auslöst. Man bewegt sich von dem Geruch weg oder unterlässt Verhalten, dass ihn auslöst. Interne Quellen sind Bedürfnisse, Kognitionen und Emotionen. Bedürfnisse bezeichnen wesentliche Bedingungen für das Überleben und die angemessene Entwicklung eines Organismus. Biologische Bedürfnisse wie Hunger und Durst beschreiben einen physiologischen Mangel, der den Organismus motiviert, diesem abzuhelfen – im Falle von Hunger also nach Nahrung zu suchen. Psychologische Bedürfnisse wie z. B. Bedürfnisse nach Macht oder Affiliation behandeln psychologische Bedingungen, die für den Organismus wichtig sind, und zu deren Erreichen der Organismus Energie aufwendet.

Im Kontext der Motivationsforschung sind Erwartungen und Ziele wichtige Kognitionen, ebenso auch Kognitionen, die das Selbst betreffen (ideales Selbst, Soll-Selbst). So ist z. B. das Ziel, einen Universitätsabschluss zu machen, eine Kognition. Ziele werden oft aufgrund der persönlichen Erfahrungen des Individuums entwickelt. Es gibt aber auch evolutionär angelegte Ziele, wie z. B. das Ziel der Fortpflanzung. Evolutionäre Psychologie beschäftigt sich mit dieser Quelle der menschlichen Motivation. Auch Emotionen können motivieren. Einige Emotionstheorien (▶ Teil II) sehen dies als einen zentralen Aspekt der Emotionen (z. B., Frijda, 1986; Weiner, 1986).

Ein Verhalten kann auch durch mehr als eine Motivation bestimmt sein. So kann ich zum Beispiel mehr Sport machen, um fit zu bleiben (ein Ziel) und dann einen bestimmten Sport wählen, der meinem Affiliationsbedürfnis entspricht.

Externe Ereignisse und interne Motivationsquellen interagieren in vielen Fällen. Wenn ich Hunger habe und ein Sandwich im Raum ist, dann bin ich motiviert, dieses zu essen. Wenn keines im Raum ist, bin ich motiviert, etwas Essbares zu suchen. Eine Person, die nach Macht strebt, wird sich auch nur dann entsprechend verhalten, wenn es in der Umwelt Gelegenheit gibt, Macht auszuüben.

In diesem Zusammenhang muss man zwischen Motiven und Anreizen unterscheiden. Motivation hat immer ein Objekt – ich kann nicht einfach motiviert sein, sondern ich bin motiviert, etwas Bestimmtes zu tun. Motivation zielt auf ein spezifisches Verhalten. Motivation veranlasst Verhalten auf etwas hin oder von etwas weg. Wenn ich also ein Sandwich esse, weil ich Hunger habe, dann wirkt mein Verhalten direkt auf das auslösende Motiv. Nachdem ich das Sandwich gegessen habe, habe ich keinen Hunger mehr. Ein Anreiz beschreibt hingegen einen Bestandteil der Situation, den das Individuum als positiv oder negativ erkennt und der einen spezifischen Aufforderungscharakter hat. So ist die Anwesenheit eines Sandwichs ein Anreiz für den Hungrigen, nicht aber für den Durstigen.

1.1.2 Wie misst man Motivation?

Motivation drückt sich im Verhalten aus, aber auch in den Kognitionen und Emotionen, die Quellen der Motivation sind. Deshalb kann Motivation über Verhaltenskomponenten gemessen werden, aber auch über Selbstbericht und über die physiologischen Veränderungen, die mit der motivationsbedingten körperlichen Aktivierung einhergehen. Vertreter unterschiedlicher Motivationsansätze bevorzugen dabei unterschiedliche Maße. Theorien, die besonders auf physiologische Bedürfnisse abheben (Instinkt- und Triebtheorien), bevorzugen Verhaltens- und physiologische Maße. Theorien, für die hingegen psychologische Bedürfnisse zentral sind, verwenden auch Selbstberichte. Gängige Verhaltensmaße sind:

1. Anstrengung: das Ausmaß der Anstrengung, die der Organismus zeigt
2. Latenz: der Zeitraum zwischen dem Auftreten des Anreizes und dem Verhalten
3. Persistenz: die Ausdauer, die der Organismus zeigt
4. Wahl: die Tatsache, dass der Organismus eine bestimmte von mehreren Verhaltensoptionen zeigt
5. Frequenz: wie häufig ein Organismus eine Verhaltensoption wählt
6. Richtung: Annährungs- und Vermeidungsverhalten
7. Emotionaler Ausdruck von Behagen oder Unbehagen

Der Grad der Aktivierung eines Individuums, aber auch spezifisch relevante Aspekte des motivierten Verhaltens lassen sich an einer Reihe von physiologischen Veränderungen ableiten. So gehen z. B. bestimmte kardiovaskuläre Veränderungen mit Herausforderung versus Bedrohung einher (Tomaka, Blascovich, Kelsey & Leitten, 1993). Katecholamine (Adrenalin, Noradrenalin, Dopamin) werden im Rahmen von Kampf-oder-Flucht-Reaktionen freigesetzt und können im Blut nachgewiesen werden (Arun, 2004). Aufmerksamkeit auf bestimmte Reize wiederum kann durch elektrodermale Aktivität (Filion, Dawson, Schell & Hazlett, 1991) indiziert werden. Funktionelle Magnetresonanztomographie (fMRT) zeigt die Aktivierung bestimmter Hirnregionen in Abhängigkeit von Bestrafung und Belohnung. So reagiert der *Nucleus Accumbens* als Teil des Belohnungssystems (Ikemoto & Panksepp, 1999) in Antizipation einer monetären Belohnung (Knutson, Adams, Fong & Hommer, 2001).

Selbstberichte umfassen Fragebögen zu bestimmten Motivationen (z. B. der Personality Research Form, PRF; Jackson, 1984), aber auch projektive Verfahren, wie z. B. der Thematic Apperception Test (TAT; Murray, 1943) oder die Picture-Story Exercise (PSE; McClelland, Koestner & Weinberger, 1989; Schultheiss, Liening & Schad, 2008). Diese werden zur Messung von Leistungs-, Macht- und Bindungsmotivation eingesetzt (Atkinson, 1958; Langan-Fox & Grant, 2006). Es zeigt sich dabei, dass implizite Maße wie der TAT oder PSE nur gering mit Fragebogenmaßen korrelieren (McClelland et al., 1989; Schultheiss, Yankova, Dirlikov & Schad, 2009). Dabei erfassen implizite Maße eher spontanes Verhalten, während Fragebogenverfahren eher kontrolliertes Verhalten erfassen.

Exkurs Thematischer Apperzeptionstest (TAT)

Abb. 1.2: Beispiel für ein TAT-Bild (THEMATIC APPERCEPTION TEST by Henry A. Murray, Cambridge, Mass.: Harvard University Press, Copyright © 1943 by the President and Fellows of Harvard College, Copyright © renewed 1971 by Henry A. Murray.)

Es wird den Probanden eine Reihe von Bildern vorgelegt mit der Instruktion, zu jedem Bild eine Geschichte zu erzählen. Dabei soll jede Geschichte darauf eingehen, wie es zu dem gezeigten Ereignis gekommen ist, was im Moment passiert, was die Protagonisten fühlen und denken und was das Ergebnis war. Die Probanden werden instruiert, eine komplette Geschichte mit Anfang, Mitte und Ende zu erzählen. Die Geschichten werden dann aufgezeichnet und kodiert, wobei es unterschiedliche Systeme gibt, die in Bezug auf Reliabilität

> variieren. Der TAT bestand im Original aus 32 Bildern. Murray (1943) schlug vor, davon 20 auszuwählen. In den meisten Forschungsanwendungen werden nur diejenigen Bilder eingesetzt, die für die jeweilige Fragestellung relevant sind.

1.2 Historischer Abriss

Historisch wichtig sind drei »universale« Motivationstheorien, d. h., Theorien, die jede Art motivierten Verhaltens erklären wollen: Descartes' Willenstheorie, Instinkttheorien (Darwin, James, McDougall) und Triebtheorien (Freud, Hull). Diese Theorien zeigten sich alle als problematisch und wurden im späteren Verlauf von sogenannten Minitheorien abgelöst. Diese versuchen nicht, die gesamte Spannbreite des motivierten Verhaltens zu erklären, sondern beschränken sich auf bestimmte Motive oder Prozesse, wie z. B. Leistungsmotivation (McClelland, Atkinson, Clark & Lowell, 1953) oder Kognitive Dissonanz (Festinger, 1957).

1.2.1 Descartes' Willenstheorie

Descartes sah den Willen als die ultimative motivationale Kraft. Danach entscheidet der Wille ob, wann und wie wir handeln. Körperliche Bedürfnisse, Leidenschaften, Freuden und Schmerzen sind dabei nur Aktionsimpulse, die den Willen anregen. Der Wille ist derjenige Teil des Geistes, der diese körperlichen Leidenschaften und Begierden im Sinne eines tugendhaften Lebensstils reguliert. Descartes' Theorie gibt allerdings wenig Hinweis darauf, wie der Wille dies tut. Willenstheorien wurden bis ins 20. Jahrhundert weiterentwickelt (Rand, 1964; Ruckmick, 1936). So war für Wilhelm Wundt (1832–1920), dem Begründer der experimentellen Psychologie, der Wille ein zentrales Thema. Willenshandlungen stellten demnach die gestaltende Wirksamkeit des handelnden Individuums dar und Prozesse wie Aufmerksamkeit, Wahrnehmung, Erinnerung, Gedanken wurden von ihnen geleitet. Die experimentelle Volitionsforschung wurde insbesondere in der Würzburger Schule von Ach und in der Löwener Schule von

Michotte vorangetrieben. Diese Ansätze wurden allerdings nicht weitergeführt. So sah z. B. Kurt Lewin in der Intention eher ein Pseudobedürfnis.

Auch Forschung zur »Willenskraft« im Rahmen von Studien zum Belohnungsaufschub zeigten, dass die zugrundeliegenden Prozesse auch ohne diesen Begriff erklärt werden können. Mischel und Kollegen (siehe Mischel, 1996) gaben Kindern die Wahl, eine Süßigkeit entweder gleich zu essen oder noch eine Weile zu warten, um dann noch eine weitere Süßigkeit zu bekommen. Kindern gelang dies am besten, wenn sie sich während der Wartezeit ablenkten, indem sie etwas anderes machten und damit das Warten weniger unangenehm gestalteten. Wenn sie hingegen angehalten wurden, über die antizipierte Belohnung nachzudenken, fiel ihnen das Warten sehr viel schwerer. Dies entspricht allerdings nicht der Vorstellung von Willenskraft als der Fähigkeit zu tugendhafter Selbstverleugnung, wie sie Descartes beschreibt. Mischel schließt aus diesen Studien, dass es in diesem Kontext statt um Willenskraft eher um die Fähigkeit geht, eine unangenehme Situation (Warten) in eine weniger unangenehme Situation (z. B. Singen) umzuwandeln. Im Rahmen der Forschung zur Selbstregulation wird der Begriff ebenfalls wieder aufgegriffen (▸ Kap. 5.2).

1.2.2 Instinkttheorien

Charles Darwins Evolutionstheorie brach mit der hergebrachten philosophischen Dichotomie zwischen Mensch und Tier. Damit konnte auch die Frage gestellt werden, was Tiere motiviert. Ein mentalistisches Konzept wie der Wille konnte diese Frage nicht beantworten. Nach Darwin (1859, 1872/1965) ist tierisches Verhalten ungelernt und automatisch. Um solche genetisch verankerten, adaptiven Verhaltensweisen erklären zu können, schlug er das Konzept des Instinkts vor. In Gegenwart eines angemessenen Anreizes veranlasse der angeborene Instinkt das Tier, eine bestimmte Handlung auszuführen, zu jagen, ein Nest zu bauen, etc.

William James (1890) beschrieb neben den physiologischen Instinkten, die Darwin schon beschrieben hatte, auch mentale Instinkte (z. B. Imitation, Spiel). Auch er nahm an, dass ein Hinweisreiz genügt, um einen Instinkt auszulösen, z. B. löse der Anblick einer Maus in einer Katze eine Reihe von Impulsen aus, die sie zu bestimmten Handlungen – rennen, jagen – veranlassen. Die dazu nötigen Reflexe sind nach James angeboren.

Nach William McDougall (1908) bestimmen Instinkte, wie Reize wahrgenommen werden, welche Emotionen sie auslösen und wie in Bezug auf Reize gehandelt wird. D. h., er schrieb den Instinkten assoziierte Emotionen zu (z. B. Fluchtinstinkt: Furcht). Nach McDougall erklären Instinkte das beobachtete menschliche zielgerichtete Verhalten; ohne Instinkte würden Menschen nicht handeln. McDougall nimmt dabei eine schwächere genetische Verankerung an, weshalb er auch von Neigungen (Propensities) spricht, in bestimmten Situationen mit bestimmten Emotionen und den assoziierten Handlungen zu reagieren.

Im Laufe der Zeit zeigten sich jedoch zunehmend Probleme mit dem Instinktansatz. Die Listen der Instinkte wurden rasch exzessiv (mit über 6 000 Instinkten). Zu jedem Verhalten wurde ein Instinkt beschrieben. Wenn Tiere vor einem Objekt flüchten, wird dies mit dem Fluchtinstinkt erklärt; wenn sie sich einem Objekt nähern, mit dem Neugierinstinkt; wenn sie sich um ihre Jungtiere kümmern, mit dem Parentalinstinkt und so weiter (Dunlap, 1919; Holt, 1931). Dieser Ansatz ist zirkulär, da ja allein aufgrund des Verhaltens auf seine Ursache – dem zugeordneten Instinkt geschlossen wird. Es gab also kein vom beobachteten Verhalten unabhängiges Kriterium für die Existenz eines Instinkts. Auch zeigte sich, dass genetisch identische Individuen durchaus unterschiedlich auf Reize reagieren können, und zwar in Abhängigkeit ihrer Lerngeschichte (Watson, 1924). Diese Bedenken führten dazu, dass in den 20er Jahren des letzten Jahrhunderts die Instinkttheorie in der Psychologie von der Triebtheorie abgelöst wurde. Es gab in der Ethologie allerdings weiterhin instinkttheoretische Ansätze, die versuchten, die oben genannten Probleme zu umgehen (Lorenz, 1937; Tinbergen, 1951).

1.2.3 Triebtheorien

Sigmund Freud

Eine erste Triebtheorie wurde von Freud (1915/1952) entwickelt. Es gibt eine Reihe von Ähnlichkeiten zwischen Instinkten und Trieben. Ein wichtiger Unterschied liegt allerdings darin, dass der motivierende Faktor bei Trieben nicht außerhalb des Organismus im Anreiz, sondern innerhalb des Organismus liegt. Nach Freud wird Verhalten von biologischen Bedürfnissen bestimmt. Bei Nichtbefriedigung dieser Bedürfnisse entsteht Spannung, die schädlich wirkt, wenn sie nicht abgebaut wird (dies wird meist mit einer Dampfkesselmetapher verdeutlicht). Der Trieb ist dann der motivationale Faktor, der zu einer Handlung führt, die das Bedürfnis befriedigt und damit die Spannung abbaut (▶ Abb. 1.3). Freud ging zunächst (1915) von einer Vielzahl von Trieben aus, reduzierte diese aber später (1938/1995) auf zwei Urtriebe: Eros und Thanatos. Eros vereint dabei Sexual- und Selbsterhaltungstriebe, während Thanatos zerstörerische Triebe vereint. Aus dem Zusammenspiel der beiden Urtriebe ergeben sich dann die konkreten Antriebe des Alltags. Die genauere Steuerung dieses Prozesses läuft über Freuds Instanzenmodell (Es-Ich-Überich), auf das hier nicht weiter eingegangen werden soll.

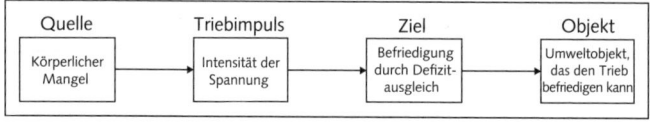

Abb. 1.3: Triebmodell nach Freud

Clark L. Hull

Hulls Triebtheorie (Hull, 1943, 1952) baut auf einem behavioristischen Ansatz auf. Seine Theorie ist dabei die einzige der »universalen« Theorien, die motiviertes Verhalten vorhersagen kann (anstatt es nur *ex post facto* zu erklären). Wie bei Freud sucht der Organismus eine Homöostase. Wenn es zu einem Deprivationszustand kommt (z. B. nicht genug Flüssigkeit), führt dieser zu einem physiologischen Bedürfnis (Durst). Wenn dieses Bedürfnis intensiv genug wird, wird ein Trieb ausgelöst und ein zur Wiederherstellung der Homöostase geeignetes Verhalten (Habit) ausgewählt. Es kommt dann zum Konsumationsverhalten (Trinken), was zu einer Reduktion des Triebes führt – der Kreis schließt sich damit.

Der Trieb ist dabei eine monotone Funktion der Länge des Deprivationszustandes und stellt die Energie für das Verhalten zur

Verfügung. Habit bestimmt das gewählte Verhalten. Habit ist aus der Lerngeschichte abgeleitet. Wenn eine Ratte gelernt hat, dass der rechte Durchgang durch ein Labyrinth zu Futter führt, der Linke aber zu Wasser, dann wird sie den Rechten wählen, wenn sie nahrungsdepriviert ist, und den Linken, wenn sie flüssigkeitsdepriviert ist (Hull, 1933). Das resultierende Konsumationsverhalten reduziert den Trieb und verstärkt das Lernen. D. h., Verstärkung des Lernens findet durch eine Reduktion der durch die Deprivation entstandenen Spannung statt. Hull beschrieb sein Modell mit der Formel:

$$_SE_R = {_S}H_R \times D$$

Das exzitatorische Potenzial E des Verhaltens R in der Situation S wird dabei durch das Produkt Triebstärke D mit der Habitstärke H der Reaktion in der gegebenen Situation bestimmt. Man kann also nach dieser Formel das Verhalten des Organismus vorhersagen, wenn man seinen Deprivationszustand und die Lerngeschichte kennt. Es zeigte sich allerdings, dass Verhalten auch durch einen externen Faktor bestimmt wird: die Stärke des Anreizes K. So zeigte z. B. Crespi (1942) in einer klassischen Studie, dass die Laufgeschwindigkeit von Ratten nicht nur von ihrem Deprivationszustand und der Habitstärke abhängt, sondern auch davon, wieviel Futter sie am Ende erwarten konnten. Hull (1952) erweiterte deshalb seine Formel um diesen Faktor (K):

$$_SE_R = {_S}H_R \times D \times K$$

Hulls Triebtheorie war extrem populär und initiierte eine Vielzahl von Studien. Allerdings kamen nach und nach einige Probleme zum Vorschein. Die drei fundamentalen Grundpostulate der Theorie waren: (1) Trieb entsteht durch körperliche Bedürfnisse, (2) Triebreduzierung ist verstärkend und produziert Lernen, (3) Trieb gibt dem Verhalten Energie. Insbesondere diese Grundpostulate konnten in dieser Form nicht aufrechterhalten werden. Es gibt auch Motivation, die nicht durch körperliche Deprivation mediiert wird. So verwies Klien (1954) auf Personen mit Anorexie, die motiviert sind, nicht zu essen, obwohl auch sie ein biologisches Bedürfnis nach Nahrung haben. Auch ist Triebreduktion nicht zum Lernen nötig, z. B. lernen hungrige Ratten auch, wenn sie nur mit nicht-nutritivem Saccharin belohnt werden (Sheffield & Roby, 1950). Zudem gibt es Verhalten, dessen Energie nicht durch einen Trieb bestimmt wird, z. B. kann ich auf einer Party sehr wohl den Wunsch haben zu trinken, ohne durstig zu sein.

Diese Probleme, aber auch eine Psychologie, die dem Individuum eine aktivere Rolle zuschrieb, und nicht zuletzt die kognitive Revolution in der Psychologie führten zum Niedergang der biologisch orientierten Triebtheorien. In der Folge beschäftigten sich Motivationsforscher mehr mit spezifischen Themen und Prozessen. Dabei standen oft bestimmte angewandte Probleme im Vordergrund. Fragen nach Motivation in spezifischen Kontexten, z. B. am Arbeitsplatz (z. B., Vroom, 1964) oder in der Schule (siehe Weiner, 1990) wurden vorherrschend. Diese Forschung ging dann aber langsam in den zugeordneten Disziplinen auf (Arbeitspsychologie, Pädagogische Psychologie, etc.), und Mitte der 60er Jahre des letzten Jahrhunderts wurden dann im Rahmen des Behaviorismus Fragen nach der Motivation eines Organismus zur Seite gestellt. Selbst das *Nebraska Symposium on Motivation*, das zwischen 1950 und 1970 die führende Publikation war und in dem die wichtigsten Namen der Motivationsforschung vertreten waren (Weiner, 1990), gab 1979 das Thema auf. Erst in den letzten 20 Jahren lebte das Thema wieder auf und ist nun auch wieder breit vertreten.

Zusammenfassung

Es gibt interne (Bedürfnisse, Kognitionen und Emotionen) und externe Quellen der Motivation. Es gibt biologische, psychologische und evolutionäre Quellen der Motivation. Ein Verhalten kann von mehr als einer Motivation bestimmt werden, entweder gleichzeitig oder in Sequenz.

Motivationen können anhand von Verhaltensbeobachtungen sowie mittels psychophysiologische Maße und Selbstbericht sowie projektiver Tests erfasst werden.

Es gibt drei »große« historische Motivationstheorien, die versuchen, die Gesamtheit des motivierten Verhaltens zu erklären. In Descartes' Willenstheorie motiviert der Wille alles Handeln. Instinkttheorien gehen davon aus, dass Verhalten automatisch und ungelernt ist und auf genetisch verankerten Instinkten beruht. Ein äußerer Reiz löst den entsprechenden Instinkt aus. Triebtheorien gehen davon aus, dass die Nichterfüllung biologischer Bedürfnisse einen Spannungszustand hervorruft. Nach Hull ist der Trieb vom Ausmaß der Deprivation abhängig und bestimmt die Energie, nicht aber die Richtung des Verhaltens. Die Art des Verhaltens wird vom Habit vorgegeben, der wiederum von der Lerngeschichte des Individuums bestimmt wird.

Weiterführende Literatur

Locke, E. A. & Latham, G. P. (2004). What Should We Do About Motivation Theory? Six Recommendations for the Twenty-First Century. *The Academy of Management Review, 29*(3), 388–403.

Weiner, B. (1972). *Theories of motivation: From mechanism to cognition.* Oxford, UK: Markham.

> **Fragen zur Selbstüberprüfung**
>
> - Welche Quellen der Motivation gibt es?
> - Was ist der Unterschied zwischen Anreiz und Motiv?
> - Welche Verfahren können zur Messung von Motiven eingesetzt werden?
> - Warum konnten sich die »großen« Motivationstheorien nicht durchsetzen?

2 Bedürfnistheorien

2.1 Einleitung

Bedürfnisse bezeichnen Prozesse, die für das Überleben, das Wachstum und das Wohlbefinden eines Organismus nötig sind. Wenn Bedürfnisse nicht erfüllt werden, kommt der Organismus zu Schaden. Ein Bedürfnis ist also die motivationale Kraft, die den Organismus dazu bringt zu handeln, bevor ein solcher Schaden eintritt. Es gibt physiologische Bedürfnisse, die die körperlichen Ressourcen des Organismus betreffen (Hunger, Durst, Sex), soziale Bedürfnisse, die die Beziehung zur sozialen Umwelt betreffen (Machtmotivation, Bindungsmotive, Leistungsmotivation), und psychologische Bedürfnisse nach Selbstbestimmung oder Kompetenz.

2.2 Physiologische Bedürfnisse

Hulls oben genanntes Triebmodell beschreibt die motivationale Kraft physiologischer Bedürfnisse. Das Modell geht davon aus, dass der Körper Homöostase anstrebt. Wenn es zu einem Mangelzustand kommt, bewirkt das Bedürfnis eine korrektive Handlung. Im vorherigen Abschnitt wurden die generellen Probleme dieses Ansatzes diskutiert. Das Homöostase-Modell beschreibt aber motiviertes Verhalten insbesondere für Durst recht gut (Fitzsimons, 1972). In Deprivationsstudien zeigte Warner (1928a, 1928b), dass die Bereitschaft einer Ratte, ein elektrisches Gitter zu überschreiten, unter Deprivation stark ansteigt. Im Falle von Hunger und Durst fällt die Bereitschaft allerdings rasch wieder (vermutlich wegen der durch die Deprivation verursachte Schwächung). Bei sexueller Deprivation hingegen bleibt sie auf einem Plateau. Dabei gab es auch deutliche Geschlechtsunterschiede, der Deprivationseffekt war bei männlichen Ratten nur von der Dauer abhängig, bei weiblichen aber auch von ihrem Hormonzyklus. Diese Daten sprechen durchaus für die Triebtheorie. Allerdings ist der Einfluss der Umwelt ebenfalls wichtig. Einer davon ist der Geschmack. In einem klassischen Übersichtsartikel präsentierte Pfaffmann (1960) Daten aus Studien, vornehmlich an Ratten, die eine deutliche Präferenz für süße Flüssigkeiten zeigen.

In Bezug auf das menschliche Verhalten gibt es zudem kulturelle Regeln und Normen, die auf die Nahrungsaufnahme einwirken. Beispiele dafür sind die Vorstellung, dass man 2 Liter Wasser am Tag trinken müsse (es gibt dafür keine wissenschaftlichen Belege), oder auch das Trinken bei sozialen Anlässen. Insgesamt ist das Hull'sche Modell also nur bedingt anwendbar. Hunger wird dabei noch stärker von Umwelteinflüssen gesteuert als Durst, so dass für dieses Bedürfnis das Hull'sche Modell noch weiter eingeschränkt werden muss. Dennoch steht natürlich auch Hunger in einem Zusammenhang zur tatsächlichen Deprivation des Organismus.

2.3 Psychologische Bedürfnisse

2.3.1 Psychologische Bedürfnisse (needs) nach Murray

Hulls Triebtheorie wurde zunächst auch auf psychologische Prozesse, wie z. B. Neugier (Berlyne, 1954), angewandt. Es zeigte sich allerdings, dass Deprivation keine nötige Bedingung für Neugier ist. Insgesamt eignet sich die Hull'sche Triebtheorie nicht zur Erklärung von nicht physiologisch bedingten Verhaltensweisen.

Im Gegensatz zu Hull, der Bedürfnisse als angeboren verstand, sah Murray (1938) psychologische Bedürfnisse im Wesentlichen als erworben. Er definiert psychologische Bedürfnisse so:

»A need is a construct (a convenient fiction or hypothetical concept) that stands for a force (the physico-chemical nature of which is unknown) in the brain region, a force that organizes perception, apperception, intellection, conation and action in such a way as to transform in a certain direction an existing, unsatisfying situation.« (pp. 123–124)

Diese Definition ist sehr breit und erlaubt eigentlich alles, was irgendwie motivierend wirkt, als Bedürfnis zu bezeichnen. Die

Liste der von Murray vorgeschlagenen Bedürfnisse wurde deshalb auch recht lang (▶ Tab. 2.1). Wichtig ist dabei die Person-Umwelt-Beziehung. Nach Murray hängt die Wahrnehmung einer Situation erheblich von der Stärke des relevanten Bedürfnisses ab. Dies war auch die Basis für die Entwicklung des Thematischen Auffassungstests (TAT), bei dem Probanden den Inhalt mehrdeutiger Bilder beschreiben sollen (▶ Exkurs TAT in Kap. 1.1). Die Grundannahme des TAT ist, dass die für die Interpretation bevorzugt gewählten Themen die Bedürfnisse des Probanden widerspiegeln. Mit einem geeigneten Auswertungsverfahren kann der Test dies auch für bestimmte Bedürfnisse leisten.

Tab. 2.1: Alphabetische Liste der Psychologischen Bedürfnisse (needs) nach Murray

Need for	Bedürfnis nach
Abasement	Erniedrigung
Achievement	Leistung
Acquisition	Erwerb
Affiliation	Sozialer Anschluss
Aggression	Aggression
Autonomy	Autonomie
Blame avoidance	Schuldvermeidung
Cognizance	Wissensdrang
Construction	Aufbauen
Counteraction	Widerstand
Defense	Verteidigung
Defendence	Positive Selbstdarstellung
Dominance	Macht
Exhibition	Zurschaustellung
Exposition	Darlegen
Harm avoidance	Leidvermeidung
Infavoidance	Misserfolgsvermeidung
Nurturance	Fürsorglichkeit
Order	Ordnung

Tab. 2.1: Alphabetische Liste der Psychologischen Bedürfnisse (needs) nach Murray – Fortsetzung

Need for	Bedürfnis nach
Play	Spiel
Recognition	Anerkennung
Rejection	Zurückweisung
Retention	Sparsamkeit
Sentience	Empfindungsvermögen
Sex	Sexualität
Succorance	Beistand
Understanding	Verstehen

Von den vielen von Murray vorgeschlagenen Bedürfnissen wurden im Weiteren vor allem den Bedürfnissen nach Macht, Leistung und sozialem Anschluss Aufmerksamkeit geschenkt. Neuere Forschung im Rahmen der Selbstdeterminierungstheorie hebt zudem die »universellen« Bedürfnisse nach Autonomie, Kompetenz und Zugehörigkeit hervor (Deci & Ryan, 2000). Im Folgenden werden zunächst diese drei Bedürfnisse kurz beschrieben, danach wird auf Macht-, Leistungs- und Anschlussmotivation eingegangen.

2.3.2 Universelle psychologische Bedürfnisse nach Deci und Ryan

Für Deci und Ryan (2000) sind die Bedürfnisse nach Autonomie, Kompetenz und Zugehörigkeit universell. In Ablehnung der Position Murrays und damit eher Hull folgend, sehen Deci und Ryan diese Bedürfnisse als angeboren an. Die Befriedigung dieser Bedürfnisse ist essentiell für das psychologische Wachstum, die Gesundheit und das Wohlbefinden des Menschen. Dies steht im Gegensatz zu den von Murray beschriebenen Bedürfnissen wie Macht oder Erwerbsstreben, da es viele Personen gibt, die ohne eine Befriedigung dieser Bedürfnisse ein hohes Maß an Wohlbefinden und psychologischer Gesundheit zeigen. Die Bedürfnisse nach Autonomie, Kompetenz und Zugehörigkeit können in unterschiedlicher Form verwirklicht werden, wobei es auch kulturelle

Unterschiede geben kann. Z. B. spielt Autonomie eine andere Rolle in kollektivistischen Ländern, in denen die Rolle des Einzelnen als Mitglied einer Gruppe im Vordergrund steht, als in individualistischen Ländern, wo das Individuum im Vordergrund steht. Dennoch ist Autonomie in beiden Kontexten für das Wohlbefinden des Menschen wichtig (Chirkov, Ryan & Sheldon, 2011). Individuelle Unterschiede in der Stärke der Ausprägung der einzelnen Bedürfnisse sind Ergebnis der Lerngeschichte des Individuums und der Erfahrungen mit Bedürfnisbefriedigung und – frustration. Wie auch Murray betonen Deci und Ryan (2000) die Person-Umwelt-Beziehung. Personen sind aktiv, sie verfolgen Ziele, haben Interessen und Werte. Diese treffen auf den Aufforderungscharakter der Umwelt in Bezug auf mögliche Aktivitäten, Herausforderungen, Feedback, Wahlmöglichkeiten und Anreize sowie auch auf den sozio-kulturellen Kontext in Form von Regeln, kulturellen Werten und Zielen, sowie interpersonalen Gegebenheiten. Dabei können psychologische Bedürfnisse befriedigt, aber auch frustriert oder manchmal zeitweilig vernachlässigt werden. Wenn Bedürfnisse lange unbefriedigt bleiben, können einerseits pathologische Ersatzbedürfnisse auftreten, anderseits kann es auch zu Amotivation und Passivität kommen. Die Selbstdeterminationstheorie (SDT) beschreibt den Zusammenhang von Bedürfnisbefriedigung und einem Motivationskontinuum, das von intrinsischer Motivation auf der einen Seite zu Amotivation auf der anderen reicht. Diese Theorie wird in Kapitel 5 ausführlicher beschrieben.

Autonomie

Autonomie setzt sich aus drei subjektiven Komponenten zusammen: einer internalen Kontrollüberzeugung, dem Gefühl der Wahl des eigenen Handelns und dem Gefühl nach dem eigenen Willen zu handeln (Volition). Eine internale Kontrollüberzeugung liegt vor, wenn die Person ein positives oder negatives Ereignis als Konsequenz des eigenen Verhaltens wahrnimmt, sich selbst also als Ort der Kontrolle begreift (Rotter, 1975). Sie steht im Gegensatz zur externalen Kontrollüberzeugung, bei der das Individuum glaubt, nicht auf das von außen gesteuerte Geschehen einwirken zu können. Das Gefühl der Wahl des eigenen Handelns entsteht in

Kontexten, in denen das Individuum Flexibilität in der Wahl der Aktionen hat. Es steht im Gegensatz zu Situationen, die nur begrenzte Handlungsmöglichkeiten erlauben. Volition bezieht sich auf das freie Ausführen von eigenen Absichten durch Willenskraft und steht im Gegensatz zu äußerem Druck und Zwang. Dies schließt auch solchen Zwang ein, den eine Person auf sich selbst ausübt (Introjektion), wenn sie das Gefühl hat, etwas tun zu müssen, um den Wünschen oder Erwartungen Anderer gerecht zu werden (Deci, Ryan & Williams, 1996).

Individuen suchen Situationen, die autonomieunterstützend wirken und meiden solche, die kontrollierend sind. Autonomieunterstützend sind Kontexte, in denen Individuen darin unterstützt werden, ihre eigenen Ziele zu setzen, eigene zielführende Handlungen zu wählen und Probleme auf ihre Art zu lösen. Es ist wichtig, autonomieunterstützendes Verhalten von übertriebener Nachsicht und Laissez-faire zu unterschieden. Laissez-faire ist ein Stil, in dem das Individuum im Wesentlichen allein gelassen und seine Bedürfnisse vernachlässigt werden, da alles erlaubt wird und keine Grenzen gesetzt werden. Zu einem autonomieunterstützenden Stil gehören deshalb auch (konstruktives) Feedback über das Verhalten des Anderen und der Wille, dem Anderen zuzuhören sowie negative Emotionen zu akzeptieren. Im Gegensatz dazu zeichnet sich kontrollierendes Verhalten dadurch aus, dass spezifische Handlungsanweisungen gegeben werden, die keinen Raum zur eigenen Gestaltung lassen, und Druck auf die Person ausgeübt wird, entsprechend zu handeln.

Kompetenz

Das Bedürfnis nach Kompetenz ist charakterisiert durch die Suche nach einem Gefühl der Meisterschaft, nach optimalen Herausforderungen und nach dem Gefühl der Effektivität, der Originalität und der Kreativität.

Kinder lehnen oft Hilfe mit dem stolzen Hinweis ab, dass sie etwas schon können. Tatsächlich streben wir alle nach dem Gefühl, die sich uns stellenden Herausforderungen meistern zu können. Das Gefühl, unfähig zu sein oder hilflos einer Herausforderung gegenüberzustehen, ist dahingegen sehr negativ belastet. Voraussetzung für ein Kompetenzerleben ist, neben dem Gefühl der optimalen Herausforderung, ein Kontext, der auch Fehler zulässt, und konstruktives Feedback. Wenn Fehler nicht toleriert werden und Feedback nicht dazu dient zu lernen, sondern den anderen zu bestrafen, dann wird Kompetenzbestreben behindert.

Das Gefühl der optimalen Herausforderung ist hingegen intrinsisch motivierend. Mihály Csíkszentmihályi (1975) stellte sich die Frage, was eine Tätigkeit intrinsisch motivierend macht, und kam zu dem Schluss, dass optimale Herausforderung und das damit einhergehende Gefühl der Kompetenz der Schlüssel zu Freude an einer Tätigkeit ist. Dies gilt wohlgemerkt nur für frei gewählte Tätigkeiten und nicht für solche, die aus Pflichtgefühl oder unter Druck gewählt wurden (Abuhamdeh & Csikszentmihalyi, 2012).

Generell suchen Individuen Situationen, die sie optimal herausfordern und die ihnen ein Gefühl der Kompetenz vermitteln. Dafür braucht das Individuum Feedback. Dabei ist es wichtig, dass das Feedback korrekt und konstruktiv ist. Wenn ein Elternteil oder Lehrer dem Kind immer wieder falsches (auch falsch positives!) Feedback gibt, dann kann sich kein Kompetenzgefühl einstellen und das Bedürfnis nach Kompetenz wird frustriert. Am besten ist solches Feedback, das sowohl die positiven als auch die verbesserungsbedürftigen Aspekte der Leistung benennt und Hinweise darauf gibt, wie man sich verbessern kann. Pauschale Kommentare nach dem Motto »Das war wohl nichts« sind dagegen nicht zielführend.

Fehler sind eine normale Begleiterscheinung des Lernens. Man kann aus Fehlern lernen, indem man neue Strategien ausprobiert und lernt, Fehlerquellen rasch zu erkennen und zu vermeiden. Im Sinne des Bedürfnisses nach Kompetenz geht es nicht darum, keine Fehler zu machen, sondern darum, dass das Umfeld tolerant auf Fehler reagiert und mit diesen konstruktiv umgeht. Ein Umfeld, das Kompetenz fördert, ist somit ein Umfeld, das Herausforderungen anbietet, die die Fähigkeiten des Individuums »strecken«. Ein überbeschützendes Umfeld, das keine Herausforderungen bietet und Fehler generell zu vermeiden versucht, frustriert hingegen das Bedürfnis nach Kompetenz.

Die Bedeutung von erlebter Autonomie und Kompetenz für das Wohlbefinden des Individuums haben Sheldon, Ryan und Reis mit einer Tagebuchstudie belegt (1996). Wohlbefinden wurde mit drei Skalen gemessen, die positive und negative Stimmung, Vitalität (das Ausmaß an subjektiver psychologischer Energie) und körperliches Wohlbefinden erfassten. Die Ergebnisse zeigten, dass Personen mit einer höheren Charakterausprägung in wahrgenommener Autonomie und Kompetenz sich generell wohler fühlten als Personen mit niedrigerer Ausprägung. Darüber hinaus zeigte sich auch, dass das Erleben von Kompetenz und Autonomie am Vortag das Wohlbefinden am nächsten Tag signifikant vorhersagte.

Zugehörigkeit

Niemand ist eine Insel (John Donne). Menschen sind soziale Primaten und brauchen somit ein soziales Umfeld. Deci und Ryan (2000) gehen davon aus, dass wir insbesondere Beziehungen brauchen, in denen die Partner aufeinander eingehen und sich umeinander kümmern. Es geht also darum, sich authentisch in eine zwischenmenschliche Beziehung einzubringen, die von gegenseitigem Vertrauen und Respekt geprägt ist. Beziehungen, die diese Merkmale nicht bieten – die unausgeglichen sind oder in denen sich das Individuum nicht akzeptiert fühlt, – befriedigen das Bedürfnis nach Verbundenheit nicht. Dies mag auch erklären, warum Menschen, die sich einsam fühlen, nicht unbedingt einen objektiven Mangel an Beziehungen haben müssen, während umgekehrt auch Personen mit einem objektiv sehr kleinen sozialen Umfeld sich nicht einsam fühlen müssen (Ernst & Cacioppo, 1999).

Personen, deren Bedürfnis nach Zugehörigkeit frustriert wird und die sich folglich einsam fühlen, erleben eine Vielzahl von negativen psychologischen und physiologischen Konsequenzen. Sie sind gestresster und depressiver, zeigen ein weniger adaptives Gesundheitsverhalten (z. B. rauchen) und schlechtere kardiovaskuläre Gesundheit (Cacioppo, Hawkley & Berntson, 2003).

Den Einfluss aller drei psychologischer Grundbedürfnisse untersuchten Patrick, Knee, Canevello und Lonsbary (2007, Studie 1) sowohl auf das individuelle Wohlbefinden, als auch auf das Beziehungswohlbefinden hin. Dabei erwies sich die Erfüllung des Bedürfnisses nach Kompetenz als bester Indikator für individuelles Wohlbefinden. Die Erfüllung des Bedürfnisses nach Autonomie war positiv mit positivem Selbstwertgefühl und negativ mit negativem Affekt assoziiert, während die Erfüllung des Bedürfnisses nach Verbundenheit positiv mit positivem Affekt und Vitalität assoziiert war. Bedürfniserfüllung war auch ein Indikator für Beziehungsqualität und wahrgenommene Beziehungskonflikte. Während alle drei Bedürfnisse für das individuelle Wohlbefinden wichtig waren, hing die Beziehungsqualität im Wesentlichen von der Erfüllung des Bedürfnisses nach Zugehörigkeit ab.

> **Exkurs: Einfluss der Lerngeschichte**
> Moller, A. C., Deci, E. L. & Elliot, A. J. (2010). Person-level relatedness and the incremental value of relating. *Personality and Social Psychology Bulletin, 36,* 754–767.
>
> Moller und Kollegen postulierten, dass Zugehörigkeitserfahrungen in der Vergangenheit positiv mit dem Grad der Wertschätzung neuer Zugehörigkeitserfahrungen zusammenhängen. Bei 51 Probanden wurden vergangene Zugehörigkeitserfahrungen gemessen. Anschließend trugen die Probanden für zwei Wochen einen Pieper mit sich, der sie zu zufälligen Zeitpunkten bat, einen kurzen Fragebogen mit Fragen zur aktuellen sozialen Aktivität und ihrer momentanen Stimmung zu beantworten. Am Ende eines jeden Tages musste ein weiterer Fragebogen ausgefüllt werden, der rückblickend für den gesamten Tag die Stimmung sowie den Grad an erfahrener Zugehörigkeit der Versuchsperson erfasste.
>
> Die Ergebnisse bestätigten, dass Personen mit vielen positiven Zugehörigkeitserfahrungen in der Vergangenheit eine höhere Wertschätzung für neue Zugehörigkeitserfahrungen zeigten. Dieses Ergebnis wurde auch in einem Laborexperiment bestätigt.

2.4 Soziale Bedürfnisse

Soziale Bedürfnisse nach Macht, Leistung oder Affiliation werden in der Lerngeschichte eines Kindes erworben und ändern sich im Laufe des Lebens in Abhängigkeit von der weiteren Lerngeschichte. So wurde in einer klassischen Studie ein Zusammenhang zwischen der Art der Erziehung von 5-jährigen Kindern und der

Ausprägung von Bedürfnissen nach Macht, Leistung und Affiliation im Alter von 31/32 Jahren gefunden (McClelland & Pilon, 1983). Soziale Bedürfnisse motivieren Handlungen in Abhängigkeit von externen Anreizen, d. h. sie werden aktiviert, wenn sich die Person in einem Kontext findet, der für das Bedürfnis relevant ist. Umgekehrt suchen Individuen bevorzugt Situationen auf, die ihren Bedürfnissen entsprechen. So aktiviert ein Wettkampf das Bedürfnis nach Leistung, und leistungsmotivierte Individuen suchen aktiv Wettkampfsituationen auf.

Definition
▶ Nach Heckhausen und Heckhausen (2006) ist Anreiz ein Konstrukt, das situative Reize bezeichnet, die einen Motivationszustand anregen können. Im Kern dieses Konstruktes stehen dabei affektive Reaktionen, die eine grundlegende (basale) Bewertung vornehmen. ◀◀

Im Gegensatz zu den universellen psychologischen Bedürfnissen sind soziale Bedürfnisse nicht für alle Personen in gleichem Maße zentral, und die entsprechende Motivation wird in Gegenwart der jeweiligen Anreize unterschiedlich stark aktiviert. Diese Disposition, auf soziale Anreize mehr oder minder stark zu reagieren, ist stabil über die Zeit und rückt soziale Motivation in die Nähe von Persönlichkeitseigenschaften.

2.4.1 Implizite und explizite Motive

McClelland ging davon aus, dass die durch Macht-, Leistungs- und Anschlussmotivation beschriebenen persönlichkeitsartigen Konstrukte nicht adäquat durch Selbstberichte erfasst werden können, weil es sich dabei um implizite Motive handele, die durch gelernte, emotional getönte Präferenzen für bestimmte Anreize geprägt seien. Dies wäre z. B. für das Leistungsmotiv der Anreiz der Schwierigkeit einer Aufgabe. Diese Präferenzen sind nicht sprachlich repräsentiert und deshalb dem sprachlichen Selbstbericht – also z. B. einem Fragebogen, in dem Präferenzen abgefragt werden – nicht zugänglich. Implizite Motive sind also als der Introspektion weitgehend unzugänglich definiert und werden dementsprechend mit impliziten oder projektiven Maßen erhoben. McClelland schlug deshalb z. B. eine Adaption des TAT zur Messung des Leistungsmotivs vor (McClelland et al., 1953). Explizite Motive hingegen sind Teil des Selbstbildes und können mit Hilfe von Fragebögen z. B. von Persönlichkeitsinventaren gemessen werden. Die beiden Maße korrelieren kaum oder gar nicht miteinander. McClelland, Koestner und Weinberger (McClelland et al., 1989) kamen zu dem Schluss, dass implizite Motive eher spontanes Verhalten vorhersagen, während explizite Motive eher das Verhalten in vorgegebenen Wahlsituation mit sozialen Anreizen vorhersagen. Dies wurde auch in einer neueren Studie von Brunstein und Hoyer (2002, siehe Kasten) deutlich.

> **Brunstein, J. C. & Hoyer, S. (2002). Implizites versus explizites Leistungsstreben: Befunde zur Unabhängigkeit zweier Motivationssysteme.** *Zeitschrift für Pädagogische Psychologie, 16*(1), 51–62.
>
> Brunstein und Hoyer postulierten, dass Leistungsmotivation und Leistungsorientierung zwei voneinander unabhängige Persönlichkeitsmerkmale sind. Das Leistungsmotiv ist implizit und löst Verhalten aus, welches die eigene Handlungseffizienz steigert. Bei negativen Leistungstrends würde deshalb spontan mit erhöhter Anstrengung reagiert werden. Leistungsorientierung hingegen ist explizit und beschreibt das Ausmaß, in dem sich eine Person selbst als leistungsorientiert betrachtet. Leistungsorientierte Individuen zögen deshalb bewusst Aufgaben vor, die ihnen Informationen über ihre eigene Leistung im Vergleich zu anderen liefern.
>
> Das implizite Leistungsmotiv wurde mit Hilfe des TAT erfasst und die explizite Leistungsorientierung mit dem »Personal Value Questionnaire« (PVQ). Die Aufgabe bestand darin, einen Konzentrationstest durchzuführen. Maximal zehn Aufgaben konnten absolviert werden. Eine Aufgabe bestand aus 80 Items, in Anlehnung an den d2 nach Brickenkamp. Nach jeder Aufgabe erhielten die Probanden ein individuelles Feedback über ihre eigene Leistung sowie ein normatives Feedback, das das erreichte Leistungsniveau im Vergleich zu

anderen beschrieb. Das Feedback wurde so manipuliert, dass entweder ein aufsteigender oder absteigender Leistungstrend zu sehen war. Die ersten beiden Aufgaben dienten als Baseline. Gemessen wurde die Veränderung der Reaktionszeit von der Baseline zur Testleistung. Nach der sechsten Aufgabe konnten die Probanden entscheiden, ob sie weitere Aufgaben machen wollten. Der Konzentrationstest erfasste die implizite Leistungsmotivation, während die Frage nach der Testfortsetzung dem Messen der expliziten Leistungsorientierung diente.

Um die Wirksamkeit des Feedbacks zu überprüfen, wurden die Probanden nach der sechsten Aufgabe gefragt, wie zufrieden sie mit ihrer bisherigen Leistung seien. Probanden mit einem aufsteigenden Feedbacktrend waren zufriedener mit ihrer bisherigen Leistung als Probanden mit einem absteigenden Trend. Leistungsmotivierte Probanden mit einem absteigenden Feedbacktrend wurden schneller, während ein aufsteigender Trend zu einer Verlangsamung der Reaktionszeit führte. Dies bestätigt die erste Annahme, dass implizite Leistungsmotivation Verhalten auslöst, welches die Handlungseffizienz steigert.

Auch die zweite Annahme konnte bestätigt werden: Leistungsorientierte Probanden entschieden sich bei einem absteigenden normativen Feedbacktrend eher dafür, weitere Aufgaben zu absolvieren. Ein aufsteigender Feedbacktrend hatte keinen Effekt auf die Wahrscheinlichkeit, weitere Aufgaben lösen zu wollen.

Die Studie konnte zeigen, dass implizite Leistungsmotivation und explizite Leistungsorientierung zwei voneinander unabhängige Persönlichkeitsmerkmale sind. Die Stärke des Leistungsmotivs in Kombination mit Feedback sagt die spontane Veränderung in der Konzentrationsleistung vorher. Die Stärke der Leistungsorientierung in Kombination mit Feedback sagt hingegen die Wahrscheinlichkeit vorher, die Aufgaben fortführen zu wollen. Das Leistungsmotiv hat dabei keinen Einfluss auf die Wahrscheinlichkeit, weitere Aufgaben lösen zu wollen, und die Leistungsorientierung keinen Einfluss auf die Verbesserung der Konzentrationsleistung.

Definition
▶ Implizite Motive sagen eher spontanes Verhalten vorher und lassen sich durch implizite Maße erfassen. Explizite Motive sagen eher Wahlverhalten vorher und können durch Fragebögen erfasst werden. Die beiden Maße korrelieren dabei kaum bis gar nicht. ◀◀

Im Folgenden werden die drei bestuntersuchten sozialen Bedürfnisse: Leistungsmotivation, Machtmotivation und Anschlussmotivation vorgestellt.

2.4.2 Leistungsmotivation

Das wohl am besten untersuchte Motiv ist das Leistungsmotiv. Nach McClelland et al. (1953) ist leistungsmotiviertes Verhalten das Streben nach guter Leistung im Hinblick auf einen Exzellenzstandard, welches Personen dazu motiviert, Erfolg in Wettbewerbssituationen zu suchen. Es geht darum, eine Aufgabe im Hinblick auf einen gegebenen Standard – einem (externen) Gütemaßstab – gut auszuführen und Kompetenz unter Beweis zu stellen (McClelland et al., 1953, S. 10). Dies unterscheidet die Leistungsmotivation von dem Bedürfnis nach Kompetenz, das nicht explizit von äußeren Kriterien bestimmt wird.

Wir können dabei zwei Ziele unterscheiden: Auf der einen Seite kann Erfolg gesucht werden, auf der anderen Seite kann aber auch Misserfolg vermieden werden. Es geht also um Hoffnung auf Erfolg auf der einen Seite und Furcht vor Misserfolg auf der anderen. Des Weiteren können wir auch noch unterscheiden, ob es das Ziel ist, Kompetenz zu demonstrieren (Performanz-Orientierung) versus Kompetenz zu erwerben (Lernziel- oder Kompetenzorientierung (Ames & Archer, 1988; Dweck & Leggett, 1988). Performanz-Orientierung zielt dabei eher auf den Vergleich mit anderen Personen, um zu zeigen, dass man besser ist. Eine Beispiel-Aussage wäre »Mein Ziel ist es, bessere Noten als die anderen Schüler dieser Klasse zu haben« (Elliot & Church, 1997). Bei der Kompetenzorientierung geht es darum ein Lernziel zu erreichen, also um den Vergleich mit sich selbst in Hinblick auf das bisher Gekonnte und dem Lernziel. Eine Beispiel-Aussage wäre »Ich bevorzuge Schulaufgaben, die mich richtig herausfordern, so dass ich Neues lernen kann« (Elliot & Church, 1997).

Messung des Leistungsmotivs

Klassischerweise wird Leistungsmotivation mit einer Adaption des TAT (Murray, 1943) von McClelland et al. (1953) gemessen. Für die Entwicklung wurden in einem ersten Schritt Probanden entweder in einen entspannten, neutralen oder leistungsorientierten Zustand gebracht, in dem die Probanden TAT-Geschichten schrieben. Geschichten, in denen ein Leistungsmaßstab, ein herausragendes Leistungsergebnis oder sonstige Leistungsthemen erwähnt werden, sprechen für ein ausgeprägtes Leistungsmotiv. Der von McClelland et al. entwickelte Ansatz vermengte dabei allerdings Hoffnung auf Erfolg und Furcht vor Misserfolg.

Der von Heckhausen (1963) beschriebene deutschsprachige Ansatz zur TAT-Auswertung trennt diese beiden Motivationen. Hoffnung auf Erfolg wird indiziert durch Geschichten, in denen z. B. Erfolgserwartung, Lob und positive Gefühle vorkommen. Furcht vor Misserfolg spiegelt sich hingegen in der Beschreibung von Handlungen wieder, die der Vertuschung und Vermeidung von Misserfolg, Tadel und negativen Gefühlen dienen. Trainierte Beurteiler erreichen dabei eine hinreichende Interrater-Korrelation, um eine angemessene Objektivität des Tests sicherzustellen; die Stabilität über die Zeit des Tests gilt ebenfalls als hinreichend.

Es gibt noch eine Reihe von weiteren Adaptionen des TAT zur Leistungsmotivmessung sowie Fragebogentests, auf die hier aber nicht weiter eingegangen werden soll. Wie schon erwähnt, korrelieren Fragebogenergebnisse und TAT wenig bis gar nicht und messen unterschiedliche Aspekte des Motivs.

Risikowahl-Modell nach Atkinson

Nach Atkinson (Atkinson, 1957; Atkinson, 1958) ist die Tendenz Erfolg zu suchen T (Leistungsmotivation) bestimmt durch die Stärke des Bedürfnisses nach Erfolg oder dem Erfolgsmotiv M, der wahrgenommenen Wahrscheinlichkeit des Erfolgs W und dem Wert des Erfolgs, d.h. der Stärke des Anreizes A. Diese Faktoren sind dabei multiplikativ verknüpft: $T_e = M_e \times W_e \times A_e$

In dieser Gleichung steht e für Erfolg. Die Anreizstärke ist dabei als $1-W_e$ definiert. Wenn also jemand seine persönliche Wahrscheinlichkeit bei einer Aufgabe Erfolg zu haben mit 40 %

einschätzt, ist W = .4 und A = 1-.4 = .6. Wenn man mit den Zahlen spielt, merkt man, dass bei gleichbleibendem Bedürfnis nach Erfolg die Leistungsmotivation am höchsten ist, wenn die Erfolgswahrscheinlichkeit bei 50 % liegt. Sehr schwierige Aufgaben haben zwar einen hohen Anreiz, aber nur eine sehr kleine Erfolgserwartung; sehr einfache Aufgaben hingegen haben zwar eine hohe Erfolgserwartung, aber nur einen geringen Anreiz.

$$W = .10, A = .9: W \times A = .09$$
$$W = .20, A = .8: W \times A = .16$$
$$W = .30, A = .7: W \times A = .21$$
$$W = .40, A = .6: W \times A = .24$$
$$W = .50, A = .5: W \times A = .25$$

Eine gleiche Wahrscheinlichkeit für Erfolg und Misserfolg stellt somit eine optimale Herausforderung dar. Parallel dazu lässt sich die Stärke der Tendenz, Misserfolg zu vermeiden, berechnen: $T_m = M_m \times W_m \times A_m$

M ist dabei das Motiv, Misserfolg zu vermeiden. W_m berechnet sich aus 1-W_e und A_m aus 1-W_m. Danach ist also T_e die Motivstärke, mit der Leistungssituationen aktiv gesucht werden, und T_m die Stärke der Vermeidungstendenz. Dabei ist die Stärke des Erfolgsmotivs mit positiven Emotionen wie Hoffnung und Stolz verbunden, das Vermeidungsmotiv eher mit der Vermeidung von negativen Emotionen wie Scham und Furcht.

Wie oben schon gesagt, sollten erfolgsmotivierte Personen Situationen mit mittlerer Aufgabenschwierigkeit wählen. Nach der Formel für das Motiv Misserfolg zu vermeiden sollten misserfolgsmotivierte Personen genau diese Aufgaben vermeiden, da dafür $W_m \times A_m$ den kleinsten Wert annimmt. Dies kann grafisch wie in Abbildung 2.1 dargestellt werden.

Isaacson (1964) konnte Atkinsons Modell in Bezug auf die Kursauswahl von Studenten, nicht aber von Studentinnen belegen. Das Modell passt gut für Erfolgsmotivierte, die typischerweise mittelschwere Aufgaben wählen. Misserfolgsmotivierte wählen hingegen meistens nicht bevorzugt die Extreme, sondern die ganze Breite der Möglichkeiten. Personen mit hohem Erfolgsmotiv suchen vermehrt Wettkampfsituationen auf (z. B. Harackiewicz & Elliot, 1993), in denen sie ihre Leistung demonstrieren

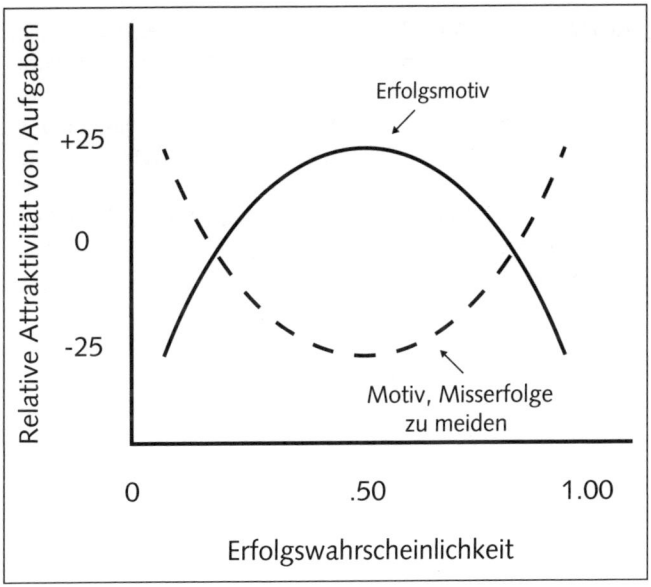

Abb. 2.1: Relative Attraktivität von Aufgaben in Abhängigkeit von der Wahrscheinlichkeit des Erfolgs (nach Atkinson, 1957)

können, und tendieren eher zu Unternehmergeist im Beruf (z. B. McClelland, 1965).

Neben der Wahl der Aufgaben wurde auch die Ausdauer untersucht. Ein klassisches Experiment von Feather (1961, siehe Kasten) bestätigte Atkinsons Modell für diesen Aspekt der Leistung.

Feather, N. T. (1961). The relationship of persistence at a task to expectation of success and achievement related motives. *The Journal of Abnormal and Social Psychology, 63(3),* 552–561.

Feather postulierte, dass bei erfolgsmotivierten Personen die Ausdauer höher ist, wenn die Erfolgswahrscheinlichkeit hoch ist, als wenn die Erfolgswahrscheinlichkeit gering ist. Hingegen sollten misserfolgsmotivierte Personen eine höhere Ausdauer zeigen, wenn die Erfolgswahrscheinlichkeit gering ist.

> In einer Studie mit 89 männlichen Probanden wurde die Stärke des Erfolgsmotivs mit Hilfe des TAT und die Stärke des Misserfolgsmotivs mit dem »Mandler-Sarason Test Anxiety Questionnaire« erfasst. Die eigentliche Aufgabe bestand aus vier Items aus dem »Perceptual Reasoning Test«. Die eine Hälfte der erfolgsmotivierten und misserfolgsmotivierten Probanden bekam ein erstes Item mit einer hohen, die andere Hälfte mit einer niedrigen Erfolgswahrscheinlichkeit. Die Erfolgswahrscheinlichkeit wurde mit Hilfe fiktiver Gruppennormen manipuliert, indem angegeben wurde, dass angeblich 70 % (Erfolgswahrscheinlichkeit) oder nur 5 % (niedrige Erfolgswahrscheinlichkeit) aller Teilnehmer die Aufgabe erfolgreich lösen könnten. Die Aufgabe bestand dann darin, mit einem roten Stift den Linien in einem Diagramm zu folgen, ohne den Stift abzuheben oder einer Linie zweimal zu folgen. Die Probanden konnten so viele Versuche starten, wie sie wollten. Von den vier dargebotenen Items waren zwei unlösbar, so dass jeder Versuch in Misserfolg mündete.
>
> Erfolgsmotivierte Probanden zeigten mehr Ausdauer bei leichten Aufgaben, während misserfolgsmotivierte Probanden mehr Ausdauer bei schwierigen Aufgaben zeigten. Des Weiteren ging eine hohe Erfolgswahrscheinlichkeit mit höherer Ausdauer einher, wenn die Probanden erfolgsmotiviert waren, während eine niedrige Erfolgswahrscheinlichkeit mit höhere Ausdauer bei misserfolgsmotivierten Probanden einherging.

Leistungsziele

Die Konstrukte Erfolgsmotiv und Motiv zur Vermeidung von Misserfolg erklären, wann Personen welche Art von Aufgabe wählen. Eine andere Frage ist, warum Personen Leistungsmotivation zeigen. Personen zeigen Ausdauer und Anstrengung im Hinblick auf zwei Ziele. Einerseits, um sich zu beweisen und Anderen zu zeigen, wie gut sie sind (Performanzziel-Orientierung), und andererseits, um besser in einer Aufgabe zu werden (Lernziel- oder Kompetenzziel-Orientierung). Der Vergleichsmaßstab ist dabei die Person selber (Ames & Archer, 1988; Dweck & Leggett, 1988). Personen mit einer Lernziel- oder Kompetenzziel-Orientierung bevorzugen Herausforderungen, bei denen sie etwas lernen können, gegenüber einfachen Aufgaben, bei denen sie Kompetenz beweisen können.

Ob jemand Leistung aus dem einen oder anderen Grund zeigt, hat tiefgreifende Konsequenzen. Insgesamt sind diese positiver für den Fall der Lernziel- oder Kompetenzziel-Orientierung. Negativ ist insbesondere die Kombination von Performanzzielen mit Situationen, in der die Person sich wenig Kompetenz zuschreibt. Diese Kombination führt zu einem Verhaltensmuster, das stark an gelernte Hilflosigkeit erinnert. Personen mit Lernziel- oder Kompetenzziel-Orientierung haben hingegen mehr Ausdauer und strengen sich auch mehr an, wenn die Aufgabe schwierig wird, anstatt passiv zu werden und aufzugeben (Elliott & Dweck, 1988). Sie sind auch eher intrinsisch motiviert (Heyman & Dweck, 1992). In der Schule verwenden Schüler mit Lernziel- oder Kompetenzziel-Orientierung eher anspruchsvollere Lernstrategien und suchen Herausforderungen, anstatt sich davon bedroht zu fühlen, und sie haben mehr Spaß in der Schule (Ames & Archer, 1988).

Integratives Modell nach Elliot

Elliot (Elliot, 1997; Elliot & Church, 1997) hat die Unterscheidung von Erfolgs- und Misserfolgsmotivation von Atkinson (1957, 1958) und das Konzept der Lernziel- oder Kompetenzziel-Orientierung versus Performanz-Orientierung in ein hierarchisches Modell zusammengefasst. Dabei sind Atkinsons Leistungsmotive die vorausgehenden Faktoren für die Leistungsziele, die wiederum in Lern- oder Kompetenzziele auf der einen Seite und in Performanzannäherungsziele und Performanzvermeidungsziele auf der anderen Seite unterteilt sind. Die Ziele wiederum sagen voraus, ob die Schüler intrinsisch oder durch Noten motiviert sind. Elliot und Church (1997) haben dieses Modell pfadanalytisch mit einer Fragebogenstudie mit Studenten getestet. Abbildung 2.2 zeigt das Modell und die Ergebnisse der Studie.

Wie erwartet hatten die Ziele unterschiedliche Voraussetzungen. Die Ausprägung der Lern- oder Kompetenzziele hängt von der Stärke der Leistungsmotivation und der Erfolgserwartung ab, nicht aber von der Furcht vor Misserfolg. Furcht vor Misserfolg wiederrum sagt sowohl Performanzannäherungsziele als auch

Performanzvermeidungsziele vorher. Aber während Letztere negativ mit Erfolgserwartung assoziiert sind, sind Performanzannäherungsziele positiv mit Erfolgserwartung assoziiert.

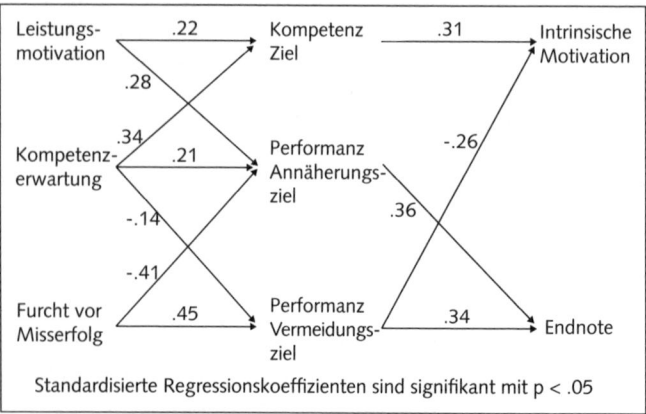

Abb. 2.2: Integratives Modell (nach Elliot und Church, 1997)

Die jeweiligen Ziele haben auch unterschiedliche Konsequenzen. Nur die Lern- oder Kompetenzziele führen zu intrinsischer Motivation, Performanzvermeidungsziele hingegen beeinträchtigen intrinsische Motivation. Performanzannäherungsziele beeinflussen die Endnote positiv, während Performanzvermeidungsziele sie negativ beeinflussen. Insgesamt hatten Lern- oder Kompetenzziele einen positiven Einfluss auf die intrinsische Motivation der Studenten, Furcht vor Misserfolg hingegen beeinträchtigte sowohl die intrinsische Motivation der Studenten als auch deren Leistung in der Veranstaltung.

Attributionstheorie der Leistungsmotivation nach Weiner

Weiners (1985) Attributionstheorie der Leistungsmotivation kombiniert einen Erwartungs-x-Wert-Ansatz mit Kelleys Attributionstheorie (Kelley, 1967), um Erfolgserwartungen und ihre Konsequenzen zu erklären. Wenn ein Leistungsereignis eingetreten ist, wird es zunächst danach bewertet, ob es positiv ist (Ziel wurde erreicht) oder negativ (Ziel wurde nicht erreicht). Dies führt dann zu einer Suche nach der Ursache für das Ergebnis. Als Ursachen kommen dabei Fähigkeit, Anstrengung, andere Personen und Glück in Frage. Die Entscheidung wird dabei von den aus der Attributionstheorie bekannten Faktoren wie spezifisches Wissen, kausale Schemata und kognitive Verzerrungen beeinflusst.

> **Exkurs: Kausaldimensionen**
> Lokation: Liegt die Ursache intern (in der Person) oder extern (in der Umwelt)?
> Stabilität: Ist die Ursache über die Zeit stabil oder variabel?
> Kontrollierbarkeit: Ist die Ursache in der Kontrolle der Person oder nicht?
> Glück ist demnach eine externe, instabile und unkontrollierbare Ursache.
> Anstrengung hingegen ist eine interne, instabile und kontrollierbare Ursache.

Die angenommene Ursache wird durch Kausaldimensionen beschrieben. Diese sind nach Kelley Lokation, Stabilität und Kontrollierbarkeit. Die Dimension der Lokation verweist auf selbstwertrelevante emotionale Konsequenzen. Die eingeschätzte Stabilität der Ursache beeinflusst zukünftige Erfolgserwartungen. Wenn ein Schüler beispielsweise einen Erfolg auf eine stabile Ursache zurückführt, wird Erfolg auch in der Zukunft erwartet. Umgekehrt führt eine stabile Ursachenzuschreibung bei Misserfolg auch zu Misserfolgserwartungen in der Zukunft. Diese Zuschreibungen führen dann entweder zu Hoffnung oder zu Hilflosigkeit im Hinblick auf zukünftige Leistungen. Wird dabei die stabile Ursache intern attribuiert, führt dies zu Stolz oder im Fall von Misserfolg zu Schuldgefühlen und vermindertem Selbstwert. Internale instabile Misserfolgsattribuierungen hingegen führen eher zu Scham. Emotionen und Erfolgserwartung interagieren dann im Hinblick auf zukünftige Handlungen (▶ Abb. 2.3, spezifisch für die Leistungsmotivation). Im Falle von geringer Erfolgserwartung und vermindertem Selbstwert durch eine stabile internale Misserfolgsattribuierung wird die Person eher aufgeben.

Die Theorie kann auch erklären, warum manchmal nach Misserfolg die Motivation steigt und nicht fällt. Dies ist der Fall, wenn die Ursache als internal, kontrollierbar und instabil bewertet wird. Es handelt sich dann um einen »Ausrutscher«, und obwohl die internale Attribution momentan den Selbstwert verringert und die Kontrollierbarkeit des Misserfolgs auch Schuld auslösen sollte, gibt es doch hinreichend Hoffnung, es noch einmal zu versuchen.

Weiners Theorie erklärt auch, warum erfolgs- und misserfolgsmotivierte Personen unterschiedlich reagieren, obwohl beide Gruppen sowohl Erfolge als auch Misserfolge erleben. Die beiden Motivationsformen unterscheiden sich im Attributionsmuster, so dass Erfolgsmotivierte einen Erfolg eher internal und stabil (Fähigkeit) attribuieren und Misserfolg eher instabil (z. B. zu wenig vorbereitet). Misserfolgsmotivierte hingegen attribuieren Erfolg eher auf instabile oder externale Faktoren (z. B. Glück) und Misserfolge auf internale und stabile Faktoren (mangelnde Fähigkeit).

2.4.3 Anschlussmotivation

Menschen sind soziale Wesen. Tatsächlich wäre es für die meisten von uns unmöglich, allein zu überleben. Evolutionäre Theorien betonen die Wichtigkeit des sozialen Zusammenlebens für das Überleben des Menschen. Interpersonal Theory (Kiesler, 1982) sieht in der Affiliation, neben der Dominanz, eine grundlegende Dimension menschlichen Verhaltens. Baumeister und Leary (1995) sehen im Bedürfnis nach Zugehörigkeit (need to belong) ein fundamentales Bedürfnis nach regelmäßigen friedlichen Interaktionen innerhalb einer sozialen Beziehung. Dabei kommen sie, basierend auf einer ausführlichen Übersicht der Literatur, zu dem Schluss, dass sich aus diesem Bedürfnis nicht nur das Anschluss-, sondern auch das Machtmotiv ableitet.

Menschen unterscheiden sich darin, wie viele enge Beziehungen sie zu Menschen haben und haben wollen. Ein wichtiges Merkmal ist dabei die Anschlussmotivation. Murray (1938) definiert das Bedürfnis nach Anschluss dabei mit den Worten: »Freundschaften und Beziehungen zu bilden. Andere zu grüßen, auf sie zuzugehen und mit ihnen zu leben. Zu kooperieren und sich sozial auszutauschen. Zu lieben. Sich Gruppen anzuschließen (S. 83; Übersetzung der Autorin).« Anschlussmotivation kann dabei zwei Formen annehmen – auf der einen Seite die Furcht vor Zurückweisung und auf der anderen Seite die Hoffnung auf

2 Bedürfnistheorien

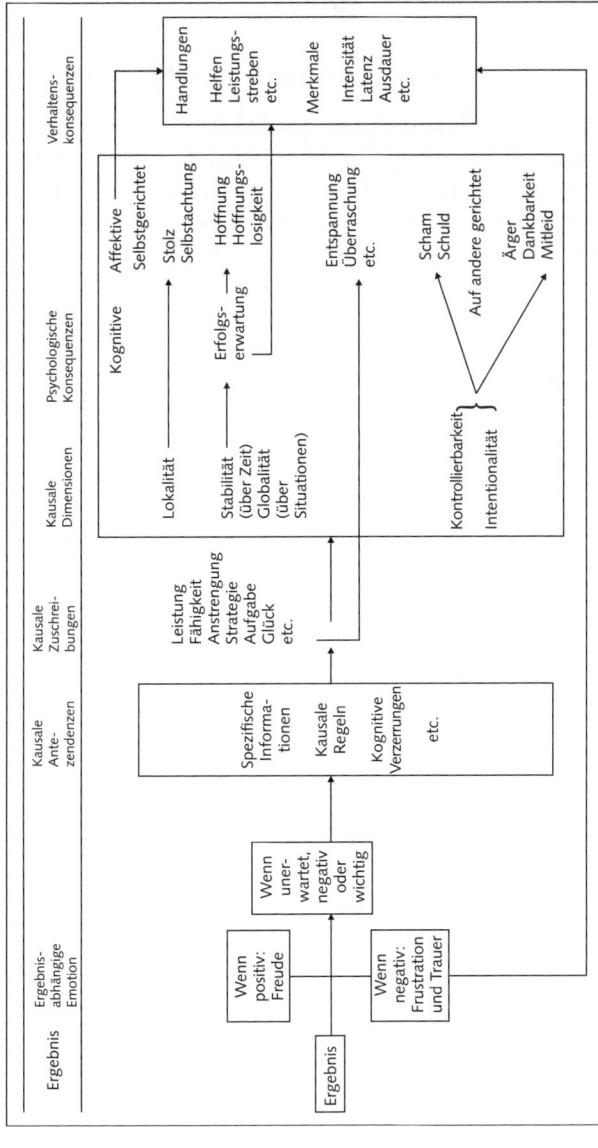

Abb. 2.3: Kausalattribution (nach Weiner, 1985)

Anschluss. Des Weiteren kommt in engen Beziehungen das Bedürfnis nach Intimität zum Tragen.

Furcht vor Zurückweisung versus Hoffnung auf Anschluss

Erste Studien zur Erfassung des Anschlussmotivs mit Hilfe des TAT wurden in den 1950er Jahren durchgeführt (Atkinson, Heyns & Veroff, 1954; Shipley & Veroff, 1952). Atkinson et al. (1954) sahen im Bedürfnis nach Affiliation das Etablieren, Aufrechterhalten und Wiederherstellen einer positiv affektiven Beziehung zu einer anderen Person. Es zeigte sich jedoch, dass zwar manche Studien bei Personen mit hoher Affiliationstendenz eher positiv auf sozialen Zusammenschluss gerichtetes Verhalten fanden, so z. B. eine Tendenz, mehr persönliche Telefongespräche zu führen, mehr Briefe zu schreiben und Freunde zu besuchen (Lansing & Heyns, 1959), andere Studien aber nicht (Boyatzis, 1973). Schon Atkinson et al. (1954) hatten festgestellt, dass Affiliation mit gemischten Eigenschaften verbunden war: mit der Tendenz, Anerkennung zu suchen sowie selbstbewusst aufzutreten und egoistisch zu sein. Personen mit hoher Affiliationstendenz waren auch weniger beliebt. D. h. der Messansatz von Veroff und Kollegen vermischte einen Annäherungsaspekt (die Hoffnung auf Anschluss) mit einem Vermeidungsaspekt (der Furcht vor Zurückweisung). De Charms (1957) sowie auch Byrne, McDonald und Mikawa (1963) versuchten, diese beiden Aspekte von Affiliation zu trennen. Ein weiterer Versuch in diesem Sinne wurde von Mehrabian und Ksionzky (Mehrabian & Ksionzky, 1970, 1974) durchgeführt. Sie unterscheiden ebenfalls Furcht vor Zurückweisung (sensitivity to rejection) von Hoffnung auf Anschluss (affiliative tendency). Sie fassten dabei die Eigenschaften von Personen mit diesen Motiven zusammen, wie Tabelle 2.2 deutlich macht.

Hoffnung auf Anschluss und Furcht vor Zurückweisung unterscheiden sich auch im Hinblick auf die Erwartungen, mit denen Personen mit diesen Motiven an anschlussrelevante Situationen herantreten. Personen mit großer Hoffnung auf Anschluss sehen mehr Situationen als anschlussrelevant und gehen in diese mit höheren Erwartungen auf ein positives Ergebnis und insgesamt mit positiverem Affekt. Sie erwarten dabei auch eher, dass ihr eigenes Verhalten zu positiven Ergebnissen führt.

Tab. 2.2: Eigenschaften von Personen mit hoher Affiliationstendenz versus Personen mit Furcht vor Zurückweisung

Affiliationstendenz	Furcht vor Zurückweisung
Sie sehen andere Personen sich selbst ähnlicher.	Sie fühlen sich in sozialen Situationen überfordert, und diese gestresste Gefühlslage wirkt auch auf andere ansteckend.
Sie sehen andere Personen positiver.	Sie sind in sozialen Situationen weniger zuversichtlich, sondern angespannter und ängstlicher.
Sie mögen andere Personen mehr.	Sie sehen sich selbst als unbeliebter und einsamer (obwohl sie de facto nicht weniger mit anderen interagieren).
Sie werden von anderen Personen mehr gemocht.	Sie haben wenig soziales Geschick, und ihr Verhalten hinterlässt in ihnen ein Gefühl der Inadäquatheit und Unfähigkeit, mit sozialen Situationen umzugehen.
Sie wirken durch ihre freundliche Art auch auf andere Personen (Fremde) ansteckend.	

Bedürfnis nach Intimität

In Reaktion auf die Tatsache, dass Affiliation sich in zwei Motive teilt, versuchte McAdams (1980) einen neuen Ansatz, indem er ein Kodierungssystem für ein Bedürfnis nach Intimität (need for intimacy) schuf. Das Bedürfnis nach Intimität ist ein wachstumsorientiertes Bedürfnis, welches sich um Wärme, Reziprozität, emotionale Beziehungen und Liebe dreht. Das Bedürfnis nach Nähe, das sich im Bedürfnis nach Intimität ausdrückt, ist zu unterscheiden von dem Bedürfnis nach Nähe, welches durch Angst und Unsicherheit ausgelöst wird (Baumeister & Leary, 1995; Schachter, 1959). Dabei suchen Personen zwar auch die Nähe anderer, aber in einer spezifischen angstauslösenden Situation und dann bevorzugt die Nähe zu anderen in derselben Situation.

Personen mit einem hohen Bedürfnis nach Intimität schließen sich eher Gruppen an, verbringen Zeit mit anderen und bevorzugen stabile, andauernde Freundschaften im Vergleich zu Personen mit einem niedrigen Bedürfnis nach Intimität. Sie wissen auch mehr über ihre Freunde und empfinden insgesamt enge freundschaftlichen Bindungen als positiv und nicht als restriktiv (McAdams, Healy & Krause, 1984; McAdams & Losoff, 1984). In einer Tagebuchstudie berichteten Personen mit einem höheren Bedürfnis nach Intimität mehr dyadische Freundschaftsepisoden, mehr Besorgnis um das Wohlergehen von Freunden, mehr Selbstoffenbarung und Zuhören (McAdams, Healy, et al., 1984). In einer Interviewsituation zeigten Personen mit einem höheren Bedürfnis nach Intimität mehr Lächeln, Lachen und Blickkontakt (McAdams, Jackson & Kirshnit, 1984).

Ein hohes Bedürfnis nach Anschluss schlägt sich stärker in einem Bedürfnis nach Zugehörigkeit mit den dazu passenden Verhaltensweisen wieder, während ein Bedürfnis nach Intimität sich eher in der Suche nach festen, tiefen Beziehungen niederschlägt.

Anschlussmotiv und Erwartungen

Wie bei dem Leistungsmotiv sind auch für die Verhaltensfolgen des Anschlussmotivs die Erwartungen auf die Situation maßgeblich. Dies wurde in einer Studie von Fishman (1966) deutlich. Fishman führte zunächst einen TAT nach dem Kodierschlüssel von Heyns et al. (1954) durch und ließ die Probanden dann einen Fragebogen ausfüllen, in dem sie ihre Erwartungen bezüglich der Beliebtheit und Freundlichkeit von Wohnheimsmitgliedern beschrieben. Daraus wurde ein Erwartungsindex gebildet. In einem zweiten Teil des Versuchs, zwei bis vier Wochen nach der initialen Messung, wurden Gruppen von jeweils vier Probanden aus demselben Wohnheim zusammengeführt mit der Instruktion, über ein populäres Thema zu sprechen. Die Gespräche wurden beobachtet und das Verhalten der Probanden kodiert. Es ergab sich, dass nur bei Personen mit hoher affiliativer Erwartung gegenüber den Gesprächspartnern eine hohe Affiliationstendenz zu eher positivem Verhalten und eine niedrige Affiliationstendenz zu eher negativem Verhalten führte. Bei niedrigen affiliativen Erwartungen machte die Affiliationstendenz keinen Unterschied. Zudem erwies sich, dass bei getrennter Betrachtung von Hoffnung auf Anschluss und Furcht vor Zurückweisung, die Effekte nur auf Hoffnung auf Anschluss zurückgingen.

2 Bedürfnistheorien

> **Anschlussmotiv und Leistungsmotivation:** Sorrentino, R. M. & Sheppard, B. H. (1978). Effects of affiliation-related motives on swimmers in individual versus group competition: A field experiment. *Journal of personality and social psychology, 36,* 704–714.
>
> Viele Situationen, in denen es Möglichkeiten zum sozialen Anschluss gibt, sind auch leistungsbezogen und umgekehrt. So ist z. B. Gruppenarbeit eine Situation, in der sowohl leistungsbezogene als auch anschlussbezogene Anreize relevant sind. Dies wird in einer Studie von Sorrentino und Sheppard (1978) deutlich. Sie stellten folgende Hypothesen auf:
>
> 1. Personen, die nach Anerkennung streben und keine Angst vor Zurückweisung haben, sind in Gruppenwettbewerben eher mehr motiviert als in Individualwettbewerben.
> 2. Personen, die Zurückweisung fürchten, sind in Gruppenwettbewerben eher weniger motiviert als in Individualwettbewerben.
>
> Um diese Hypothesen zu testen, wurden 76 Schwimmer und Schwimmerinnen aus drei verschiedenen Schulen rekrutiert, um an einem Schwimmwettbewerb teilzunehmen. Drei Wochen vor Beginn des Wettbewerbs wurde die Stärke des individuellen Anschluss- sowie Erfolgsmotivs der Probanden gemessen. Es fanden zwei Wettkämpfe statt, an denen alle Schwimmer teilnahmen. Der eine Wettkampf bestand darin, durch ein Ranking mit allen anderen Teilnehmern verglichen zu werden (Individualvergleich). Bei dem anderen Wettkampf traten die Teilnehmer in Gruppen an (Gruppenvergleich). Die von Sorrentino und Sheppard postulierten Hypothesen konnten bestätigt werden. Anerkennungsorientierte Personen schwammen in der Gruppenbedingung signifikant schneller als in der Individualbedingung. Das Gegenteil galt für Personen, die sich vor Zurückweisung fürchten.

2.4.4 Machtmotivation

Neben Affiliation ist Dominanz eine der grundlegenden menschlichen Verhaltensintentionen (Leary, 1957). Aus evolutionärer Sicht sind Dominanz und Macht und ihre ungleiche Verteilung wesentlich für das Funktionieren sozialer Gruppen. Deshalb gibt es bei sozial lebenden Tieren typischerweise Dominanzhierarchien, die die Stabilität der Gruppe fördern, indem Verteilungskämpfe limitiert werden.

Max Weber beschriebt Macht als »die Fähigkeit ... innerhalb einer sozialen Beziehung den eigenen Willen auch gegen Widerstreben durchzusetzen« (Weber, 1925/2002, S. 28). Murray (1937) beschreibt das verwandte Bedürfnis nach Dominanz als das Bedürfnis, seine soziale Umwelt zu kontrollieren. Damit ergibt sich, dass, anders als zum Beispiel beim Leistungsmotiv, Macht nur in einem (ungleichen) Zusammenspiel mit anderen ausgeübt werden kann. Das Machtmotiv bezieht sich auf den Wunsch, Macht auszuüben. Allerdings kann diese Macht in ganz verschiedenen Verhaltensdomänen ausgeübt werden – je nachdem, welche Fähigkeiten eine Person hat (so kann z. B. nicht jeder ein charismatischer Politiker werden) und welche sozialen Normen die Machtausübung begünstigen oder ihr entgegenstehen. Dies ist auch ein Grund dafür, dass die Korrelationen zwischen der Stärke der Machtmotivation und präzisen Handlungen, wenn auch stabil über verschiedene Studien, eher gering sind.

Frühe Untersuchungen, basierend auf einem TAT-Auswertungsschlüssel von Veroff, zeigten eine Neigung zu aggressivem Verhalten und besonders hohen Gruppenmittelwerten bei jenen, die sich eher gegen die Macht anderer wehren müssten (z. B. Personen mit geringem Einkommen oder Bildung). Diese Konstellation kann eher als Furcht vor Schwäche bezeichnet werden (Veroff, 1992). Winter (1973) entwickelte eine alternative Auswertungsmethode auf der Basis einer Definition von Macht als die Fähigkeit, beabsichtigte Wirkungen im Verhalten oder den Gefühlen anderer Personen zu bewirken. Dieser Auswertungsschlüssel wurde im Folgenden mehrheitlich verwendet.

Die Frage, ob sich Machtmotivation bei Männern und Frauen in unterschiedlicher Form zeigt, wurde von Winter (1988) aufgeworfen, basierend auf die Idee, dass Männer eher agentisch und

Frauen eher kommunal oder umsorgend handeln (Eagly, 1983). In einer Übersicht über 27 Studien fand Winter (1988) jedoch große Übereinstimmung in den Ergebnissen für Männer und Frauen. In Bezug auf die Einnahme von politischen und institutionellen Machtpositionen, auf das Verfolgen machtrelevanter Karrieren oder dem Streben nach Bekanntheit und Prestige fand Winter vergleichbare Ergebnisse für Männer und Frauen, wenn auch einige Unterschiede im Ausdruck auftraten. So z. B. ist Kleidung für Frauen ein wichtigeres Prestigemerkmal als für Männer. Im Hinblick auf eine Reihe von Verhalten, die von Winter unter »expansive, profligate impulse« – also ausschweifendes und anstößiges Verhalten – zusammengefasst werden, gab es deutlichere Unterschiede. Verhalten wie Alkoholkonsum, Drogenkonsum, physische und verbale Aggression u. Ä. korrelierten bei Männern positiv mit der Stärke der Machtmotivation, bei Frauen hingegen nicht. Winter (1988) kommt dabei zu dem Schluss, dass Männer eher eine personalisierte Machtorientierung haben, bei der es darum geht, Macht ungehemmt und eigennützig auszuüben. Dieser Form der Machtorientierung steht die sozialisierte Machtorientierung gegenüber, bei der die eigennützige Machtausübung gehemmt wird und Macht auch anderen dient (McClelland, Davis, Kalin & Wanner, 1972). So fand Winter (1973) eine hohe Machtmotivation bei Personen, deren Berufe die »Manipulation« anderer impliziert. So haben z. B. Lehrer, Geistliche, Journalisten und Psychologen im Vergleich zu Verwaltungsbeamten, Medizinern und Juristen eine stärker ausgeprägte Machtmotivation. Neben den oben erwähnten negativen Verhaltensweisen hatten Personen mit einer ausgeprägten Machtmotivation mehr Ämter in Organisationen inne, kandidierten eher für einflussreiche Kommissionen, bevorzugten Wettkampfsport und berichteten bessere Studienleistungen, als sie tatsächlich erreicht hatten.

Formen der Macht

French und Raven (1959) beschreiben fünf Formen der Macht:

1. Macht durch Belohnung (reward power): die Macht, positive Konsequenzen auszuteilen oder negative zu beseitigen. Belohnungen können materielle Natur sein, aber auch aus Lob, Auf-

merksamkeit, Anerkennung bestehen oder daraus, Unangenehmes (z. B. eine lästige Aufgabe) wegzunehmen.
2. Macht durch Zwang (coercive power): Macht durch das Ausüben negativer Einflüsse (z. B. Androhung negativer Konsequenzen, wie Entlassung) oder die des Zurückhaltens von Belohnungen (z. B. Androhung, einen Bonus nicht zu erhalten).
3. Legitime Macht (legitimate power): Macht, die durch internalisierte Normen und Werte vermittelt wird. Der Machtausübende hat dabei in einem gegebenen sozialen Kontext das »Recht«, das Verhalten anderer zu beeinflussen. So hat ein Vorgesetzter das Recht, Anweisungen zu geben und zu erwarten, dass diese ausgeführt werden.
4. Macht durch Identifikation (referent power): Macht die dadurch entsteht, dass eine Person O mit einer anderen Person P oder Gruppe assoziiert sein möchte. Die Person möchte wie P oder Teil der Gruppe sein.
5. Expertenmacht (expert power): Expertenmacht entsteht durch das spezifische Wissen und die besonderen Fähigkeiten eines Experten in einer bestimmten Domäne. Sie gilt also nur für den speziellen Bereich, für den Experten qualifiziert sind.

Diese fünf Formen der Macht wurden von Raven (1964) um eine weitere ergänzt:

6. Macht durch Information (informational power oder persuasion): Sie basiert darauf, eine andere Person durch Informationen oder logische Argumente zu beeinflussen und ihr Verhalten zu ändern.

Diese sechs Formen der Macht beruhen auf unterschiedlichen Ressourcen. Macht durch Belohnung und Zwang kann durch körperliche Überlegenheit vermittelt werden. Legitime und Expertenmacht hingegen hängen vom sozialen Kontext ab. Wenn z. B. Expertise nicht geschätzt wird (z. B. wenn Schüler mit guten Leistungen lächerlich gemacht werden), kann daraus keine Macht abgeleitet werden.

Schmalt und Heckhausen (2010) fassen den Prozess des Machthandels in einem auf Kipnis (1974) beruhenden Modell zusammen: Wenn die Machtmotivation einer machtausübenden Person angeregt ist, dann wird diese versuchen, andere zu beeinflussen. Diese Beeinflussung kann mehr oder minder direkt oder indirekt über soziale Normen stattfinden (z. B. höfliches Verhalten gegenüber einem Vorgesetzten muss nicht eingefordert werden, sondern wird durch soziale Normen vermittelt). Wenn die andere Person das gewünschte Verhalten zeigt, dann ist der Prozess beendet. Kommt es zu Widerstand, muss die machtausübende Person die zur Verfügung stehenden Machtquellen mit denen der anderen Person abgleichen und entscheiden, welche eingesetzt werden kann.

Dem Einsatz der Machtquellen stehen potentielle Hemmungen entgegen. So kann Furcht vor Gegenmacht, z. B., wenn die andere Person stärker ist als die machtausübende Person, den Einsatz körperlicher Kraft als ungeeignet erscheinen lassen. Andere Hemmungen sind: zu geringes Selbstvertrauen, die längerfristigen Kosten der Machtausübung (weil z. B. einem auf Dauer Belohnungen zu kostspielig werden können), aber auch kulturelle und institutionelle Normen und Werte, nach denen bestimmte Mittel der Einflussnahme nicht angemessen sind. Falls ein geeignetes Machtmittel zur Verfügung steht, kann dieses eingesetzt werden. Bei Widerstand kann es zu einer Verschärfung der eingesetzten Mittel kommen. Ein wichtiger Faktor ist laut Schmalt und Heckhausen das eigene Selbstvertrauen. Wenn Personen, die kein Vertrauen in ihre Führungseignung haben, in Führungspositionen kommen, neigen sie dazu, eher auf institutionelle Machtmittel zurückzugreifen als auf vermittelnde Einflussnahmen (z. B. Überreden, mit Informationen überzeugen; Goodstadt & Hjelle, 1973), vermutlich auch, weil sie wenig Erfahrung im Einsatz angemessener, persönlicher Machtmittel haben.

Wenn die Zielperson nachgibt, kann dies durch innere Zustimmung vermittelt sein, aber auch ein rein äußerliches Nachgeben, mit negativen Gefühlen gegenüber dem Machtausübenden, ist möglich. Die Machtausübung kann also positive, aber auch negative Konsequenzen für die Beziehung der beiden Personen haben. Schließlich hat die Machtausübung auch Folgen für den emotionalen Zustand, den Selbstwert und die Ressourcen sowie den Status des Machtausübenden.

Die Vorstellung, dass Machtausübung negative Konsequenzen für den Machtausübenden hat, wird in dem folgenden Spruch deutlich: »Macht korrumpiert, absolute Macht korrumpiert absolut« (»Power tends to corrupt, and absolute power corrupts absolutely«, Lord Acton). Tatsächlich gibt es dafür auch Hinweise (Kipnis, 1972, ▸ Kasten).

> **Exkurs: Verdirbt Macht den Charakter?**
> Kipnis, D. (1972). Does power corrupt? *Journal of personality and social psychology, 24*(1), 33–41
> Kipnis untersuchte 1972 in einer simulierten Betriebsstudie, wie Macht (a) das Eingreifen des Vorgesetzten auf seine Angestellten, (b) das Selbstbewusstsein des Vorgesetzten selbst, (c) die Bewertung seiner Angestellten, (d) die zugeschriebenen Kontrollüberzeugungen seiner Angestellten, (e) die psychologische Distanz zu ihnen und (f) die wahrgenommene Manipulierbarkeit durch den Vorgesetzten beeinflusst.
> Probanden waren 28 Studierende der BWL, denen gesagt wurde, dass es sich um eine betriebswirtschaftliche Studie handle, bei der sie ihre Fähigkeiten als Manager unter Beweis stellen könnten. Ihre Aufgabe bestand darin, die Effizienz von Angestellten zu kontrollieren, um für das Unternehmen einen größtmöglichen Profit zu erbringen. Es wurde behauptet, dass die Angestellten sich in einem benachbarten Raum befänden, so dass Anweisungen nur per Mikrofon möglich sind und die Arbeitsergebnisse der Angestellten alle drei Minuten von einem Assistenten überbracht werden. In Wirklichkeit gab es jedoch keine Angestellten, und lediglich ein vorprogrammierter, von der Arbeitsleistung her konstant besser werdender Arbeitsnachweis wurde überreicht. Die Probanden, die die Rolle des Vorgesetzten einnahmen, wurden zwei unterschiedlichen Bedingungen zugeordnet. In der »machtarmen« Bedingung konnten die Probanden ihre Angestellten lediglich durch ihre Autorität als Führungskraft, sowie ihrer persönlichen Überzeugungskraft motivieren. In der »machtvollen« Bedingung hatten die Probanden zusätzlich die Möglichkeit, die Arbeitsleistung ihrer Angestellten bspw. mit Gehaltserhöhungen zu belohnen oder mit Androhung einer Entlassung zu bestrafen.
> Die Ergebnisse zeigen, dass die machtvollen Probanden doppelt so viele Anweisungen gaben wie die machtarmen Probanden. Eine nachträgliche Befragung ergab, dass es

zwischen machtvollen und machtarmen Probanden keine Unterschiede im Selbstbewusstsein gab. Hinsichtlich des eingeschätzten Werts ihrer Angestellten (Fähigkeiten, Mehrwert für den Betrieb, ob der Proband sie wieder einstellen würde) zeigte sich allerdings, dass 72 % der machtarmen aber nur 28 % der machtvollen Vorgesetzten ihre Angestellten über dem Median wertschätzen. Je mehr Anweisungen die machtvollen Vorgesetzten gaben, desto wertloser schätzten sie ihre Angestellten ein. Auf die Frage, welcher Faktor aus ihrer Sicht die Arbeitsleistung der Angestellten am meisten beeinflusse, antwortete der Großteil der machtvollen Vorgesetzten mit der Motivation, ihr Gehalt zu erhalten. Hingegen führte die Mehrheit der machtarmen Vorgesetzten sie auf die eigene Motivation der Angestellten zurück. Ihren eigenen Erfolg schrieben die meisten machtvollen Vorgesetzten ihren manipulativen Fähigkeiten zu und waren der Meinung, dass »man wissen muss, wie man seine Angestellten beeinflusst, damit sie besser arbeiten«. Im Gegenteil dazu setzten die machtarmen Vorgesetzten darauf, dass »man Vertrauen in die Arbeiter zeigen muss, sie ermutigt und ihnen die Freiheit gibt, ihre Arbeitsweise selbst zu bestimmen«. Um zu verdeutlichen, wie Macht und ihre einhergehende verminderte Wertschätzung Unterstellter sich auf die psychologische Distanz auswirkt, wurden die Versuchspersonen befragt, ob sie nach Abschluss des Experimentes gerne einen Kaffee mit ihren Angestellten trinken würden. 78 % der machtarmen Vorgesetzten standen einem Treffen eher positiv gegenüber, aber nur 35 % der machtvollen.

Zusammenfassung

Bedürfnisse beziehen sich auf alle diejenigen Prozesse, die für das Überleben, das Wachstum und das Wohlbefinden eines Organismus nötig sind. Es gibt physiologische, soziale und psychologische Bedürfnisse.

Auf physiologische Bedürfnisse wird oft das Hull'sche Triebmodell angewandt. Allerdings spielen neben dem Erreichen eines Homöostasezustands eine Vielzahl von Umwelteinflüssen (Geschmack, Werte, Normen) eine Rolle, so dass dieses Modell nur eingeschränkt zutrifft.

Laut Murray sind psychologische Bedürfnisse Konstrukte, die einen neurologischen Faktor beschreiben, der Wahrnehmung, Verständnis, Intention und Handlung in einer Weise strukturiert, dass eine derzeitige, unbefriedigende Situation sich ändert.

Autonomie setzt sich aus drei subjektiven Komponenten zusammen: einer internalen Kontrollüberzeugung, dem Gefühl der Wahl des eigenen Handelns und dem Gefühl, nach dem eigenen Willen zu handeln (Volition).

Das Bedürfnis nach Kompetenz ist charakterisiert durch die Suche nach einem Gefühl der Meisterschaft, optimalen Herausforderungen und nach dem Gefühl der Effektivität, der Originalität und der Kreativität.

Zugehörigkeit bedeutet, sich authentisch in eine zwischenmenschliche Beziehung einzubringen, die von gegenseitigem Vertrauen und Respekt geprägt ist.

Leistungsmotivation: Atkinsons Risikowahl-Modell berechnet die Wahrscheinlichkeit der Wahl einer Aufgabe aus der Erfolgserwartung und des Werts des Erfolgs. Dabei ergeben sich unterschiedliche Präferenzen in Abhängigkeit davon, ob die Person durch Erfolgserwartung oder durch Furcht vor Misserfolg motiviert ist. Die Annahme, dass Personen, die Erfolg erwarten, eher mittelschwere Aufgaben wählen, ist gut belegt. In Bezug auf die erwartete Tendenz, dass Personen mit Furcht vor Misserfolg extrem einfache oder extrem schwere Aufgaben wählen, ist die Datenlage widersprüchlich.

Das Konzept der Lernziele bezieht sich nicht darauf, welche Art der Aufgaben Personen wählen, sondern auf die Ziele der Aufgabenwahl und die Frage, warum sich die Person anstrengt. Lern- oder Kompetenzziele verweisen auf die Bestrebung, Neues zu lernen und sich zu verbessern. Performanzziele richten sich auf den Vergleich mit anderen und das Bestreben, besser als andere oder als eine gegebene Norm zu sein.

Elliots und Churchs Modell verbindet den Motiv- und den Lernzielansatz. Unterschiedliche Lernziele haben dabei unterschiedliche Voraussetzungen und Konsequenzen.

Weiners Attributionstheorie verbindet den Erwartungs-x-Wert-Ansatz mit einem Kausalattributionsansatz. Sie erklärt die der Leistungsmotivation unterliegenden Emotionen.

Das Anschlussmotiv kann in zwei Motive geteilt werden. Auf der einen Seite stehen Hoffnung auf Anschluss versus Furcht vor Zurückweisung, auf der anderen ein Bedürfnis nach Intimität, mit jeweils unterschiedlichen Verhaltens- und Persönlichkeitskorrelaten.

Machtmotivation bezieht sich auf das Bestreben einer Person A, das Verhalten und/oder Erleben einer anderen Person B zu beeinflussen. Machtorientierung kann eine eigennützige personalisierte Form annehmen oder aber eine sozialisierte Form, bei der die Machtausübung auch anderen nützt.

Weiterführende Literatur

Brunstein, J. & Heckhausen, H. (2006). Leistungsmotivation. In J. Heckhausen & H. Heckhausen (Hrsg.), *Motivation und Handeln* (S. 143–191). Berlin/Heidelberg: Springer.

Deci, E. L. & Ryan, R. M. (2000). The »what« and »why« of goal pursuits: Human needs and the self-determination of behavior. *Psychological Inquiry, 11*, 227–268.

Elliot, A. J. & Church, M. A. (1997). A hierarchical model of approach and avoidance achievement motivation. *Journal of personality and social psychology, 72*(1), 218–232.

Heyns, R. W., Veroff, J. & Atkinson, J. W. (1992). A scoring manual for the affiliation motive. In C. P. Smith (Ed.), *Motivation and personality: Handbook of thematic content analysis* (pp. 211–223). New York, NY: Cambridge University Press.

Weiner, B. (1985). An attributional theory of achievement motivation and emotion. *Psychological Review, 95*, 548–573.

Fragen zur Selbstüberprüfung

- Welche Grenzen gibt es für die Anwendung der Hull'schen Triebtheorie auf physiologische Bedürfnisse?
- Warum eignet sich die Hull'sche Triebtheorie nicht für die Erklärung psychologischer Bedürfnisse?
- Warum verstehen Deci und Ryan die Bedürfnisse nach Autonomie, Kompetenz und Zugehörigkeit als universell?
- Warum korrelieren implizite und explizite Motivationsmaße nur wenig miteinander?
- Warum sollte man Furcht vor Misserfolg und Hoffnung auf Erfolg konzeptuell voneinander trennen?

- Wie erklärt Weiner, dass erfolgs- und misserfolgsmotivierte Personen unterschiedlich auf Erfolg und Misserfolg reagieren?
- Wodurch unterscheiden sich Hoffnung auf Anschluss und Furcht vor Zurückweisung von dem Bedürfnis nach Intimität?
- Was unterscheidet personalisierte von sozialisierter Machtorientierung?

3 Kognitive Theorien: Pläne und Ziele

3.1 Einleitung

Die in den vorangegangenen Kapiteln beschriebenen Theorien gingen von physiologischen und sozialen Bedürfnissen als motivationalem Faktor aus. Im Folgenden werden kognitive Theorien beschrieben. Zentral sind dabei Ziele, die sich das Individuum setzt. Ziele und Anreize sind beide motivierend, aber unterscheiden sich in wichtigen Punkten. So sind Ziele definitionsgemäß nicht andauernd. Sie gelten nur so lange, bis sie erreicht oder aufgegeben werden. Ziele sind naturgemäß auch komplexer als Anreize. So ist zum Beispiel das Ziel, einen Universitätsabschluss zu machen, recht komplex und beinhaltet eine Vielzahl von Verhaltensentscheidungen. Der zentrale Unterschied liegt aber in der Tatsache, dass Ziele kognitiv sind. Sie werden vom Individuum bewusst im Hinblick auf ihren Wert und ihre Erreichbarkeit analysiert. Auf der Basis dieser Analyse werden dann Pläne zur Erreichung des Ziels entwickelt. Der für die Motivation wichtige Aspekt ist dabei, dass das Vorhandensein von Plänen und Zielen einen motivierenden Effekt hat. Dabei können Individuen gleichzeitig mehr als ein Ziel verfolgen.

3.2 Kontrolltheorie

Die Forschung zu kognitiven Motivationstheorien kann auf klassische Studien von Miller, Galanter und Pribam (1960) zurückgeführt werden. Dabei wurde davon ausgegangen, dass wir alle im Hinblick auf unsere Umwelt eine Vorstellung davon haben, wie diese idealerweise aussehen sollte, und dass uns gleichzeitig bewusst ist, wie sie tatsächlich aussieht. Es stehen sich also eine Idealvorstellung und eine Realität gegenüber. Inkongruenz zwischen dem Idealzustand und dem Realzustand wird wahrgenommen und als unangenehm empfunden. Daraus ergibt sich die Motivation, den unangenehmen Zustand zu beenden, indem etwas unternommen wird, was den tatsächlichen Zustand der Dinge in den Idealzustand überführt. Dies wird in einem sogenannten TOTE-Modell (Test-Operate-Test-Exit) dargestellt. Dieses kommt aus der Kontrolltheorie oder Reglungstheorie, die sich mit Feedbacksystemen beschäftigt (▶ Abb. 3.1).

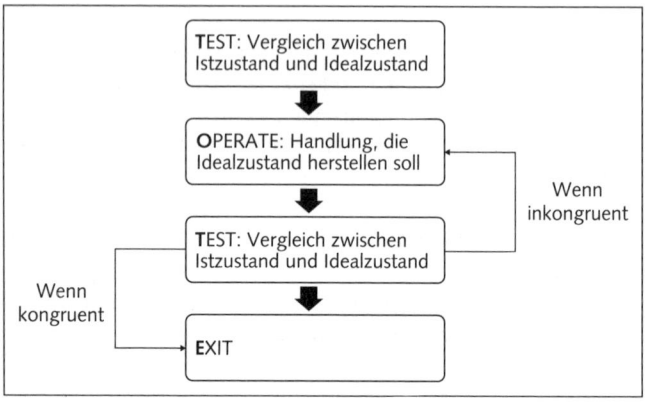

Abb. 3.1: TOTE-Modell (nach Miller et al., 1960)

Nehmen wir an, Sie haben das Ziel, Ihren Schreibtisch aufzuräumen. Nachdem Sie eine Weile Dinge gestapelt oder in Schubladen getan haben, betrachten Sie Ihr Werk (Test) und sehen noch ein paar Stifte, die schief aufeinanderliegen. Sie entscheiden, dass dies unordentlich ist und legen die Stifte gerade (Operate). Danach betrachten Sie den Tisch wieder (Test). Wenn Sie immer noch Unordnung sehen, machen sie weiter (Operate) und verifizieren jedes Mal, inwieweit sich der Tisch dem Idealzustand angenähert hat (Test), so lange bis Sie keine weitere Diskrepanz zum Idealzustand finden (Exit). Pläne können dabei, wie in diesem Beispiel, kurzfristig angelegt sein, aber auch über Jahre hinweg verfolgt werden, wie z. B. im Rahmen einer Berufsausbildung oder beim Lernen eines Instruments oder einer Sprache.

In einem Übersichtsartikel zeigten Carver und Scheier (1982) die Nützlichkeit dieses Modells anhand der betrachteten Literatur auf, verwiesen aber auch auf Probleme. Zum einen geht die Theorie davon aus, dass Ziele stabil bleiben. Dies mag bei kurzfristigen Zielen der Fall sein, aber bei langfristigen Zielen ist zu erwarten, dass sich wichtige Umweltfaktoren ändern. Auch bei kurzfristigen Zielen kann es sein, dass sich die Umwelt ändert und damit neue Kontingenzen ins Spiel kommen. Carver und Scheier nennen als Beispiel die Situation, in der jemand vorhat, am späten Nachmittag zu arbeiten, dann aber ein Kollege kommt und vorschlägt, mit ihm etwas trinken zu gehen – dies führt ein neues potenzielles Ziel ein. Bei langfristigen Plänen können sich sowohl die Ziele als auch die Kriterien ihrer Erreichung mit der Zeit ändern. So mag für einen jungen Akademiker das Publizieren eines Artikels ein wichtiges Ziel sein, im Laufe der Karriere geht es dann aber darum, ein gewisses Niveau an Produktivität zu zeigen – sowohl das Ziel als auch das Kriterium ändert sich. Deshalb sollte bei bestehender Inkongruenz neben der Option »operate« auch die Option, ein Ziel zu ändern, möglich sein.

Aus der Sicht des kontrolltheoretischen Ansatzes ist es die Wahrnehmung einer Diskrepanz, die die folgende Handlung motiviert. Diese entsteht dadurch, dass wir einen anspruchsvolleren Idealzustand dem gegebenen Ist-Zustand gegenüberstellen. Dabei gibt es zwei Möglichkeiten. Die Diskrepanz kann durch externes Feedback an uns herangetragen werden. z. B. durch eine Note, die nicht unserem Ziel entspricht. Die ausgelöste Handlung reduziert dann die Diskrepanz (Carver & Scheier, 2001). Diskrepanz kann aber auch vom Individuum selbst geschaffen werden, indem das Ziel proaktiv langsam höhergeschraubt wird, so dass weiterhin eine motivierende Diskrepanz erhalten bleibt.

3.3 Ziele

Der Einfluss von Zielen und die Wirkung der Merkmale von Zielen (z. B. wie leicht sie zu erreichen sind oder wie spezifisch sie sind) wurde vor allem im Kontext von Leistung untersucht.

Im Grunde kann ein Ziel alles sein, was eine Person erreichen will (Locke & Latham, 1994). Ziele können deshalb unterschiedliche Quellen haben, so z. B. die Antizipation eines positiven oder negativen Affekts. Das Ziel wäre es, dabei positiven Affekt zu erhalten und negativen Affekt zu vermeiden. Weiner (1985) betont die Wirkung der antizipierten Reaktion auf das Erreichen oder Verfehlen eines Ziels. So führt das Erreichen eines Ziels zu Freude, das Verfehlen aber zu Trauer, Frustration oder auch Scham. Dies heißt, dass eine Person ein Ziel verfolgen kann, weil sie Freude bei der Erreichung antizipiert, aber auch, um die Scham beim Verfehlen des Ziels zu vermeiden.

Attraktivere Anreize werden zu Zielen. So kann das Befriedigen eines physiologischen Bedürfnisses ein Ziel werden. Wenn z. B. jemand hungrig ist, wird Essen attraktiver, nicht aber Getränke oder Schlafen. Auch die Befriedigung von psychologischen Bedürfnissen kann zum Ziel werden. Mitgliedschaft in einem Club kann das Bedürfnis nach Affiliation befriedigen, Clubmitgliedschaft kann so zum Ziel werden. Eine weitere Quelle von Zielen liegt in der Persönlichkeit des Individuums. Jemand mit einem hohen Bedürfnis nach Kognition mag das Lösen von Puzzeln und Kreuzworträtseln als ein wertvolles Ziel schätzen. Das persönliche Wertesystem eines jeden legt ebenfalls bestimmte Ziele nahe. So ist Recycling ein wichtigeres Ziel für jemanden, dem Umweltschutz wichtig ist. Schließlich gibt uns unsere Umwelt Ziele vor. Eltern, Lehrer, Trainer, Vorgesetzte etc. setzten ständig Ziele für den Einzelnen (Locke & Latham, 1990).

3.3.1 Zielsetzungstheorie (Goal Setting Theory, Locke & Latham, 1990; Locke & Latham, 1994)

Die Zielsetzungstheorie nach Locke und Latham (1990; 1994) geht davon aus, dass bewusst formulierte Ziele Handlungen beeinflussen. Da die Autoren Organisationspsychologen sind, lag der Fokus auf der Erklärung von leistungsbezogenem Verhalten. Ziele haben eine Reihe von Effekten (Locke & Latham, 2002): (1) Ziele lenken Aufmerksamkeit und Anstrengung auf zielrelevante Aktivitäten und weg von zielirrelevanten Aktivitäten. (2) Ziele haben eine energetisierende Wirkung; schwierige Ziele verleihen mehr Energie als einfache. (3) Ziele wirken auf Persistenz, so dass schwierige Ziele länger verfolgt werden. Zeit und Intensität stehen dabei in einem Trade-off, so dass unter Zeitbeschränkung auch intensiver statt länger an einer Aufgabe gearbeitet werden kann. (4) Ziele führen dazu, dass relevantes Wissen aktiviert oder geschaffen wird. Wenn Individuen schon relevantes Wissen oder

Strategien haben, werden diese durch Ziele aktiviert. Ist kein relevantes Wissen/Strategien vorhanden, führen Ziele dazu, dass Individuen bewusst planen. Personen, die eine hohe Selbstwirksamkeit aufweisen, entwickeln dabei bessere Strategien als Personen mit niedriger Selbstwirksamkeit (Latham, Winters & Locke, 1994). Ziele leiten also Handlungen im Hinblick auf angestrebte Ergebnisse. In Anlehnung an das Modell des Regelkreises stellt das angestrebte Ziel dabei einen Soll-Wert dar, der mit dem jeweiligen Ist-Zustand verglichen wird. Im Falle einer Diskrepanz wird die Ursache gesucht und entweder ein neuer Weg zum Ziel gesucht (z. B. mehr Anstrengung) oder das Ziel geändert (z. B. der Zielanspruch wird gesenkt).

Was für Ziele sollte man sich setzten? Generell führt das Setzen von schwierigen Zielen zu besserer Leistung als das Setzen von einfachen Zielen; spezifische Ziele führen zu besseren Ergebnissen als die simple Aufforderung »sein Bestes zu geben« (Locke & Latham, 1990). Ein Grund dafür ist, dass oft unklar ist, was denn das Beste ist, das jemand geben kann. Ohne externen Standard können ganz unterschiedliche Kriterien angewandt werden, was dann im Mittel dazu führt, dass eine niedrigere Leistung angestrebt wird. Allerdings gibt es hier auch Ausnahmen. Zum einen macht es nur Sinn, schwierige, spezifische Ziele zu setzen, wenn die Person über hinreichend effiziente Strategien verfügt. Ohne das nötige Wissen können solche Ziele nicht erreicht werden (Earley & Perry, 1987). Zum anderen kann es sein, dass bei sehr komplexen Zielen die Aufforderung, sein Bestes zu tun, doch die bessere Wirkung hat, weil es sonst zu evaluativem Druck und Versagensangst kommt. Das kann dann zu einem unsystematischen Vorgehen führen, was wiederum zu geringerer Leistung führt. Die Forschung zu Zielen hat in diesem Zusammenhang eine Reihe von wichtigen Faktoren aufgezeigt (s. Locke & Latham, 2002).

Zielbindung (Goal Commitment) ist der Wille, ein Ziel zu erreichen. Die Stärke der Zielbindung wird durch zwei Faktoren bestimmt: (1) Wie wichtig das Ziel für das Individuum ist und (2) in wieweit das Individuum davon ausgeht, das Ziel auch erreichen zu können (Selbstwirksamkeit). Generell können Ziele vom Individuum selbst gesetzt oder aber vorgegeben werden (z. B. durch Vorgesetzte, Lehrer etc.). Im Arbeitskontext können Ziele auch partizipativ – gemeinsam von Vorgesetzten und Mitarbeitern

– gesetzt werden. Laut Locke, Latham und Kollegen gibt es im Hinblick auf die Motivation keinen Unterschied zwischen extern vorgegebenen und partizipativ gesetzten Zielen. Erez und Kollegen kamen allerdings zu dem gegenteiligen Schluss (siehe, Latham, Erez & Locke, 1988). Erez, Locke und Latham führten deshalb eine Reihe von Studien durch, um die Ursache für diese diskrepanten Ergebnisse zu ergründen (Latham et al., 1988). Sie kamen zu dem Schluss, dass es darauf ankommt, wie ein Ziel vorgegeben wird. Geschieht dies ohne weitere Erklärungen, dann leiden die Zielbindung und die Leistung; ist es einsichtig, warum das Ziel vorgegeben wurde, dann hat eine externe Zielvorgabe keinen negativen Einfluss. Partizipation hat insgesamt eher kognitive als motivationale Effekte, weil es Informationsaustausch und damit auch die Kenntnis über geeignete Strategien zur Zielerreichung fördert (Locke, Alavi & Wagner III, 1997).

Wie kann man Zielbindung stärken? Locke und Latham (2002) verweisen auf Geld, z. B. einen zielabhängigen Bonus. Allerdings muss man dabei auf die Schwierigkeit des Ziels achten. Ist das Ziel schwer zu erreichen und wird der Bonus erst bei Erreichen des Ziels gegeben, dann besteht die Gefahr, dass bei Personen, die vermuten, dass sie das Ziel nicht erreichen werden, sowohl die Wichtigkeit des Ziels als auch die Selbstwirksamkeit und damit die Leistung sinkt. Ein anderer Weg führt über eine Erhöhung der Selbstwirksamkeit. Training oder Rollenmodelle, aber auch verbale Ermunterung sind dabei hilfreich. Locke und Latham (2002) merken an, dass verbale Ermunterungen hilfreicher sind, wenn gleichzeitig auch zielführende Strategien vermittelt werden.

Wie bereits erwähnt, ist *Zielschwierigkeit* eine zentrale Variable. Je höher die Zielschwierigkeit, desto höher die Leistung. In ihrer klassischen Meta-Analyse kommen Mento, Steel und Karren (1987) zu dem Schluss, dass bei Einschluss von korrelativen und experimentellen Studien (N = 7 407) die Effektstärke für Zielschwierigkeit $d = .58$ ist. Wenn nur experimentelle Studien berücksichtigt werden, ist sie $d = .63$. Für die oben erwähnte Zielspezifizität war die Effektstärke $d = .44$ über alle Studien hinweg und $d = .49$, wenn nur experimentelle Studien berücksichtigt werden. Insgesamt haben also sowohl Zielschwierigkeit als auch Zielspezifizität einen wichtigen Einfluss auf die Leistung.

3 Kognitive Theorien: Pläne und Ziele

Zielsetzungstheorie und Kontrolltheorie (Carver & Scheier, 1982) gehen davon aus, dass die Diskrepanz zwischen Ziel und Ist-Zustand Leistung motiviert. Damit ist eine Rolle für *Feedback* impliziert, da Feedback Informationen über diese Diskrepanz vermittelt. Eine zu große Diskrepanz kann schädlich für die wahrgenommene Selbstwirksamkeit und damit auch für die Zielbindung sein (Locke & Latham, 1990), also demotivierend wirken. Ein positiver Effekt von Feedback liegt darin, dass es auch Auskunft über die Wirksamkeit der gewählten Strategie zum Erreichen des Ziels gibt. Feedback kann also die Auswahl wirksamer Strategien begünstigen und damit das Erreichen des Ziels erleichtern (Neubert, 1998). Dies ist besonders wichtig für schwierige oder komplexe Aufgaben, die in mehreren Schritten über einen längeren Zeitraum ausgeführt werden müssen. Komplexe Ziele sind oft nur dadurch zu erreichen, dass Zwischenziele ausgebildet werden. So kann das Ziel eines Bachelorabschlusses nicht in einem Schritt erreicht werden, sondern Zwischenziele, wie das Bestehen einzelner Klausuren, etc. müssen eingefügt werden. Dabei ist es auch wichtig, zwischen Ergebnis- und Prozessfeedback zu unterscheiden. Wenn eine Aufgabe komplex ist, dann hilft es oft wenig, Informationen nur am Ende über das Ergebnis zu erhalten. Prozessfeedback hingegen erlaubt eine Korrektur im Hinblick auf die gewählte Strategie (Earley, Northcraft, Lee & Lituchy, 1990). Dies ist bei einfachen Aufgaben weniger relevant, da die Diskrepanz meist recht offensichtlich und die Auswahl an Strategien beschränkt ist. Feedback kann bei komplexen Aufgaben aber auch störend sein, da es kognitive Ressourcen verbraucht, die besser in die Aufgabe investiert wären (Korsgaard & Diddams, 1996).

Eine Meta-Analyse von Neubert (1998) zeigt, dass Feedback zu einer deutlichen Verbesserung der Leistung führt (d = .63). Der positive Effekt von Feedback war dabei umso deutlicher, je komplexer die Aufgabe war. Dabei hatte die Form der Feedbackgabe keinen Einfluss. Der Effekt war unabhängig davon, ob es sich um persönliches (direkt von einer Person gegebenes) Feedback oder unpersönliches (z. B. schriftliches) Feedback handelte. Ein möglicher differenzieller Effekt von Prozess- versus Ergebnisfeedback, sowie die Hypothese, dass Feedback bei kognitiv sehr anspruchsvollen Aufgaben störend wirkt, konnten aus Mangel an geeigneten Studien nicht überprüft werden.

Laut Carver und Scheier (1998) sind abstrakte Ziele hierarchisch. Ein abstraktes Ziel, wie z. B. ein aufmerksamer Mitmensch zu sein, wird durch eine Reihe von Unterzielen gestützt, welche wiederum auf einfachen motorischen Zielen beruhen. Dabei können zum einen die gleichen Unterziele verschiedenen übergeordneten Zielen dienen und zum anderen übergeordnete Ziele auf verschiedenen Wegen erreicht werden. Übergeordnete Ziele sind wichtiger als untergeordnete Ziele, und zwischen den Zielen auf der gleichen Ebene sind diejenigen wichtiger, die mehreren übergeordneten Zielen dienen.

Für Carver und Scheier (2000) ist das Selbst eines der Ziele einer Person. Das Selbstkonzept besteht aus mehreren Teilen: aus dem Wissen über unsere Vergangenheit, dem Wissen darüber, wer wir jetzt sind, aber auch dem Wissen nach dem angestrebten zukünftigen Selbst. Dieses letztere impliziert Ziele für das Selbst (▶ Kap. 5).

Nach McClelland et al. (1953) ist Leistungsmotivation implizit, d. h. nicht bewusst. Ziele auf der anderen Seite sind bewusst gewählt. Daraus ergibt sich die Frage, wie diese beiden Motivationsformen miteinander interagieren? Auf der Basis von zwei Studien, die in Zusammenarbeit mit McClelland durchgeführt wurden (Howard & Bray, 1988; Tracy, Locke & Renard, 1999), schließen Locke und Latham (2002), dass zum einen bewusste und unbewusste Motivation voneinander unabhängig sind, und zum anderen, dass Ziele klarer mit expliziten Handlungen über die Zeit verbunden sind, als dies für implizite Motivationen der Fall zu sein scheint.

3.3.2 Entscheidungstheorie (expected utility theory)

Die Frage, welches Ziel man sich setzen sollte, wird in der Entscheidungstheorie behandelt. Dieser Ansatz geht auf Nicolas und David Bernoulli zurück. Nicolas Bernoulli entwickelte die Idee, dass diejenige Wahl zu treffen sei, bei der die Eintrittswahrscheinlichkeit und der Wert maximal sind. David Bernouilli ersetzte dann in seinem 1738 erschienenen Buch *Specimen theoriae novae de mensura sortis,* den tatsächlichen Wert mit dem subjektiven Wert, dem erwarteten Nutzen. Dabei ist: Erwarteter Wert = Wert x subjektive Wahrscheinlichkeit.

Neumann und Morgenstern (1944) entwickelten daraus eine moderne Entscheidungstheorie, die Spieltheorie. Sie war lange Zeit nicht nur für Ökonomen (mit Begriffen wie Homo Oeconomicus und rationaler Agent) führend (Leonard, 1995) und galt über ein normatives Modell hinweg als deskriptives Modell rationalen menschlichen Handelns. Das Modell wurde dabei nicht nur auf monetäre Entscheidungen, sondern auch zur Erklärung von Entscheidungen im sozialen Leben (▶ Kasten »Entscheidungstheorie im Privatleben«) eingesetzt.

Dieser Ansatz leidet jedoch unter zwei Problemen. So fällt es Menschen schwer, Eintrittswahrscheinlichkeiten zu schätzen, und subjektive Werte werden von vielen Faktoren beeinflusst. Frühe Kritik beruhte auf der Einsicht, dass die beiden Elemente Eintrittswahrscheinlichkeit und subjektiver Nutzen nicht unabhängig voneinander sind. So wird ein Ereignis als wahrscheinlicher wahrgenommen, wenn es positiv statt negativ bewertet wird.

Irwin (1953) bat Probanden, eine Karte aus einem Stapel zu ziehen. Für jeden Stapel wurde die Wahrscheinlichkeit genannt, dass eine Karte markiert ist, wobei markierte Karten dazu führen, dass die Probanden entweder Punkte gewinnen (positive Bedingung), Punkte verlieren (negative Bedingung) oder keinen Effekt haben (neutrale Bedingung). Die Probanden mussten angeben, ob sie glauben, eine markierte Karte gezogen zu haben. Die subjektive Wahrscheinlichkeit variierte dabei nicht nur mit der objektiven Wahrscheinlichkeit, sondern hing auch von der erwarteten Konsequenz ab. Edwards (1962) fasst weitere Studien zusammen, die zeigen, dass bei »Wetten« mit gleichem subjektiv positivem Nutzen eine 50 %-Chance präferiert wird, bei Wetten mit negativem Nutzen (also Verlust) wird ein hoher, aber unwahrscheinlicher Verlust einem geringen wahrscheinlichen Verlust vorgezogen. Weitere Kritikpunkte wurden von Kahneman und Tversky (1979) vorgebracht, die die Prospekt-Theorie als Alternative vorschlugen.

Entscheidungstheorie im Privatleben: Shanteau, J. & Nagy, G. F. (1979). Probability of acceptance in dating choice. *Journal of personality and social psychology, 37*(4), 522–533.

Shanteau und Nagy untersuchten, inwiefern physische Attraktivität und die Wahrscheinlichkeit, dass die andere Person ebenfalls Interesse zeigen wird, den Wunsch beeinflusst, diese Person zu treffen.

In Experiment 1 wurden 15 Probandinnen Fotos von jeweils zwei Männern gezeigt zusammen mit der Information darüber, ob die Männer auf dem Bild mit ihnen ausgehen wollen würden. Ihnen wurde gesagt, dass die Männer ein Bild von ihnen, welches zuvor gemacht wurde, gesehen und bewertet hatten. Die Frauen sollten entscheiden, mit welchem der beiden Männer sie lieber ausgehen würden. Männer, die angeblich stärkeres Interesse gezeigt hatten, wurden bevorzugt. Die Frauen basierten ihre Entscheidung für eine Verabredung also nicht nur auf der physischen Attraktivität des potentiellen Partners, sondern zusätzlich auf der Höhe der Wahrscheinlichkeit, dass diese Person auch mit ihnen ausgehen wollen würde. Aber wie genau stehen diese beiden Komponenten im Zusammenhang? Shanteau und Nagy nahmen an, dass physische Attraktivität negativ mit der Wahrscheinlichkeit auf Erwiderung zusammenhängt, so dass Personen mit mittlerer physischer Attraktivität mit hoher Wahrscheinlichkeit das Interesse an der eigenen Person erwidern würden und somit am stärksten präferiert werden.

In Experiment 2 wurden deshalb die Probandinnen aus Experiment 1 noch einmal gebeten, zwischen zwei Männern zu entscheiden, allerdings ohne Informationen zu der Wahrscheinlichkeit, mit der die Männer mit ihnen ausgehen wollen würden. Die Probandinnen sollten zudem bewerten, wie attraktiv sie die Person auf dem Foto fanden. Zwei Drittel der Frauen äußerten eine Präferenz für Männer mit moderater physischer Attraktivität; nur ein Drittel der Versuchspersonen entschied sich für die Person, die am attraktivsten aussah.

Die Frauen wurden also sowohl von der Wahrscheinlichkeit, dass ihr Interesse erwidert wird, als auch von der physischen Attraktivität des potentiellen Partners in ihrer Wahl für eine Verabredung beeinflusst.

3.3.3 Prospekt-Theorie (Neue Erwartungstheorie)

Kahneman und Tversky formulierten die Prospekt-Theorie (Kahneman & Tversky, 1979; Tversky & Kahneman, 1992), um dem beobachteten Verhalten von Menschen, die Entscheidungen treffen, besser gerecht zu werden. Nach Kahneman und Tversky gehen Individuen bei der Bewertung einer Entscheidung nicht von absoluten Gegebenheiten aus, sondern teilen mögliche Ergebnisse in Verluste und Gewinne relativ zu einem Referenzpunkt. Dieser Prozess wird als Framing bezeichnet. Die Gewinne und Verluste werden dann gewichtet, wobei Verluste stärker gewichtet werden als Gewinne. Zudem erscheinen unwahrscheinliche Ergebnisse als wahrscheinlicher, als sie sind, während mittel- bis hochwahrscheinliche Ergebnisse als unwahrscheinlicher erscheinen. Des Weiteren werden Veränderungen umso weniger gewichtet, je weiter sie von einem Referenzpunkt entfernt sind. So wird der Unterschied zwischen 100 und 200 Euro als deutlicher empfunden als der Unterschied zwischen 1 000 und 1 100 Euro. Dieses Prinzip gilt auch für die wahrgenommenen Wahrscheinlichkeiten. Ein Unterschied von 10 % hat größeres Gewicht, wenn er einen Wahrscheinlichkeitsunterschied zwischen 90 und 100 % beschreibt, als einen von 30 zu 40 %. Sie führen deshalb eine Wertfunktion ein, die berücksichtigt, dass Verluste stärker gewichtet werden als Gewinne, und eine Wahrscheinlichkeits-Gewichtungsfunktion, die berücksichtigt, dass Menschen unwahrscheinliche Ergebnisse überbewerten und mittel- bis hochwahrscheinliche Ergebnisse unterbewerten.

Folgende Beispiele aus Kahneman und Tversky (1979) illustrieren diese Punkte. Bei Gewinnen mit mittlerer bis hoher Wahrscheinlichkeit ziehen Probanden die »sicherere« Option vor; wenn die Wahrscheinlichkeit gering ist, ist der höhere Betrag ausschlaggebend. Ein anderes Bild ergibt sich für Verluste. Hier vermeiden die Probanden den »sichereren« Verlust, auch wenn der weniger wahrscheinliche Verlust höher wäre. Umgekehrt wählen sie bei wenig wahrscheinlichen Verlusten den kleineren Betrag.

3.3.4 Kritik an Zieltheorien

Laut Reeves (2005) ist die Anwendung der Zielsetzungstheorie nicht unproblematisch. Er beschreibt die Problematik in zwei Warnungen und drei Fallstricken. Die erste Warnung bezieht sich darauf, dass die Zielsetzungstheorie aus einer organisations- und arbeitspsychologischen Sicht entwickelt wurde, die den Fokus auf Leistung setzt. Es geht also darum, Leistung zu erhöhen und nicht unbedingt Motivation per se. Die zweite Warnung bezieht sich darauf, dass Zielsetzung am besten funktioniert, wenn die Aufgaben eher uninteressant sind und es eine klare Ausführungsregel gibt. Die drei Fallstricke sind Stress, die Möglichkeit, Misserfolg zu erleiden sowie ein Risiko für Kreativität und intrinsische Motivation. Wenn Ziele zu hoch gesteckt werden, können sie zu Stressoren werden, da dann die Anforderungen die Ressourcen des Individuums übersteigen (Lazarus, 1991). Ziele beschreiben auch gleichzeitig einen Leistungsstandard; dieser wiederum kann zu Misserfolgserlebnissen führen, die negative emotionale und soziale Konsequenzen haben können. Wenn Ziele als kontrollierend, belastend oder störend empfunden werden, dann sind sie im Konflikt mit dem Bedürfnis des Individuums nach Autonomie und können so Kreativität und intrinsische Motivation untergraben (Deci, Koestner & Ryan, 1999, ▶ Kap. 5).

Zusammenfassung

Nach dem TOTE-Modell (Test-Operate-Test-Exit) vergleichen Individuen eine Idealvorstellung von dem, was zu erreichen ist, mit dem tatsächlichen Zustand. Wahrgenommene Diskrepanz wird als unangenehm empfunden und motiviert gegensteuernde Handlung, bis der Idealzustand erreicht worden ist. Neuere Forschung verweist darauf, dass sich Ziele und Kriterien mit der Zeit ändern können.

Ziele wirken motivierend, und das Setzen von Zielen erhöht oft die Leistung. Damit dies der Fall ist, müssen Ziele bestimmte Charakteristika haben. In der Coaching-Literatur wird deshalb auch von SMART-Zielen gesprochen. Das Akronym steht für Specific (spezifisch), Measurable (messbar), Attainable (erreichbar) Realistic (realistisch) und Time-bound (zeitraumbezogen), wobei es auch weitere Varianten gibt (siehe Rubin, 2002).

Die Erwartungstheorie geht davon aus, dass Menschen diejenigen Alternativen wählen, bei denen das Produkt aus dem erwarteten Wert und der subjektiven Eintrittswahrscheinlichkeit am größten ist.

Die Prospekt-Theorie geht davon aus, dass Menschen Ergebnisse entweder als Verluste oder als Gewinne betrachten und diese unterschiedlich bewerten. Dabei versuchen sie, Verluste zu vermeiden, auch wenn dabei ein potentiell höherer Verlust in Kauf genommen wird, und ziehen »sichere«, wenn auch kleine Gewinne unsicheren vor.

Weiterführende Literatur

Camerer, C. F. (2004). Prospect theory in the wild: Evidence from the field. In C. F. Camerer, G. Loewenstein, M. Rabin (Eds.), *Advances in Behavioral Economics* (pp. 148–161). Princeton: Princeton University Press.

Carver, C. S. & Scheier, M. F. (2004). Self-regulation of action and affect. In R. F. Baumeister & K. D. Vohs (Eds.), *Handbook of self-regulation: Research, theory, and applications* (pp. 13–39). New York, NY: Guilford Press.

Locke, E. A. & Latham, G. P. (2002). Building a practically useful theory of goal setting and task motivation: A 35-year odyssey. *American Psychologist, 57*(9), 705–717.

Tversky, A. & Kahneman, D. (1992). Advances in prospect theory: Cumulative representation of uncertainty. *Journal of Risk and Uncertainty, 5*(4), 297–323. doi: 10.1007/BF00122574

Fragen zur Selbstüberprüfung

- Welches Problem nennen Carver und Scheier (1982) in Bezug auf das TOTE Modell?
- Welche Aspekte von Zielen beeinflussen ihre Wirkung auf Leistung?
- Unter welchen Problemen leiden die Annahmen der Entscheidungstheorie?
- Welchen Vorteil hat die Prospekt-Theorie gegenüber der Entscheidungstheorie?

4 Kognitive Theorien und das Selbst

4.1 Einleitung

Ein weiterer wichtiger Faktor für die menschliche Motivation ist das Selbst. William James (1892) unterschied dabei zwischen dem »I« (Ich) als beobachtendes, wissendes Subjekt und dem »Me« (Mich) als das beobachtete Objekt. Durch Beobachtung und das Feedback anderer entwickelt ein Individuum ein Selbstkonzept: das dispositionale Wissen über das Me, über die Eigenschaften, Fähigkeiten, Vorlieben, Gefühle etc. des Individuums. Es gibt drei Prozesse, über die das Selbstkonzept eine motivierende Wirkung hat (Baumeister, 2010). Zunächst ist dies einfach die Motivation, mehr über sich zu erfahren, sein Selbstkonzept auszubauen. Dies bewirkt, dass Informationen, die für das Selbstkonzept relevant sind, bevorzugt behandelt werden. Das Streben nach Selbsterhöhung motiviert die Bevorzugung von positiver Information über das Selbst, aber auch die Vermeidung von negativen Informationen. Das Bestreben nach Konsistenz schließlich motiviert Verhalten, welches versucht, vorhandenes Wissen über das Selbst zu bestätigen. Das Bestreben nach Konsistenz ist auch die motivierende Kraft der kognitiven Dissonanz (▶ Kap. 4.4).

4.2 Selbstregulation

Selbstregulation ist ein wesentlicher Teil erfolgreichen (Über-)Lebens. Wir brauchen Selbstregulation, um emotional angemessen auf Beleidigungen zu reagieren, nicht zu viel aufzuschieben oder zu viele von den leckeren Keksen zu essen, um nur einige Beispiele zu nennen. Auch müssen wir manchmal die unmittelbare Befriedigung eines Bedürfnisses gegen langfristige Vorteile abwägen (Mischel, Shoda & Rodriguez, 1989, ▶ Kap. 4.2.2).

Selbstregulation ist eng verbunden mit Zielsetzungen. »Selbstregulation beschreibt die selbst generierten Gedanken, Gefühle und Handlungen, die zum Erreichen eines Ziels geplant und zyklisch adaptiert werden müssen« (Zimmerman, 2000, S. 14) oder auch die Regulation des Selbsts durch das Selbst (Baumeister & Vohs, 2004). Selbstregulation erfordert zunächst Vorausplanung, Zielsetzung und Aktionen, um jene Ziele zu erreichen. Bei der Ausführung der Aktionen müssen die geplanten Handlungen auf der Basis des anfallenden Feedbacks adaptiert werden. Der Prozess ist also zyklisch und impliziert sowohl *Selbstbeobachtung* als auch *Selbstbewertung*. Das Individuum beobachtet den Erfolg der Handlungen und vergleicht diesen mit den gesetzten Zielen. Ein dritter Prozess ist *Selbstreaktion* (Bandura, 1986). Selbstreaktion beschreibt die affektiven und kognitiven Reaktionen auf die Selbstbewertung. Diese wiederum wirken auf die Selbstwirksamkeitserwartung. Wenn das Individuum zu dem Schluss kommt, dass ein Ziel erreicht wurde, kann es Stolz empfinden und eine positive Selbstwirksamkeit in Bezug auf diese Art von Aufgabe entwickeln, die dann dazu führt, dass es diese Art von Aufgabe in Zukunft auch optimistisch angeht. Umgekehrt geht eine negative Selbstbewertung mit negativen Emotionen einher sowie mit einem negativen Effekt auf die Selbstwirksamkeitserwartung. Auch der Verlauf des Selbstregulationsprozesses ist von Affekten begleitet. Wenn sich das Individuum dem Ziel gemäß seiner Erwartungen nähert, dann resultiert positiver Affekt. Ist der Fortschritt zu langsam, führt dies zu negativem Affekt (Carver & Scheier, 1998). Zur Selbstreaktion gehören auch jene Rituale, die Personen verwenden, um sich selbst zu belohnen (oder auch zu bestrafen), z. B. wenn man sich nach einer gelungenen Aufgabe (die Küche ist geputzt) eine Belohnung (Buchlesen) gönnt oder umgekehrt solange nicht zum Buch greift, bis die Küche geputzt ist.

Vermeidung versus Annäherung hat ebenfalls einen Einfluss auf die ausgelösten Affekte. Es ist nicht das Gleiche, ob man sich (erfolgreich oder erfolglos) einem Anreiz nähert oder ob man einer Bedrohung ausweicht. Annäherungsverhalten führt im positiven Fall zu Affekten wie Begeisterung, Eifer oder (positive) Aufregung und im negativen Fall zu Frustration, Ärger und Trauer. Vermeidungsverhalten hingegen führt zu Erleichterung und Zufriedenheit, aber auch zu Angst, Besorgnis und Schuldgefühlen. Die Rate der Änderung wird durch die Emotionen beeinflusst. Der Affekt ist dabei das Fehlersignal in dem Feedbacksystem; die Affekte werden also als Affektschleife neben die Handlungsschleife gestellt (▶ Abb. 4.1). Die Handlungsschleife bestimmt die Art der Handlung und die Affektschleife die Geschwindigkeit. Das Zusammenwirken hilft, den Feedbackprozess zu stabilisieren, so dass z. B. durch eine starke affektive Reaktion nicht gleich der ganze Prozess durcheinander kommt. Das Modell ist allerdings insofern kontraintuitiv, als die positiven Affekte erst durch eine besser als erwartete Erfolgsrate beim Erreichen des Ziels entstehen. Das Individuum müsste also immer weiter streben, dies ist aber normalerweise nicht der Fall. Vielmehr ist das Kriterium, ob der Fortschritt zufriedenstellend ist. Wenn dies der Fall ist, kann die Anstrengung auch nachlassen. Dieses Nachlassen erlaubt dann auch das gleichzeitige Verfolgen mehrerer Ziele, anstatt alle Anstrengung nur in ein einziges Ziel zu stecken.

Emotionen spielen eine wichtige Rolle in der Priorisierung von Zielen. Zu jedem gegebenen Moment kann nur ein Ziel im Vordergrund stehen. Während ich an einer Seminararbeit schreibe, kann ich nicht Sport treiben oder die Küche aufräumen. Carver und Scheier beziehen sich auf Simon (1967), der Emotionen als Aufrufe zur Neupriorisierung verstand. Dabei warnen negative Emotionen, dass ein bisher vernachlässigtes Ziel in den Vordergrund gestellt werden muss. Je stärker die Emotion, desto stärker die Warnfunktion. In diesem Prozess wird das alte Ziel durch das neue ersetzt. Es kommt aber auch vor, dass das alte Ziel dem Neuen den Platz abtritt. Dies wäre der oben beschriebene Fall, in dem positive Emotionen signalisieren, dass man sich nun einem anderen Ziel zuwenden kann. Positive Emotionen in Bezug auf ein Vermeidungsziel deuten an, dass die Bedrohung weitgehend unter Kontrolle ist, während positive Emotionen in Bezug auf ein Annäherungsziel andeuten, dass das Ziel erreicht oder die Zielerreichung sicher ist.

Eine andere Form der Priorisierung ist das Aufgeben von Zielen, die nicht erreichbar sind. Das Ausbleiben von Erfolg wird von negativen Emotionen begleitet, und nach Simon (1967) müsste dies zu einer Intensivierung der Anstrengung führen. Allerdings

4 Kognitive Theorien und das Selbst

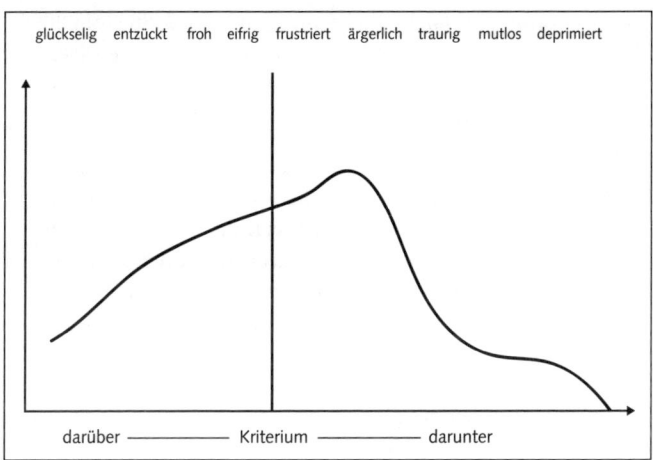

Abb. 4.1: Anstrengung in Abhängigkeit des Affekts (nach Carver & Scheier, 2011)

kommt es hier darauf an, um welche negativen Emotionen es sich handelt. Ärger wird in Situationen ausgelöst, in denen das Individuum ein gewisses Bewältigungspotential sieht (▶ Kap. 9, Appraisaltheorien) und führt zu einer Intensivierung der Anstrengung. Trauer, Mutlosigkeit und Depression hingegen führen dazu, das Ziel aufzugeben (▶ Abb. 4.1).

Die Feedbackschleife dient also der Kontrolle des Fortschritts in Hinblick auf das Ziel. Die Effizienz dieser Kontrolle hängt dabei nicht zuletzt von der Selbstaufmerksamkeit des Individuums ab. So führt z. B. Alkoholgenuss zu mangelnder Selbstaufmerksamkeit und damit auch zu mangelnder Selbstkontrolle. Ein weiterer wichtiger Aspekt der Selbstregulation ist der Wille (willpower).

4.2.1 Ego-Depletion

Der Akt der Selbstkontrolle verbraucht Energie (Baumeister, Heatherton & Tice, 1994), die nicht endlos vorhanden ist. Wenn ich also motiviert bin keine Voreingenommenheit zu zeigen und deshalb mein Verhalten kontrolliere, verbrauche ich Energie, die dann nicht mehr für weitere Tätigkeiten, die ebenfalls Selbstkontrolle verlangen, zur Verfügung steht, auch wenn diese ganz anderer Natur sind (siehe Richeson, Trawalter & Shelton, 2005). Nach Baumeister et al. (1994) kommt es zu einem Versagen der Selbstregulation, wenn der Organismus nicht genug Selbstregulationskapazität hat.

> **Selbstregulationskapazität: Richeson, J. A., Trawalter, S. & Shelton, J. N. (2005). African Americans' Implicit Racial Attitudes and the Depletion of Executive Function after Interracial Interactions.** *Social Cognition, 23,* 336–352.
> Oft kontrollieren wir unser Verhalten im Umgang mit Mitgliedern einer Fremdgruppe, vor allem, wenn wir darauf bedacht sind, vorurteilsfrei zu wirken. Wenn Personen bei Interaktionen mit Fremdgruppenmitgliedern befürchten, vorurteilsbehaftete Äußerungen und Verhaltensweisen zu zeigen, betreiben sie mehr Selbstregulationsaufwand, um diese zu unterdrücken. Da jedoch nur begrenzt exekutive Ressourcen zur Verfügung stehen, hat dieser Selbstregulationsaufwand Auswirkungen auf eine anschließende Aufgabe, die ebenfalls Selbstregulationsressourcen benötigt.
>
> Probanden bearbeiteten zunächst einen impliziten Assoziationstest (IAT), wurden dann unter einem Vorwand in eine Interaktion mit einem Mitglied der eigenen oder der Fremdgruppe verwickelt, und im Anschluss folgte ein Stroop-Test. Um eine erhöhte Selbstregulation zu induzieren, wurde der Hälfte der Teilnehmer auf ihren IAT rückgemeldet, sie seien vorurteilsbehafteter als sie dachten. Versuchspersonen, die glaubten, im IAT Vorurteile gezeigt zu haben, schnitten nach einer Interaktion mit Fremdgruppenmitgliedern schlechter im Stroop-Test ab als die andere Hälfte der Teilnehmer, denen ein neutrales Feedback gegeben wurde. In einem weiteren Schritt wurde der Hälfte einer neuen Stichprobe eine geringere Tendenz zur Selbstregulation induziert. Dazu wurde eine Misattributionsmanipulation genutzt. Den Teilnehmern wurde suggeriert, dass unangenehme Gefühle während der Interaktion mit einem Mitglied der Fremdgruppe auf die Unannehmlichkeiten des Raumes (und somit nicht auf den Interaktionspartner) zurückzuführen seien. Diese Manipulation führte dazu, dass Teilnehmern bei Interaktionen mit

4 Kognitive Theorien und das Selbst

Fremdgruppenmitgliedern ähnlich wenig Selbstregulationsaufwand betreiben, wie bei einer Interaktion mit einem Mitglied der Eigengruppe. Dadurch standen ihnen gleich viele exekutive Ressourcen bei der Bearbeitung des Stroop-Tests zur Verfügung, und sie schnitten gleich gut ab.

Dieser Prozess kann mit der Metapher des Muskels erklärt werden. So, wie ein Muskel nur eine bestimmte Kraft hat und irgendwann erschöpft ist, sich dann aber wieder erholt und dieser Prozess Energie braucht, so braucht auch Selbstregulation Energie und ist nach einer Anstrengung erschöpft. Die Erschöpfung der Selbstregulationskapazität wird als Ego-Depletion (Selbsterschöpfung) bezeichnet. Diese Analogie kann auch weitergeführt werden. So kann man Selbstregulation, genau wie einen Muskel, trainieren (Muraven, Baumeister & Tice, 1999). Nach einer Pause erholt sich die Selbstregulationskapazität, so wie sich ein Muskel erholt (Schmeichel & Baumeister, 2004).

Anhand einer Meta-Analyse haben Hagger et al. (2010) dieses Modell überprüft und dabei insbesondere alternative Hypothesen für Selbstregulationsversagen wie Fertigkeit (im Sinne von Ability), Müdigkeit, Motivation, Selbstwirksamkeit und negativen Affekt betrachtet.

Das klassische Paradigma für Forschung zur Selbstregulationskapazität verwendet zwei Aufgaben, die beide Selbstregulation verlangen, aber unterschiedliche Inhalte haben. Das typische Ergebnis ist, dass wenn die erste Aufgabe die Selbstregulationskapazität erschöpft, die zweite Aufgabe mit schlechterem Ergebnis durchgeführt wird. Die Autoren schlossen 83 Studien in die Meta-Analyse ein. Die durchschnittliche Effektstärke für den Ego-Depletion-Effekt war d = .62, und es ergaben sich keine erheblichen Unterschiede in Abhängigkeit von der Art der Aufgabe. Antizipation weiterer Aufgaben führte zu Schonung, Training verbesserte die Leistung in der ersten Aufgabe und führte zu geringerem Leistungsabfall in der zweiten.

Es zeigt sich, dass Müdigkeit ein wichtiger Mediator sein kann und auch im Hinblick auf motivationale Einflüsse wichtig ist. Diese Alternativhypothese geht davon aus, dass die durch die Selbstregulation bewirkte Müdigkeit die Motivation zu weiteren

Aufgaben verringert. Andererseits vermindern motivationale Anreize den Leistungsabfall in der zweiten Aufgabe. Diese Beobachtung ist allerdings nicht inkompatibel mit dem Ego-Depletion-Modell könnte also darin integriert werden. Insgesamt erscheint das Modell durch die Meta-Analyse gut bestätigt.

4.2.2 Selbstregulation und Belohnungsaufschub

Im Kontext der Selbstregulationsforschung steht auch die Frage nach dem Willen. Dieser Frage wurde insbesondere im Hinblick auf Belohnungsaufschub nachgegangen. Walter Michel und Kollegen haben den Effekt von Belohnungsaufschub intensiv untersucht. Das Grundparadigma wurde in Kapitel 2.1 beschrieben. Individuen werden vor die Wahl gestellt, etwas für sie Attraktives (Belohnung, z. B. eine Süßigkeit) entweder sofort zu bekommen oder zu warten und dann mehr von der Belohnung zu erhalten. Die Fähigkeit zu warten und auf die Belohnung zunächst zu verzichten, verlangt Selbstregulation. Die Fähigkeit zum Belohnungsaufschub korreliert positiv nicht nur mit akademischen Leistungen, sondern auch mit physischem und psychischen Wohlbefinden (Mischel et al., 2011) und negativ mit Drogenabhängigkeit und Kriminalität (Moffitta et al., 2011). Moffitt et al. konnten auch an einer Stichprobe von 500 Geschwisterpaaren zeigen, dass diejenigen Geschwister, die im Vorschulalter weniger zu Belohnungsaufschub in der Lage waren, auch als Jugendliche weniger gute Leistungsergebnisse hatten, sowie eher rauchten und antisoziales Verhalten zeigten, obwohl sonstige Familieneinflüsse ähnlich waren. Die Fähigkeit zu Belohnungsaufschub hängt weitgehend nicht von Intelligenz ab (Duckworth, Tsukayama & Kirby, 2013) und ist zeitlich sehr stabil. So sagte ein im Vorschulalter durchgeführter Test den Body-Mass-Index 30 Jahre später (Schlam, Wilson, Shoda, Mischel & Ayduk, 2013) und die Leistung in einer Go/No-Go Aufgabe, die Selbstregulation erfordert, nach 40 Jahren voraus (Casey et al., 2011).

Die meisten Kinder halten der Versuchung die Süßigkeit zu essen nicht lange stand. Trotzdem sagt die Länge des Belohnungsaufschubs eine Vielzahl von Verhalten in der Jugend und dem Erwachsenenalter vorher. Es scheint also, als ob der sehr einfache Test generelle kognitive Fähigkeiten erfordert, deren Ausprägung für Verhalten in einer Vielzahl von Lebensdomänen relevant ist.

4.2.3 Die Heiß-/Kalt-Theorie

Metcalf und Mischel (1999) erklären diesen Prozess anhand ihrer Heiß-/Kalt-Theorie. Diese duale Theorie unterscheidet ein heißes (spontanes, assoziatives) emotionales System und ein kaltes (rationales, reflexives) kognitives oder Wissenssystem. Das heiße System ist stimulusgetrieben, schnell und verlangt wenig Kontrolle und Anstrengung. Das kalte System bezieht sich auf diejenigen Fähigkeiten, die als kognitive Kontrolle oder exekutive Funktionen bezeichnet werden. Es entwickelt sich später als das heiße System (mit ca. vier Jahren).

Die beiden Systeme interagieren, und in dem Ausmaß, in dem das kalte System, z. B. durch Ablenkung wie Singen, aktiviert wird, wird es leichter, der Versuchung zu wiederstehen. Umgekehrt, in dem Ausmaß, in dem sich das Individuum auf die attraktiven Aspekte des Stimulus konzentriert, wird das heiße System aktiviert und der Belohnungsaufschub erschwert. Erfolgreiche Strategien sind deshalb solche, die das kalte System aktivieren. Dazu gehört, wie schon erwähnt, Ablenkung von den »heißen« Aspekten des Stimulus und Hinwendung zu anderen Umweltaspekten. So ist die Zeit, während der die Kinder spontan ihre Aufmerksamkeit auf andere Dinge lenken, der beste Prädiktor für die Länge des Belohnungsaufschubs (Zayas, Mischel & Pandey, 2014). Eine weitere Strategie ist Reappraisal (Neubewertung) des verführerischen Stimulus in Hinblick auf seine kälteren informationellen Aspekte. Neurowissenschaftliche Befunde verweisen auf individuelle Unterschiede in der Empfänglichkeit für Belohnungen und Aufmerksamkeitskontrolle, die Unterschiede in der relativen Stärke des heißen und kalten Systems erklären könnten (s. Zayas et al., 2014). Personen, die besonders empfindlich auf die heißen, belohnenden Aspekte des Stimulus reagieren, sind oft auch jene, die es schwerer haben, ihre Aufmerksamkeit von diesen abzulenken. Die Erkenntnisse zu den Konsequenzen mangelnder Fähigkeit zum Belohnungsaufschub beruhen auf mehreren breit angelegten Studien; neuere

Erkenntnisse zu den neuronalen Grundlagen des Prozesses stützen die Theorie ebenfalls.

4.3 Regulationsfokustheorie

Die oben besprochenen Theorien beschäftigen sich mit dem Ausmaß der Selbstregulation. Die Regulationsfokustheorie von Higgins (1997) beschäftigt sich mit der Richtung der Regulation. Higgins (1997) unterscheidet zwischen *Promotionsfokus* (promotion focus – dem Anstreben von positiven Ergebnissen (Erfolgen) und *Präventionsfokus* (prevention focus) – dem Anstreben von nicht negativen Ergebnissen (Sicherheit). Promotionsfokus entsteht, wenn Kinder in einem Kontext aufwachsen, in dem ihre Grundbedürfnisse (nuturance needs) befriedigt werden und in denen Belohnungen und Bestrafungen durch das Geben bzw. Wegnehmen positiver Konsequenzen vermittelt wird. Dadurch wird das Kind auf positive Ergebnisse (und deren Abwesenheit) sensibilisiert. Ein Kind, bei dem die Eltern besonders auf Sicherheit achten, Verpflichtungen betonen und selbst stark auf die Vermeidung negativer Ergebnisse achten, sensibilisieren auf negative Ergebnisse (und deren Abwesenheit) und damit auf einen Präventionsfokus. Individuen mit Promotionsfokus sind sensibel auf situative Hinweise positiver Konsequenzen; sie wählen eher Annäherungsstrategien und versuchen, Auslassungsfehler zu vermeiden (Higgins, 1997). Individuen mit Promotionsfokus streben eher höherwertige Ziele an, strengen sich bei Widerstand vermehrt an und reagieren bei Erlangen des Ziels mit Freude (cheerfulness) und bei Verfehlen mit Enttäuschung (dejection). Dies steht im Gegensatz zu Individuen mit Präventionsfokus, die eher vorsichtig handeln und Vermeidungsstrategien bevorzugen, um Fehler zu minimieren. Individuen mit Präventionsfokus wählen deshalb entweder sehr einfache Ziele, die sicher erreicht werden können, oder aber sehr schwierige Ziele, deren Nichterreichung eher normal ist – also keinen Fehler darstellt. Das Erreichen von Zielen führt dabei nicht zu Freude, sondern zu Entspannung, während das Verfehlen von Zielen zu Anspannung führt.

4.4 Selbstwert (Self-esteem)

Der Selbstwert ist die Bewertung, die man von sich selbst hat. William James (1892) definierte Selbstwert als den Quotienten aus Erfolg und Anspruch, also dem, was man erreichen möchte.

Der Selbstwert hängt damit von der Diskrepanz zwischen dem wahrgenommenen Selbst und dem idealen Selbst ab. Erfolge erhöhen den Selbstwert, während Misserfolge den Selbstwert verringern. Dabei ist der Einfluss von Erfolgen und Misserfolgen domänenspezifisch. So fanden Heatherton und Polivy (1991), dass die Ablehnung durch eine Studentenorganisation den sozialen Selbstwert, nicht aber den akademischen Selbstwert von Studenten beeinträchtigte. Hoher Selbstwert hat zwei Konsequenzen: Zum einen führt hoher Selbstwert zu mehr Initiative, weil die Person Vertrauen darin hat, die Situation angehen zu können. Zum anderen fühlt sich die Person besser. Diese beiden Faktoren führen dann dazu, dass Personen mit hohem Selbstwert mehr Persistenz bei Misserfolgen und mehr Belastbarkeit unter Stress zeigen (Baumeister, 2010). Baumeister (2010) verweist dabei darauf, dass die Korrelation zwischen Selbstwert und z. B. besseren Schulleistungen darauf beruht, dass Erfolge den Selbstwert erhöhen, nicht aber, dass man durch Erhöhung des Selbstwerts (z. B. durch Feedback) Erfolge schaffen kann. Wie die Studie von Forsyth et al. zeigt, gibt es sogar Hinweise darauf, dass eine Erhöhung des Selbstwerts zu schlechteren Schulleistungen führt (▶ Kasten).

Selbstwert und Schulleistungen: Forsyth, D. R., Lawrence, N. K., Burnette, J. L. & Baumeister, R. F. (2007). Attempting to Improve the Academic Performance of Struggling College Students by Bolstering Their Self-esteem: An Intervention that Backfired. *Journal of Social and Clinical Psychology,* **26(4), 447–459.**
Selbstwert und Kontrollwahrnehmung korrelieren positiv mit guten akademischen Leistungen. Um die Frage nach der Kausalität zu klären, untersuchten Forsyth et al. in einem Feldexperiment den Einfluss von Interventionen, die Selbstwert bzw. Kontrollwahrnehmung steigern, auf die Noten schwacher Studenten. Hierzu wurden aus einem Einführungs-

kurs in Psychologie am Anfang des Semesters Studenten, die bei einem Test die schwächsten Leistungen zeigten (Noten C, D und F) ausgewählt. Diese Teilnehmer bekamen jede Woche per E-Mail eine Review-Frage gestellt, die sich auf den Stoff der Vorlesung bezog. Zusätzlich erfolgte eine zufällige Aufteilung der Probanden in drei Gruppen. Die erste Gruppe fungierte als Kontrollgruppe und bekam einen E-Mail-Text, der sich lediglich auf die Review-Frage bezog. Die zweite Gruppe bekam zusätzlich zu der Review-Frage einen E-Mail-Text, der die internale Kontrollwahrnehmung dieser Gruppe stärkte. Die dritte Gruppe bekam zusätzlich zu der Review-Frage einen E-Mail-Text, der ihren Selbstwert steigern sollte.

Es zeigte sich, dass die Erhöhung des Selbstwertgefühls besonders bei Studenten mit den Noten D bzw. F zu einer Verschlechterung der Note in der Abschlussklausur führte. Bei der Kontrollbedingung und der Gruppe, deren Kontrollwahrnehmung gestärkt wurde, veränderten sich die Noten hingegen nicht wesentlich.

Ein möglicher Grund für dieses überraschende Ergebnis könnte bspw. sein, dass die Studenten unabhängig von ihren Leistungen in ihrem Selbstwert bestärkt wurden und deshalb eine defensive oder hochmütige Einstellung gegenüber äußeren Anforderungen entwickelt hatten. Ferner ist denkbar, dass die in ihrem Selbstwert bestärkten Studenten nun unabhängig von ihren akademischen Leistungen positiver über sich dachten.

Eine wichtige Implikation dieser Studie ist, den Einsatz von selbstwertsteigernden Interventionen im akademischen Kontext zu überdenken, da dieser möglicherweise negative Konsequenzen auf die Leistung schwacher Studenten hat und somit Gefahr läuft, kontraproduktiv zu sein.

4.5 Kognitive Dissonanz

Die Theorie der kognitiven Dissonanz beruht maßgeblich auf den Arbeiten von Leon Festinger (1957). Die Kognitive Dissonanztheorie dominierte die Sozialpsychologie bis in die 70er Jahre des

20. Jahrhunderts und ist auch heute noch relevant. Kognitive Dissonanz entsteht, wenn bei einer Person zwei oder mehrere zugleich vorherrschende Kognitionen (z. B. Gedanken, Meinungen, Werte) einander widersprechen. In der ursprünglichen Theorie wurde davon ausgegangen, dass der Widerspruch zwischen gleichzeitig vorhandenen Kognitionen eine solche kognitive Dissonanz auslöst. Da kognitive Dissonanz unangenehm ist, motiviert sie Verhalten, welches wieder eine Balance zwischen diesen Kognitionen herstellt. Dabei kommt es auf das Verhältnis zwischen dissonanten und konsonanten Kognitionen an. Wenn bei gleicher Anzahl und Stärke konsonanter Kognition mehr dissonante hinzukommen, dann wird die kognitive Dissonanz ausgeprägter; umgekehrt geht sie zurück, wenn mehr konsonante Kognitionen hinzukommen. Erst nach und nach wurde der motivationale Aspekt entwickelt.

4.5.1 Selbstkonsistenz

Aronson (1968; 1999) betont, dass nicht beliebige Inkonsistenzen problematisch sind, sondern solche, die das Selbstbild betreffen. Das Selbstbild ist die Vorstellung, die Menschen von sich haben. Das Selbstbild und das ideale Selbst bilden dabei das Selbstkonzept und lenken das Verhalten und die Emotionen des Menschen. Im Allgemeinen haben Menschen das Bedürfnis, sich positiv zu sehen und sich erwünschte Qualitäten wie z. B. Intelligenz, Ehrlichkeit oder Liebenswürdigkeit zuzuschreiben. Umgekehrt führen Informationen, die diesem positiven Selbstbild widersprechen, zu negativem Affekt oder Unbehagen. Ein Widerspruch zwischen positivem Selbstbild und anderen Kognitionen löst kognitive Dissonanz aus.

Daraus ergeben sich mehrere Möglichkeiten, kognitive Dissonanz zu reduzieren. Zunächst kann man sein Verhalten ändern, so dass keine Dissonanz mehr auftritt. Dies ist aber oft schwierig und im Nachhinein unmöglich. Deshalb kommen oft andere Strategien zum Zug. So kann man die dissonante Kognition ändern oder weitere – rechtfertigende – Kognitionen hinzufügen. Schließlich kann man auch sein bedrohtes Selbstbild auf einem anderen Gebiet stärken, indem man sich Dinge ins Gedächtnis ruft, die das Selbstbild positiv bestärken (Steele, 1988, siehe unten). Nehmen wir an, Sie machen eine Diät, und jemand bietet Ihnen einen Keks an. Das Keksessen ist nicht mit der Diät vereinbar. Sie sehen sich aber als eine willensstarke Person, die das, was sie angefangen hat, auch ausführt. Also müssten Sie den Keks ablehnen (Verhalten). Sie könnten aber auch das Argument aufbringen, dass die Diät ja am Abend eine Süßigkeit vorsieht und Sie diese also nur zeitlich verschieben (Änderung der dissonanten Kognition, der Keks passt nun in die Diät). Oder Sie könnten die Kognition hinzufügen, dass es in diesem Zusammenhang schon sehr unhöflich wäre, den Keks abzulehnen, und als höfliche Person haben Sie somit keine Wahl. Schließlich können Sie sich auch vergegenwärtigen, dass Sie ja regelmäßig Sport treiben und damit auch Ihrer Gesundheit Gutes tun und so ihr Selbstbild wieder positiv bestärken. Wichtig ist, dass die Person das Gefühl haben muss, die dissonanzauslösende Entscheidung selbst getroffen zu haben. Wenn sie aufgrund von äußeren Zwängen handelt, kann sie ihr Selbstbild (wie im Keksbeispiel) mit dem Hinweis darauf schützen, dass sie ja so handeln musste.

4.5.2 Selbstbestätigung

Ein weiterer alternativer Ansatz wurde von Steele (1988) vorgestellt. Danach haben Menschen ein grundlegendes Motiv, ein Selbstbild anzustreben, nach dem sie eine moralische und generell kompetente Person sind. Dissonanz entsteht, wenn dieses Selbstbild verletzt wird. Während nach Festinger Individuen bestrebt sind, inkonsistente Kognitionen aller Art in Übereinstimmung zu bringen, betont Steele, dass Individuen spezifisch danach streben, ein bestimmtes Selbstbild aufrechtzuerhalten. Deshalb kann auch die Bestätigung eines anderen wichtigen Aspekts des Selbstbildes Dissonanzeffekte eliminieren (siehe Keksbeispiel oben). Diese Sicht wurde allerdings auch kritisiert. So können Dissonanzeffekte auch dann eliminiert werden, wenn man die Probanden bittet, über andere wichtige, aber nicht selbstbildrelevante Dinge (z.B. Welthunger) nachzudenken (Simon, Greenberg & Brehm, 1995). Der kausale Aspekt ist also nicht die Bestätigung des Selbstbildes, sondern vielmehr die Trivialisierung der inkongruenten Kognition durch die Beschäftigung mit dem (ja grundsätzlich wichtigen) Selbstbild (vgl. J. Aronson, Cohen & Nail, 1999).

4.5.3 Kognitive Dissonanz als Motivator für Einstellungsänderungen

Kognitive Dissonanz löst negativen Affekt aus (Zanna & Cooper, 1974), welcher durch eine Einstellungsänderung reduziert wird (Elliot & Devine, 1994). Das Experiment von Zanna und Cooper zeigte mithilfe eines Misattributionsparadigmas, dass der negative Affekt kausal für die Einstellungsänderung ist.

Zanna und Cooper (1974) induzierten kognitive Dissonanz, indem sie Probanden baten, ein einstellungskonträres Essay zu schreiben, wobei die »Freiwilligkeit« des Schreibens manipuliert wurde. Die Probanden hatten vorher an einem vermeintlich unzusammenhängenden Experiment teilgenommen, in dem sie eine Tablette bekamen. Diese sollte angeblich entweder zu Anspannung oder zu Entspannung führen oder keine Effekte haben. In dieser letzten Bedingung zeigte sich der typische Effekt, dass Probanden, die glaubten, eine Wahl gehabt zu haben, eine stärkere Einstellungsänderung zeigten als diejenigen, die eine externe Rechtfertigung für ihr Verhalten hatten. In der Gruppe, die glaubte, dass die Tablette Erregung auslöst, die also ihre durch die Dissonanz ausgelöste Erregung auf die Tablette misattribuierten, wurde dieser Effekt eliminiert. In der Gruppe, die durch die Tablette Entspannung erwartete, wurde er verstärkt. Diese Ergebnisse zeigen deutlich die Bedeutung des negativen Affekts für die Dissonanzeffekte.

Da es eine Vielzahl von Auslösern gibt, die zu dissonanten Kognitionen führen können, kann kognitive Dissonanz in einer Vielzahl von Situationen relevant werden. Die Forschung zu diesem Thema hat eine Reihe solcher typischen Situationen untersucht (Harmon-Jones & Mills, 1999).

4.5.4 Einstellungsänderung durch einstellungskonträre Argumentation

Dieses Phänomen ist am engsten mit der Dissonanztheorie verbunden und wurde in der wohl bekanntesten Studie von Festinger und Carlsmith (1959) demonstriert. Die Probanden nahmen zunächst an einem sehr langweiligen und zeitaufwendigen Experiment teil. Anschließend wurden sie gebeten, einem anderen Probanden die Aufgabe als interessant darzustellen. Dafür bekamen die Probanden entweder 1 Dollar oder 20 Dollar. Im Sinne der Dissonanztheorie waren 20 Dollar (zur damaligen Zeit eine recht große Summe) eine hinreichende externe Rechtfertigung für das Lügen, 1 Dollar eher nicht. Im Anschluss wurden die Probanden von einer weiteren Person nach ihrer (wahren) Einschätzung des Experiments befragt. Wie erwartet, beschrieben die Personen in der 1-Dollar-Bedingung, die nur eine unzureichende Rechtfertigung für die Lüge hatten, das Experiment als interessanter als diejenigen, die mit 20 Dollar eine hinreichend externe Rechtfertigung für ihr Verhalten hatten. Dadurch, dass die Probanden ihre Einstellung zu dem Experiment zum Positiven veränderten, konnten sie die Lüge minimieren und wieder Konsonanz zwischen den Kognitionen »Ich bin ein ehrlicher Mensch« und »Ich habe andere belogen« herstellen, da nun ja nicht mehr gelogen wurde.

4.5.5 Nachentscheidungsdissonanz

Brehm (1956) führte ein klassisches Experiment durch, dass eine andere Form der Dissonanz veranschaulicht. Das Experiment wurde als Marktforschungsstudie angekündigt. Die Probandinnen wurden gebeten, acht Küchengeräte zu beurteilen. Als Belohnung sollten sie dann ein Gerät erhalten. Dabei wurde ihnen die Wahl zwischen zwei Geräten angeboten, die entweder gleich positiv beurteilt wurden (hohe Dissonanz), um einen Punkt auf der achtstufigen Skala unterschiedlich oder um zwei Punkte unterschiedlich (niedrige Dissonanz). In einer Kontrollbedingung entschied der Experimentator, welches Gerät die Probandin erhielt. Nach einer weiteren Aufgabe wurden die Probandinnen gebeten, die Geräte noch einmal zu beurteilen – diesmal ohne sie zu sehen. Es zeigte sich, dass in der hohen Dissonanzbedingung die Beurteilung für das gewählte Objekt positiver und für das Nichtgewählte negativer ausfiel. Nachentscheidungsdissonanz ist dann besonders stark, wenn man eine Entscheidung trifft, die nicht so leicht rückgängig gemacht werden kann (z. B. beim Autokauf). Um sich mit dieser Entscheidung wohl zu fühlen, ist es wichtig, die vorher in der Attraktivität ähnlichen Objekte klarer unterschiedlich zu bewerten und damit die Entscheidung für das gewählte Objekt als richtig und gut zu bestärken.

4.5.6 Rechtfertigung von Anstrengungen

Dissonanz ist auch relevant im Rahmen der Rechtfertigung von Anstrengungen. Dissonanz tritt nämlich auch dann auf, wenn eine Person eine unangenehme Tätigkeit ausführt, um ein Ziel zu erreichen. Da wir im Allgemeinen unangenehme Tätigkeiten vermeiden wollen, ist das freiwillige Ausführen einer solchen Tätigkeit erst einmal dissonant. Durch das Betonen der positiven Konsequenzen der Tätigkeit kann man allerdings konsonante Kognitionen hinzufügen und damit die Dissonanz abmildern. Das klassische Experiment von Aronson und Mills (1959) verdeutlicht diesen Prozess. Die Autoren luden Probandinnen zu Gruppendiskussionen zum Thema Sex ein und unterzogen dabei einen Teil der Probandinnen einer unangenehmen »Initiation«. Bevor sie teilnehmen konnten, wurden sie darauf hingewiesen, dass es ja vielen peinlich sei, über dieses Thema zu sprechen, und es deshalb sinnvoll sei, vorher zu testen, ob sie dies könnten. Dazu sollten sie einen Text vorlesen, der Gefühle von Peinlichkeit auslösen kann. Der Text war entweder sehr oder nur mäßig peinlich. In der Kontrollbedingung musste kein Text vorgelesen werden. Die anschließende Gruppendiskussion war eher langweilig. Wie erwartet, beschrieben die Frauen in der unangenehmeren »Initiationsbedingung« die Gruppe positiver als die Probandinnen in den anderen Bedingungen.

Abschließend lässt sich sagen, dass die Kognitive Dissonanztheorie eine Reihe wichtiger psychologischer Phänomene gut erklärt. Die Theorie ist heute weniger zentral für die Sozialpsychologie, aus der der Grundansatz stammt, macht aber noch immer wichtige Kontributionen (siehe Harmon-Jones & Harmon-Jones, 2007).

4.6 Erlernte Hilflosigkeit

4.6.1 Gefühl der mangelnden Kontrolle

Selbstwirksamkeit beschreibt die Einschätzung der eigenen Fähigkeiten in einer bestimmten Situation. Selbstwirksamkeit spielt eine wichtige Rolle als motivationale Ressource (J. Heckhausen & Heckhausen, 2010), die das Individuum mit Erfolgszuversicht und so mit Energie zur Ausführung der geplanten Handlung versieht. Bandura (2010) hebt hervor, dass die meisten Motivationsprozesse kognitiv bestimmt sind – Menschen planen Handlungen und antizipieren die einzelnen Handlungsphasen. Dabei sind Überzeugungen über den wahrscheinlichen Erfolg der Handlungen und damit die Einschätzung der eigenen Fähigkeiten in Bezug auf die geplante Handlung zentral. Personen mit hoher Selbstwirksamkeit werden sich deshalb eher anstrengen und mehr Persistenz zeigen (Bandura, 1989).

Ein wichtiger Aspekt der Selbstwirksamkeit ist die Annahme, dass man Einfluss auf die Dinge hat – also Kontrolle ausüben kann. Was passiert, wenn man diese Annahme aufgibt? Erlernte Hilflosigkeit beschreibt die Erwartung, Situationen nicht kontrollieren zu können. Das Konzept wurde ursprünglich von Seligman (Seligman & Maier, 1967) als Erklärungsansatz für Depressionen geprägt. Seligman und Maier (1967) teilten in einem Experiment Hunde in drei Gruppen ein: Die Hunde der ersten Gruppe bekamen elektrische Schocks, die sie durch bestimmtes Verhalten verhindern konnten. Sie befanden sich in der Flucht-Bedingung. Die Hunde der zweiten Gruppe bekamen die gleiche Anzahl an elektrische Schocks, konnten diese jedoch nicht durch ihr Verhalten verhindern. Sie befanden sich in der sog. Yoked-Bedingung. Die Hunde der dritten Gruppe bekamen keine Schocks und bildeten die Kontrollgruppe.

In der ersten Phase des Experiments waren die Hunde sowohl in der Flucht- als auch der Yoked-Bedingung angeleint, während sie Elektroschocks erhielten. Dabei konnten die Hunde in der Flucht-Bedingung dem Schock entkommen, indem sie auf eine Platte drückten und damit den Schock beendeten. Die Hunde in der Yoked-Bedingung konnten keinen Einfluss nehmen. Die Hunde in der Kontrollbedingung erhielten keinen Schock. In einer zweiten Phase des Experiments waren die Hunde nicht angeleint und konnten sich durch einen Sprung über eine niedrige Barriere vor dem Schock in Sicherheit bringen. Die Vorerfahrung der Hilflosigkeit in der ersten Phase hatte einen starken Einfluss auf das folgende Verhalten. Alle 8 Hunde aus der Fluchtbedingung sprangen bei mindestens 9 von 10 Trials über die Barriere, aus der Kontrollbedingung 7 der 8 Hunde, aber in der Yoked-Bedingung nur 2 der 8 Hunde. Seligman schloss daraus, dass die Hunde in der Yoked-Bedingung gelernt hatten, dass sie keine

Kontrolle über die Situation ausüben konnten und dies deshalb gar nicht erst versuchten.

Diese Beobachtungen wurden dann auf menschliches Verhalten übertragen. Es zeigte sich allerdings in späteren Studien, dass hier kognitive Attributionen eine wichtige Rolle spielen (z. B., Diener & Dweck, 1978, 1980). Dies führte zu einer attributionstheoretischen Reformulierung der Theorie durch Abramson, Seligman & Teadale (1978). Wenn Menschen einem unkontrollierbaren Ereignis ausgesetzt sind, dann attribuieren sie ihrer Hilflosigkeit eine Ursache zu. Diese Ursache kann stabil oder instabil, global oder spezifisch, und intern oder extern sein. Menschen erlernen Hilflosigkeit, wenn sie die Ursache als intern (also selbstverursacht), stabil und global (Faktoren, die auf viele Ereignisse wirken) empfinden.

Erlernte Hilflosigkeit hat motivationale Auswirkungen. Wie schon in der klassischen Studie an den Hunden deutlich wird, so gilt auch für Menschen, die sich hilflos fühlen, dass sie gar nicht erst versuchen zu handeln. Es stellt sich ihnen auch die Frage, ob es überhaupt Sinn macht, Aufgaben auszuführen. Dies führt zu einem Zustand der Amotivation (Selbstdeterminationstheorie ▶ Kap. 5.1), in dem alles Handeln als sinn- und zweckfrei empfunden wird. Diese Einstellung führt zu Lernproblemen und zu einem lethargischen und depressiven Affekt.

4.6.2 Pessimistischer versus optimistischer Attributionsstil

Die Tendenz, Gründe für negative Ereignisse als eher stabil, intern und global zu sehen, beschreibt einen pessimistischen Attributionsstil. Da dieser eher negative Resultate erwarten lässt, versuchten Wilson und Linville (Wilson & Linville, 1982, 1985) eine kognitive Intervention bei Erstsemesterstudenten der Duke University. Den Studenten wurde vermittelt, dass es viele kontrollierbare Gründe für Misserfolg gibt und Studenten, die am Anfang Schwierigkeiten haben, oft besser werden. Diese Intervention hatte tatsächlich den gewünschten Erfolg, dass die Studienleistungen gegenüber einer Kontrollgruppe besser wurden und es zu weniger Studienabbrüchen kam. Dieses Ergebnis ließ sich auch international replizieren.

Umgekehrt haben Personen mit einer hohen Kontrollüberzeugung, die Verantwortung für Misserfolge ablehnen, also Erfolge internalisieren und Misserfolge externalisieren, einen optimistischen Attributionsstil. In gemäßigter Ausprägung hat ein optimistischer Attributionsstil positive Auswirkungen auf Lernen und Beruf und ist mit geringerer Depression verbunden, im Extremfall ergeben sich narzisstische Tendenzen (Dweck, 1999; Dweck & Leggett, 1988).

4.7 Reaktanz

4.7.1 Reaktanz und Hilflosigkeit

In der klassischen Studie von Seligman und Maier (1967) waren die Hunde nicht von Anfang an hilflos. Zunächst wehrten sie sich heftig; erst nachdem dies wiederholt keinen Erfolg hatte, gaben sie auf. Dies entspricht den Vorhersagen der Reaktanztheorie (Brehm, 1966), dass Individuen es als unangenehm empfinden, wenn sie ihre Freiheit zu handeln (oder zu denken) bedroht sehen. Auf diesen aversiven Zustand reagieren sie dann oft aggressiv oder indem sie das Verbotene nun erst recht ausführen wollen. Dies wurde von Pennebaker und Sanders (1976) illustriert (▶ Kasten). Die Frage ist: Wann kommt es zu Reaktanz und wann zu Hilflosigkeit? Die Antwort liegt in der wahrgenommenen Kontrolle. Solange das Individuum glaubt, seine Handlungen selbst bestimmen zu können, zeigt es Reaktanz. Wenn dies nicht mehr der Fall ist, zeigt es Hilflosigkeit (Wortman & Brehm, 1975).

> **Pennebaker, J. W. & Sanders, D. Y. (1976). American Graffiti: Effects of Authority and Reactance Arousal.** *Personality and Social Psychology Bulletin, 2*(3), 264–267.
> Die Autoren brachten in Toiletten Schilder an, die das Graffiti verboten. Dabei gab es vier Versionen. Der Text war entweder als Bitte formuliert »Please, do not write on the walls« oder als Aufforderung »Do not write on the walls!« Die Aufforderung kam dabei entweder vom Polizeichef oder von einem unter-

> geordneten Mitglied der lokalen Polizei. Es wurde mehr Graffiti angebracht, wenn das Schild als deutliches Verbot interpretiert wurde.

4.7.2 Modell der gelernten Hilflosigkeit und Reaktanz

Laut Brehm (J. W. Brehm, 1966, 1972; S. S. Brehm & Brehm, 2013) hängt das Ausmaß der Reaktanz direkt von (a) der wahrgenommenen Freiheit zu handeln, (b) der Stärke der Bedrohung der Freiheit, (c) der Wichtigkeit der Freiheit und (d) der Konsequenzen für weitere Freiheiten ab. Wenn ein Individuum auf die Bedrohung einer Freiheit mit Reaktanz reagiert, zeigt sich dies darin, dass das bedrohte Verhalten attraktiver erscheint als vor der Bedrohung. Das Individuum versucht verstärkt, das Verhalten zu zeigen oder aber ein anderes Verhalten, das diesem äquivalent ist, und zeigt damit, dass man auch das bedrohte Verhalten hätte ausführen können. Wortman & Brehm (1975) zitieren das Beispiel eines Kindes, dem verboten wurde, die Schwester zu hauen, und das daraufhin die Zunge herausstreckt oder die Schwester hänselt. Dabei hat das Individuum feindselige oder aggressive Gefühle gegenüber denjenigen, die die Freiheit zu handeln bedrohen. Dies passiert auch, wenn die Aggression nicht zum Beseitigen der Bedrohung dienlich ist.

Wortman und Brehm (1975) schlagen ein integratives Modell vor, nachdem Reaktanz eintritt, wenn das Individuum erwartet, Kontrolle ausüben zu können, und Hilflosigkeit eintritt, wenn dies nicht der Fall ist. Dabei wird das Ausmaß der Motivation, das Verhalten zu zeigen, oder das Ausmaß der Hilflosigkeit von der Wichtigkeit des Verhaltens moderiert. Wenn das Verhalten weniger wichtig ist, ist der motivationale Effekt schwächer.

Diese vorhergesagten Effekte wurden z. B. von Mikulincer (1988a) untersucht. Er gab Probanden in einer ersten Phase entweder nur unlösbare Aufgaben oder aber nur eine unlösbare Aufgabe am Ende; eine Kontrollgruppe löste keine Aufgaben. In der zweiten Phase erhielten alle drei Gruppen die gleichen, lösbaren Aufgaben. In Korrespondenz mit dem Modell von Wortman und Brehm war die Gruppe, die in der ersten Phase nur unlösbare Aufgaben erhalten hatte, am schlechtesten – die Teilnehmer zeigten

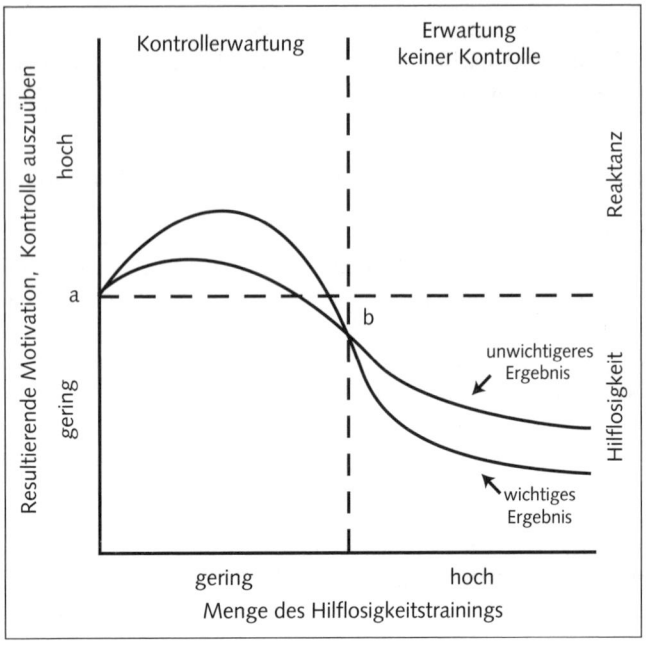

Abb. 4.2: Vorhersagen des integrativen Modells (nach Wortman & Brehm, 1975)

Hilflosigkeit und entsprechend wenig Motivation. Die Gruppe, die am Ende der ersten Phase eine unlösbare Aufgabe erhalten hatte, zeigte Reaktanz und schnitt am besten ab, die Kontrollgruppe lag dazwischen. In einer weiteren Studie demonstrierte Mikulincer (1988b), dass die Ergebnisse auch von der normativen Erwartung in Bezug auf die generelle Lösbarkeit der Aufgabe (wie viele Personen einer Vergleichsgruppe die Aufgaben lösen konnten) beeinflusst wurde.

Zusammenfassung

Der Akt der Selbstkontrolle verbraucht Energie, die sich, analog zu der Kraft eines Muskels, bei Anwendung erschöpft und erst nach Erholung wieder zur Verfügung steht.

Belohnungsaufschub beruht auf der Fähigkeit zur Selbstregulation und der kognitiven Kontrolle der Aufmerksamkeit. Die Fähigkeit zum Belohnungsaufschub ist ein guter Indikator für positive Ergebnisse in verschiedenen Bereichen (z. B. Drogenkonsum im Jugendalter; BMI nach 30 Jahren), auch über viele Jahre hinweg.

Regulationsfokustheorie unterscheidet zwischen Promotionsfokus – dem Anstreben von positiven Ergebnissen – und Präventionsfokus – dem Anstreben von nicht negativen Ergebnissen.

Kognitive Dissonanz ist das Unbehagen, welches durch die gleichzeitige Aktivierung von einander widersprechenden Kognitionen hervorgerufen wird.

Kognitive Dissonanzprozesse erklären unter anderem Einstellungsänderungen durch einstellungskonträre Argumentation, die Nachentscheidungsdissonanz und das Bevorzugen von Zielen, zu deren Erreichen Unannehmlichkeiten zu ertragen waren.

Erlernte Hilflosigkeit ist ein Gefühl der mangelnden Kontrolle über die Welt, das entsteht, wenn man negativen Ereignissen eine stabile, interne und globale Ursache zuschreibt.

Reaktanz bezeichnet das aversive Gefühl, das entsteht, wenn Individuen ihre Freiheit zu handeln (oder zu denken) bedroht sehen. Reaktanz motiviert die Ausführung des Verhaltens, um die Freiheit wiederherzustellen.

Laut dem integrativen Modell von Wortman und Brehm (1975) kommt es zu Reaktanz, wenn das Individuum erwartet, Kontrolle ausüben zu können. Ist dies nicht der Fall, tritt Hilflosigkeit ein.

Weiterführende Literatur

Baumeister, R. F. (2010). The self. *Advanced social psychology: The state of science*, 139–175.

Harmon-Jones, E. & Harmon-Jones, C. (2007). Cognitive Dissonance Theory After 50 Years of Development. *Zeitschrift für Sozialpsychologie, 38*(1), 7–16.

Higgins, E. T. (1997). Beyond pleasure and pain. *American Psychologist, 52*, 1280–1300.

Metcalfe, J. & Mischel, W. (1999). A hot/cool system analysis of delay of gratification: Dynamics of willpower. *Psychological Review, 106*(1), 3–19.

Wortman, C. B. & Brehm, J. W. (1975). Responses to Uncontrollable Outcomes: An Integration of Reactance Theory and the Learned Helplessness Model. In B. Leonard (Ed.), *Advances in Experimental Social Psychology* (Vol. 8; pp. 277–336). New York, NY: Academic Press.

Fragen zur Selbstüberprüfung

- Inwieweit ist Muskelkraft eine gute Analogie für Selbstregulationskapazität?
- Warum hilft z. B. Singen Kindern beim Belohnungsaufschub?
- Es hat sich gezeigt, dass Personen nach dem Kauf ihres neuen Autos mehr Informationen zu diesem lesen als vor dem Kauf. Wie lässt sich dieser Umsatnd anhand der Kognitiven Dissonanztheorie erklären?
- Wann führt die Einschränkung von Freiheit zu Reaktanz und wann zu Hilflosigkeit?

5 Extrinsische und intrinsische Motivation

5.1 Einleitung

Kinder rennen oft stundenlang spielend durch die Gegend, während sich so mancher Erwachsene mühevoll zu einem Pilateskurs schleppt. Kinder bewegen sich der Bewegung zuliebe, d. h. sie rennen nicht, um ein Ziel zu erreichen, sondern aus Freude an der Bewegung. Die Erwachsenen hingegen gehen zu ihren Kursen, um ein Ziel zu erreichen, z. B. weil der Arzt ihnen dies gegen die Rückenschmerzen angeraten hat oder um Gewicht zu verlieren oder den Blutdruck zu senken. In unserem Beispiel handeln die Kinder aus intrinsischer Motivation, während die Erwachsenen extrinsisch motiviert sind.

Wir sprechen von intrinsischer Motivation, wenn ein Individuum eine Tätigkeit aus Spaß, Neugierde oder Wissensdurst ausführt und nicht, um ein bestimmtes Ziel zu erreichen, positive Konsequenzen zu erhalten oder negative zu vermeiden.

Intrinsische Motivation ist mit einer Reihe positiver Effekte verbunden. So zeigen intrinsisch motivierte Personen mehr Ausdauer und Anstrengung im Sport (Vallerand, 2007). Intrinsische Motivation steigert oder ist sogar die Grundlage für Kreativität (Amabile, 1983, 1998), fördert Lernprozesse im Hinblick auf aktive Informationsverarbeitung und das Lernen von Konzepten anstelle von blindem Auswendiglernen (Grolnick & Ryan, 1987). Intrinsisch motivierte Personen zeigen auch generell mehr Wohlbefinden (Kasser & Ryan, 2001; Schmuck, Kasser & Ryan, 2000).

Extrinsische Motivation liegt vor, wenn ein Verhalten zur Erreichung eines bestimmten Ziels ausgeführt wird. Deci und Ryan (1985, 2000) unterscheiden dabei zwischen unterschiedlichen Formen extrinsischer Motivation (siehe unten).

Die theoretische Grundlage der extrinsischen Motivation ist das operante Konditionieren. Beim operanten Konditionieren wird ein gewünschtes Verhalten belohnt oder ein unerwünschtes

»bestraft« (Skinner, 1938, 1953). Wenn z. B. eine Ratte, die auf eine Taste drückt, Futter erhält, ist dies eine positive Verstärkung, die wiederum die Rate des Verhaltens erhöht. Zwei Begriffe sind in diesem Kontext wichtig: Anreize und Verstärker.

Exkurs: Anreize und Verstärker

Abb. 5.1: »Drücke Hebel für Futter!«

Anreize kann man sich als Bindeglied zwischen Bedürfnissen und Motivation vorstellen. Anreize gehen dem Verhalten voraus. Sie sind Aspekte der Situation, die positive oder negative Konsequenzen vorhersagen (▶ Kap. 3). Auch soziale Stimuli, wie Lächeln oder ein ärgerlicher Ausdruck, können als Anreize dienen.

Das Futter, das die Ratte erhält, ist ein positiver Verstärker. Verstärker folgen dem Verhalten. Positive Verstärker sind positive Reize, die die Auftretenswahrscheinlichkeit eines Verhaltens erhöhen. Ein negativer Verstärker ist ein negativer Reiz (z. B. Lärm), dessen Wegnahme die Auftretenswahrscheinlichkeit eines Verhaltens erhöht. Dem stehen positive und negative Bestrafung gegenüber. Eine positive Bestrafung liegt vor, wenn die Auftretenswahrscheinlichkeit eines Verhaltens gemindert wird, wenn das Verhalten einen aversiven Reiz nach sich zieht (z. B. der Stromschlag eines Weidezauns). Bei negativer Bestrafung wird die Auftretenswahrscheinlichkeit eines Verhaltens dadurch vermindert, dass ein positiver Reiz weggenommen wird (z. B. Fernseh- oder Computerspielverbot).

Primäre Verstärker sind solche, die von Geburt an wirken, wie z. B. Futter. Sekundäre Verstärker sind gelernt. Geld ist ein klassischer sekundärer Verstärker. Ein Zehn-Euro-Schein wirkt nur als Verstärker, wenn sein Wert gelernt ist. Im Allgemeinen sind positive Verstärker effektiver, um gewünschtes Verhalten langfristig zu erhöhen. In vielen Kontexten wird hingegen Bestrafung verwendet: Strafzettel im Straßenverkehr, böse Blicke, wenn sich jemand unhöflich verhält, oder Entzug von Privilegien sind Beispiele für solche alltäglichen Bestrafungen.

5.2 Die versteckten Kosten der Belohnung

Ein Beispiel für positive Verstärkung in der Erziehung wäre z. B., wenn ein Kind jedes Mal, wenn es eine seiner Aufgaben im Haus erledigt hat (z. B. die Spülmaschine eingeräumt), einen Punkt erhält und diese Punkte dann gegen eine Belohnung eintauschen kann. Die Erwartung aus der Theorie des operanten Konditionierens wäre dann, dass das Kind durch die Belohnung dazu kommt, das gewünschte Verhalten zu zeigen. Aber haben Belohnungen nur positive Konsequenzen? Führen extrinsische Belohnungen dazu, dass das Verhalten dann auch spontan intrinsisch motiviert gezeigt wird? Die klassische Studie von Lepper et al. (1973, siehe Kasten) zeigte, dass eine erwartete Belohnung für das Ausführen einer intrinsisch motivierenden Tätigkeit zu einer Abnahme der Motivation für die Tätigkeit führt. Die Studie zeigte allerdings auch, dass bei Personen, die initial relativ weniger motiviert waren, eine unerwartete Belohnung zu einem Anstieg der Motivation führte. Diese und andere Studien warfen die Frage auf, ob und in welchem Ausmaß Belohnung schädlich für die intrinsische Motivation ist.

> **Der Korrumpierungseffekt: Lepper, M. R., Greene, D. & Nisbett, R. E. (1973). Undermining childrens' intrinsic interest with extrinsic reward: A test of the »overjustification« hypothesis. *Journal of personality and social psychology, 28*(1), 129–137.**
>
> Was passiert z. B., wenn ein Kind, das gerne puzzelt, für das Lösen der Puzzles eine monetäre Belohnung erhält? Die naive Annahme ist meist, dass dies zu mehr Motivation führt (Hom, 1994). In einer klassischen Studie notierten Lepper, Greene und Nisbett (1973) welche Aktivitäten Kindergartenkinder von sich aus gerne ausführten (für welche sie also intrinsisch motiviert waren). Kinder, die gerne malten, wurden für die Studie in drei Gruppen eingeteilt. Für die Kontrollgruppe fand keine Manipulation statt. Die Kinder in den beiden Experimentalgruppen wurden eingeladen, für eine unbestimmte Person, die Bilder mag, einige Bilder zu malen. In einer Bedingung (erwartete Belohnung) wurde dem Kind dann eine Plakette gezeigt, auf der der Name des Kindes eingetragen werden konnte – ein Good Player Award, die dem Kind als Belohnung versprochen wurde. In der anderen Bedingung (unerwartete Belohnung) wurde nur um das Malen der Bilder gebeten. Die Kinder hatten dann sechs Minuten Zeit zu malen. In beiden Bedingungen wurden die Kinder gelobt und erhielten die Plakette, die diese dann sichtbar an einer »Ehrentafel« anbringen durften. 7 bis 14 Tage danach erhielten die Kinder wieder Gelegenheit zu malen. Es wurde gemessen, wie viel Zeit die Kinder mit dieser Aktivität verbrachten. Die Kinder in der erwarteten Belohnungsbedingung verbrachten deutlich weniger Zeit mit Malen als die Kinder in den beiden anderen Gruppen. Es stellte sich allerdings heraus, dass Kinder in der unerwarteten Belohnungsbedingung, die vergleichsweise wenig initiales Interesse am Malen hatten (unter dem Median), nach Erhalten der unerwarteten Belohnung einen Anstieg im Malverhalten zeigten. Bei den Kindern mit vergleichsweise

> hohem Interesse (über dem Median) war dies nicht der Fall. In der erwarteten Belohnungsbedingung hingegen nahm bei allen Kindern die Motivation zu malen ab.

Es gibt drei theoretische Ansätze, die Vorhersagen zu dieser Frage treffen. Die Kognitive Evaluationstheorie (Deci & Ryan, 1980, 1985) postuliert, dass Ereignisse, die als kontrollierend empfunden werden, das Grundbedürfnis nach Autonomie (▶ Kap. 3) frustrieren und deshalb die intrinsische Motivation senken. Ereignisse hingegen, die informativ in Bezug auf Kompetenz sind, erfüllen das Bedürfnis nach Kompetenz und stärken die intrinsische Motivation. In diesem Sinne, käme es darauf an, ob die externe Belohnung als Zwang oder als Information verstanden wird.

Attributionstheoretische Ansätze (Kelley, 1967) stellen die Frage, inwieweit sich das Individuum als Ort der Kontrolle für das Durchführen der Aufgabe sieht, in den Vordergrund. Wenn das Individuum zu dem Schluss kommt, dass es die Aufgabe ausführt, um die Belohnung zu erhalten, dann liegt der Ort der Kontrolle außerhalb des Individuums, und intrinsische Motivation sinkt. Aus behavioristischer Sicht (Eisenberger & Cameron, 1996) hat Belohnung dann eine negative Konsequenz, wenn die Belohnung nicht kontingent erfolgt. Nichtkontingente Belohnungen führen zu erlernter Hilflosigkeit und somit zu einer Reduktion der intrinsischen Motivation. Kontingente Belohnungen hingegen geben ein Gefühl der Kontrolle und damit auch eine Verstärkung der intrinsischen Motivation.

Eine Meta-Analyse von Cameron und Pierce (1994) kam zu dem Schluss, dass ein Absinken der intrinsischen Motivation vor allem dann auftritt, wenn eine erwartete Belohnung einfach dafür gegeben wird, dass die Aufgabe ausgeführt wird (also ohne Leistungsbezug) – und auch dann nur geringfügig. Verbale Belohnungen hingegen führen zu einer Erhöhung der intrinsischen Motivation. Dieser Schluss wurde von Deci, Koestner und Ryan (1999) ebenfalls auf der Basis einer Meta-Analyse abgelehnt. Diese Autoren betonen, dass erwartete Belohnungen sowie materielle Belohnungen, die von der Leistung oder der Aufgabenerfüllung abhängen, intrinsische Motivation schwächen. Auch sie fanden aber, dass verbale Belohnung sie eher stärken.

In einer weiteren Meta-Analyse versuchten dann Cameron und Kollegen (Cameron, Banko & Pierce, 2001), die Widersprüche aufzuklären. Sie verglichen die Definition der verwendeten Kategorien und unterschieden (wie auch Deci et al.) zwischen der sogenannten Free-choice-Motivation (die Zeit, die eine Person freiwillig mit der Aufgabe verbringt) und selbstberichtetem Interesse. Sie kommen zu dem Schluss, dass materielle Belohnung vor allem dann negative Effekte auf die Free-choice-Motivation hat, wenn die Belohnung dafür gegeben wird, dass man a) die Aufgabe überhaupt ausführt oder b) dafür, dass sie »gut« ausgeführt wird, oder aber, wenn c) pro ausgeführter Aufgabeneinheit belohnt wird. Wenn Personen dafür belohnt werden, dass sie besser als andere sind, ist der Effekt positiv. Ansonsten gibt es keinen Effekt, z. B. wenn sie dafür belohnt werden, dass die Aufgabe zu Ende geführt wurde. Im Hinblick auf das selbstberichtete Interesse gab es nur dann einen negativen Effekt, wenn die Belohnung dafür gegeben wird, dass die Aufgabe überhaupt ausgeführt wurde, ansonsten war der Effekt positiv, oder es zeigte sich kein Effekt. Die Meta-Analyse zeigte auch, dass verbale und unerwartete Belohnungen keinen negativen Effekt haben und dass, wie aus der Theorie des operanten Konditionierens zu erwarten ist, bei Aufgaben, für die die initiale Motivation gering ist, Belohnungen einen positiven Effekt auf die Free-choice-Motivation haben. Keine dieser Meta-Analysen bestätigt präzise die eine oder andere der drei Theorien. Allerdings weist der insgesamt negative Einfluss von erwarteten, materiellen Belohnungen gegenüber unerwarteten oder verbalen Belohnungen am ehesten in die Richtung der kognitiven Evaluationstheorie.

Dies ist auch der Schluss von Reeve (2005), der betont, dass im Einklang mit der Selbstdeterminationstheorie (▶ Kap. 5.4), materielle Belohnungen vor allem dann schädlich sind, wenn sie das universelle Bedürfnis nach Autonomie verletzten, also als kontrollierend empfunden werden. Lob und Belohnungen haben einen positiven Effekt auf die intrinsische Motivation, wenn sie kontingent auf das Verhalten erfolgen, die spezifische Leistung in Bezug auf Leistungskriterien bewerten, die geleistete Anstrengung berücksichtigen und glaubhaft sind. Einen gegenteiligen Effekt haben Lob und Belohnungen, wenn sie sporadisch und unsystematisch erfolgen, die geleistete Anstrengung oder den Wert der Leistung nicht berücksichtigen und global und unspezifisch in Bezug auf die Leistung sind. Belohnungen können also positive Effekte haben, vor allem dann, wenn zunächst nur eine geringe Motivation vorliegt.

Reeve warnt allerdings davor, dass extrinsische Belohnungen z. B. beim Lernen zwar das Verhalten verstärken, aber auch Nachteile haben. So erschwert z. B. extrinsische Belohnung, die ja das Verhalten der Person von außen steuert, das Ausbilden einer autonomen Selbstregulation (Ryan, 1995). Dennoch gibt es natürlich eine Vielzahl von Aktivitäten, die wenig intrinsisch motivierend sind, aber gelernt werden müssen (Geschirrspülen, Recycling, rechtzeitig mit den Hausaufgaben anfangen und vieles mehr).

5.3 Kognitive Evaluationstheorie

Die Kognitive Evaluationstheorie von Deci und Ryan (Deci & Ryan, 1980, 1985) stellt die Frage nach der Bedeutung einer Belohnung für das Individuum. Im Grunde dienen Belohnungen immer dazu, ein gewünschtes Verhalten zu verstärken oder ein ungewünschtes Verhalten zu vermindern. D. h., Belohnungen dienen immer der Verhaltenskontrolle und sind deshalb auch immer kontrollierend. Allerdings sind manche Verhaltensweisen eindeutig kontrollierend, während andere mehr darauf abzielen, Information über das Verhalten, z. B. über ein erreichtes Kompetenzniveau, zu vermitteln.

Die Kognitive Evaluationstheorie geht davon aus, dass alle externen Ereignisse Informationen zu Autonomie (oder Kontrolle) und Kompetenz (oder Inkompetenz) vermitteln können. Da Deci und Ryan (2000) Autonomie und Kompetenz als menschliche Grundbedürfnisse verstehen, sind diese Informationen grundsätzlich bedürfnisrelevant. Externe Ereignisse, die Autonomie bestätigen (also nicht kontrollierend sind), verstärken die Kontrollüberzeugung, d. h. das Ausmaß, in dem sich die Person als Ort der Kontrolle sieht. Mit steigender Kontrollüberzeugung steigt auch die intrinsische Motivation. Ereignisse, die die Kompetenz der Person bestätigen, stärken ebenfalls die intrinsische Motivation. Somit ergeben sich drei Möglichkeiten: (1) Wenn ein externes Ereignis die Kompetenz einer Person bestätigt und Autonomie fördert, wird intrinsische Motivation gestärkt. Ryan und Deci (2000) betonen dabei, dass auch soziale Verbundenheit eine wichtige Rolle für die Stärkung der intrinsischen Motivation spielen kann. (2) Wenn das Ereignis als kontrollierend wahrgenommen wird, stärkt es die extrinsische Motivation. (3) Amotivierende Ereignisse sind kontrollierend und vermitteln Inkompetenz.

Die Kognitive Evolutionstheorie erlaubt es also vorherzusagen, welche Konsequenzen bestimmte Formen der Belohnung oder des Lobs haben werden. Die Kognitive Evaluationstheorie wird zumeist als eine Untertheorie der weiterreichenden Selbstdeterminationstheorie gesehen (▶ Kap. 5.4).

5.4 Selbstdeterminationstheorie

Im Kern gehen Deci und Ryan (Deci & Ryan, 1985, 2000) in der Selbstdeterminationstheorie (SDT) davon aus, dass Menschen aktive, wachstumsorientierte Organismen sind, die ein einheitliches Selbst und die psychologische Integration in den sozialen Kontext anstreben. Sie gehen dabei von den in Kapitel 2.3.2 beschriebenen universellen Bedürfnissen nach Kompetenz, Autonomie und Verbundenheit oder harmonischen sozialen Beziehungen als zu integrierende Ziele aus. Die SDT besteht aus einer Reihe von »Mini-Theorien«, die bestimmte Aspekte der Theorie beleuchten.

Die Kognitive Evaluationstheorie wurde schon angesprochen. Diese Theorie beleuchtet den Effekt des sozialen Kontexts auf intrinsische Motivation und betont insbesondere den positiven Einfluss von Ereignissen, die Kompetenz und Autonomie vermitteln, auf intrinsische Motivation.

5.5 Organismische Integrationstheorie

Die Organismische Integrationstheorie beschreibt die unterschiedlichen Formen der extrinsischen Motivation. Bis jetzt haben wir im Wesentlichen von mehr oder weniger Motivation gesprochen. Ein wichtiger Aspekt der SDT aber ist, dass nicht nur die Quantität der Motivation relevant ist, sondern auch deren Qualität. So werden nicht nur wie oben unterschiedliche Vorhersagen für intrinsische versus extrinsische Motivation getroffen, sondern auch für unterschiedliche Formen der extrinsischen Motivation. Alle Formen haben gemein, dass ein Verhalten nicht um seiner selbst willen ausgeführt wird, sondern zu einem bestimmten Zweck. In diesem Sinne sprechen Deci und Ryan (2000) auch von Zielen. Zentral ist dabei, dass diese Ziele mehr oder weniger in das Selbst integriert sein können. In dem Ausmaß, in dem ein Ziel in das Selbst integriert ist, führt der Organismus Handlungen von sich aus und um »ihrer selbst willen« aus und nicht nur, um externe Ansprüche zu erfüllen.

Das Ausmaß der Kontrollüberzeugung und inwieweit der Grund des Verhaltens in das Selbst der Person integriert ist, bestimmen somit den Grad der Internalisierung. Je internalisierter die extrinsische Motivation ist, desto autonomer ist das Handeln der Person. Tabelle 5.1 beschreibt das Kontinuum der Motivation im Hinblick auf den Grad der Internalisierung sowie die relevanten Regulationsprozesse nach Ryan und Deci (2000). Das Kontinuum der Motivationen geht von Amotivation über vier Formen der extrinsischen Motivation bis hin zu intrinsischer Motivation.

Amotivation beschreibt einen Zustand, in dem der Organismus kein Gefühl der Selbstwirksamkeit hat und nicht mehr handlungsmotiviert ist. *Externe Regulation* beschreibt die Form der Motivation, die als extrinsische Motivation bezeichnet wird. Der Ort der Kontrolle ist extern, und der Organismus führt die Handlung aus, um eine Belohnung zu erreichen oder eine Bestrafung zu vermeiden. *Introjizierte Regulation* ist weitgehend identisch mit externer Regulation, nur dass das Individuum selbst die Kontrolle ausführt. Wichtig ist dabei, dass das Verhalten zwar vom Individuum initiiert wird, aber nicht in das Selbst integriert und somit nicht selbstdeterminiert ist. Stattdessen wird das Verhalten ausgeführt, um von außen vorgegebenen Werten zu entsprechen und um Schuldgefühle zu vermeiden. Bei *identifizierter Regulation* hingegen erkennt das Individuum den Wert der Handlung und identifiziert sich mit dem Ziel. Obwohl das Verhalten immer noch vornehmlich der Zielerfüllung dient und deshalb nicht intrinsisch motiviert ist, wird es doch autonomer und kann so zu einem Aspekt der Identität der Person werden. Dies ist dann bei *integrierter Regulation* der Fall. Die Person begreift das Handeln als Ausdruck ihrer Identität, die Ziele des Handelns passen sich harmonisch in die Werte und die Identität der Person ein. Nach der SDT können Verhalten nach und nach in das Selbst integriert werden, wenn bei der Ausübung die universellen Bedürfnisse nach Autonomie, Kompetenz und harmonischen Beziehungen erfüllt werden.

Dies lässt sich am besten an einem Beispiel erläutern. Nehmen wir an, ihr Arzt sagt Ihnen, dass Sie unbedingt Sport treiben müssen. Sie melden sich in einem Sportstudio an, und da Sie wissen, dass Sie nicht freiwillig dabei sind, leisten Sie sich einen persönlichen Trainer. Sie treffen sich jede Woche mit dem Trainer, und Sie kommen nur, weil Sie müssen. Die SDT geht nun davon aus, dass wenn der Trainer Ihnen bestätigendes Kompetenzfeedback gibt, Ihre Autonomie unterstützt und mit Ihnen einen positiven und respektvollen Umgang pflegt, Sie immer häufiger auch allein kommen. Zunächst machen Sie dies, um keine Schuldgefühle zu haben oder um stolz auf Ihre Leistung zu sein (introjizierte Regulation). Langsam sehen Sie Erfolge, Sie fühlen sich besser, und Sie können dies auf Ihre Leistung zurückführen. Vielleicht haben Sie auch nette Leute kennengelernt, mit denen Sie zusammen trainieren. Sie fangen an, den Wert des Trainings zu schätzen. Trainieren wird Teil der Dinge, die Sie für wichtig halten (identifizierte Regulation). Im weiteren Verlauf fangen Sie an, sich als sportliche Person zu sehen. Zu Ihrer Identität gehört nun das Trainieren als Teil dessen, was Sie – als sportliche Person – eben machen (integrierte Regulation). Sie haben den Weg von externer Regulation zu integrierter Regulation zurückgelegt. Dieser Prozess zeigt sich auch in der Forschung zu SDT.

In dem Ausmaß, in dem Eltern beim Erledigen der Hausaufgaben Autonomie unterstützten, optimale Strukturen schafften und persönlich involviert waren, zeigten Kinder mehr internale Formen der extrinsischen Motivation und auch mehr intrinsische Motivation (Grolnick & Ryan, 1998). Medizinstudenten, die ihre Dozenten als autonomieunterstützend wahrnahmen, zeigten ebenfalls mehr selbstdeterminierte Motivation (Williams & Deci, (1996). Dieser Effekt der Internalisierung war auch nach sechs Monaten noch präsent.

Verhalten	nicht selbstdeterminiert					selbstdeterminiert
Motivation	Amotivation	extrinsische Motivation				intrinsische Motivation
Regulationsstil	keine Regulation	externe Regulation	introjizierte Regulation	identifizierte Regulation	integrierte Regulation	intrinsische Regulation
Kontrollüberzeugung	unpersönlich	extern	eher extern	eher intern	intern	intern
Regulationsprozesse	nicht intentional, nicht beurteilend, Inkompetenz, Mangel an Kontrolle	Gehorsam, externe Belohnungen und Bestrafungen	Selbstkontrolle, ego-involvement, interne Belohnungen und Bestrafungen	persönliche Wichtigkeit, bewusste Wertschätzung	Übereinstimmung, Bewusstheit, Synthese mit dem Selbst	Interesse, Vergnügen, inhärente Befriedigung

Abb. 5.2: Das Kontinuum der Motivation nach Ryan und Deci (2000)

5.6 Kausalitätsorientationstheorie

Eine dritte Mini-Theorie beschäftigt sich mit den individuellen Unterschieden der universellen Bedürfnisse nach Autonomie. Die Kausalorientationstheorie unterschiedet zwischen drei Orientierungen. Autonomieorientierung besteht, wenn Verhalten auf der Basis von Vorlieben und Werten einer Person gewählt wird. Kontrollorientierung besteht, wenn die Person sich so verhält, wie sie soll, sich also an externen, kontrollierenden Regeln orientiert. Unpersönliche Orientierung besteht, wenn die Person stark auf Indikatoren von Inkompetenz reagiert und nicht selbstbestimmt handelt. Je nach Orientierung ergeben sich bestimmte Tendenzen für entsprechende Motivationen. So ist Autonomieorientierung mit intrinsischer und integrierter externaler Motivation verbunden, während Kontrollorientierung eher mit externer und introjizierter Motivation verbunden ist. Unpersönliche Orientierung hingegen ist mit Amotivation und einem Mangel an zielbewusstem Handeln verbunden. Unpersönliche Orientierung ist durch einen externen Ort der Kontrolle, Selbstherabsetzung und Depression charakterisiert und wirkt sich negativ auf das Wohlbefinden der Person aus, auch weil sich die Person als ineffektiv sieht. Insgesamt sind bei dieser Orientierung besonders negative Leistungs- und psychische Outcomes zu erwarten (Ryan, Deci & Grolnick, 1995). Die SDT beinhaltet auch noch weitere Mini-Theorien, die sich mit der Rolle der Bedürfnisbefriedigung auf das Wohlbefinden beschäftigen. Diese sind aber im Hinblick auf die hiesige Fragestellung weniger zentral.

Zusammenfassung

Intrinsische Motivation liegt vor, wenn ein Verhalten selbstbestimmt um seiner selbst willen ausgeführt wird. Bei extrinsischer Motivation wird das Verhalten ausgeführt, um ein bestimmtes Ziel zu erreichen, um positive Konsequenzen zu erhalten oder negative zu vermeiden.

Nach der kognitiven Evaluationstheorie führen Ereignisse, die die universellen Grundbedürfnisse nach Autonomie und Kompetenz erfüllen, zu intrinsischer Motivation. Wenn Kompetenz gefördert, aber Kontrolle ausgeübt wird, führt dies zu extrinsischer Motivation. Amotivierende Ereignisse sind kontrollierend und vermitteln Inkompetenz.

Die Organismische Integrationstheorie beschreibt das Kontinuum der Motivation. Dabei werden unterschiedliche Formen der extrinsischen Motivation beschrieben, die sich im Ausmaß der Selbstdetermination unterscheiden. Wenn Verhalten in einem Kontext ausgeübt wird, der die universellen Bedürfnisse des Menschen befriedigt, kann es besser in das Selbst integriert werden und so die Motivation selbstdeterminierter werden.

Kausalitätsorientationstheorie beschäftigt sich mit in den individuellen Unterschieden in den universellen Bedürfnissen nach Autonomie.

Weiterführende Literatur

Deci, E. L. & Ryan, R. M. (2000). The »what« and »why« of goal pursuits: Human needs and the self-determination of behavior. *Psychological Inquiry, 11*, 227-268.

Fragen zur Selbstüberprüfung

- Wie kann man theoretisch herleiten, warum materielle Belohnungen der intrinsischen Motivation schaden?
- Wie lässt sich anhand der kognitiven Evaluationstheorie vorhersagen, welche Konsequenzen bestimmte Formen der Belohnung oder des Lobs haben werden?
- Wodurch unterscheiden sich introjizierte und integrierte Regulation?

Teil 2: Emotionen

6 Grundlagen

6.1 Gegenstandsbestimmung

Am Anfang eines Textes zu einem psychologischen Konzept steht üblicherweise eine Definition. Im Hinblick auf Emotionen besteht allerdings kein Konsens bezüglich der Frage, was eine Emotion ist. Es mangelt dabei nicht an Definitionen. So listeten Kleinginna und Kleinginna schon 1981 92 in der Literatur zu findende Definitionen auf, aber keine dieser Definitionen erlaubt es, Emotionen so zu definieren, dass Theoretiker unterschiedlicher Ausrichtung mit dieser Definition arbeiten könnten.

Die Komplexität des Problems wird von einem klassischen Zitat belegt. So sagen Fehr und Russell: »Jeder weiß, was eine Emotion ist, bis eine Definition gegeben werden soll. Dann, so scheint es, weiß es niemand« (1984, p. 464). So ist es dann auch nicht verwunderlich, wenn Standardwerke wie das *Handbook of Emotion* (Lewis, Haviland-Jones & Feldman Barrett, 2008) oder der *Oxford Companion to Emotion and the Affective Sciences* (Sander & Scherer, 2009) keine Definition des Emotionsbegriffs vorgeben. Im Folgenden werden wir deshalb eine Übersicht über Definitionsansätze geben sowie Emotionen von anderen affektiven Zuständen abgrenzen, um dann eine Arbeitsdefinition vorzustellen.

Was ist also eine Emotion? In der Umgangssprache werden Emotionen typischerweise mit Gefühlen gleichgesetzt. Emotionen aus dieser Sicht sind starke Gemütsbewegungen, die im Gegensatz zur Rationalität stehen. Dieser Sicht stehen die meisten Emotionstheorien entgegen, da sie Emotionen nicht mit Gefühlen gleichsetzen. Emotionen müssen auch nicht stark sein und stehen nicht im Gegensatz zur Rationalität, sondern sind im Gegenteil für diese unabdingbar (Damasio, 1994).

Die oft umgangssprachlich vertretene Sicht, dass Emotionen dem rationalen Handeln abträglich sind und dem Organismus deshalb schaden, steht die emotionstheoretische Sicht gegenüber, dass Emotionen adaptiv sind und Organismen den Umgang mit Lebensherausforderungen erleichtern, wenn nicht gar überhaupt ermöglichen. Mehr dazu findet sich in Kapitel 8.2 zu evolutionären Emotionstheorien.

Einer der Gründe für die Schwierigkeiten der Definitionsfindung ist die Vielzahl der relevanten theoretischen Absätze. Seit dem ersten wissenschaftlichen Versuch, Emotionen zu beschreiben und zu verstehen, Darwins 1872 erschienenes Werk *Der Ausdruck der Gemütsbewegungen bei dem Menschen und den Tieren* (im englischen Original: *The Expression of the Emotions in Man and Animals*), hat sich eine Vielzahl von theoretischen Ansätzen entwickelt. Diese kann man grob in evolutionspsychologische, physiologische, kognitive und postmoderne Theorien einteilen (Cornelius, 1996). Allerdings sind diese Einteilungen nicht getrennt voneinander zu betrachten. So ist zum Beispiel Scherers Appraisaltheorie (Scherer, 1987) sowohl evolutionär begründet als auch kognitiv im Ansatz. Dazu kommen noch neuroaffektive Ansätze, die sich aber mit wenigen Ausnahmen (vgl. Panksepp, 1998) eher mit bestimmten Teilaspekten beschäftigen und keine übergreifenden Theorien darstellen. Jede dieser Theorien und Ansätze privilegiert bestimmte Elemente der Emotionen und entwickeln deshalb entsprechend unterschiedliche Definitionen.

Es ist deshalb zunächst notwendig, eine Reihe von Fragen zu beantworten, um auf dieser Basis grundlegende Elemente einer Definition zu rechtfertigen. Wie kann man Emotionen von anderen affektiven Zuständen unterscheiden? Welche Komponenten haben Emotionen? Welche Funktionen? Im Folgenden werden wir diese Fragen beantworten, um so eine Definition zu entwickeln.

6.1.1 Emotionen und andere affektive Zustände

Zwei Merkmale von Emotionen sind unumstritten. Zum einen haben sie immer ein Objekt. So bin ich nicht einfach ärgerlich, sondern ich ärgere mich über jemanden oder etwas. Ich bin nicht beschämt, sondern schäme mich über etwas. Zum anderen sind Emotionen von kurzer Dauer. Hier ist es wichtig, zwischen Emotionen und Emotionsepisoden zu unterscheiden. Wenn zum Beispiel eine uns nahestehende Person stirbt, so können wir über lange Zeit hinweg traurig sein. Beim genaueren Hinsehen wird allerdings klar, dass es präziser ist zu sagen, dass wir während einer längeren Periode immer wieder traurig sind. Dazwischen fühlen wir viele andere Emotionen, z. B. Ärger, wenn wir an der Ausübung einer Tätigkeit gehindert werden, oder auch mal Erheiterung, wenn etwas Lustiges passiert.

Diese beiden Elemente, Objektgerichtetheit und Dauer, erlauben es uns, Emotionen von anderen Zuständen zu unterscheiden. Tabelle 6.1 gibt einen Überblick.

Tab. 6.1: Affekte im Vergleich

Affekt	Objektgerichtetheit	Dauer
Emotion	ja	kurz
Stimmung (mood)	nein	lang
Affektive Störungen	manchmal	lang
Temperament	nein	konstant über lange Lebensabschnitte
Präferenzen und Werturteile	ja	lang
Emotionale Episode	ja	lang

Stimmungen sind diffuse affektive Zustände meist geringer Intensität. Sie haben eine positive oder negative Valenz, aber keine spezifische Ursache, sind also nicht objektgerichtet, und können über Stunden oder auch Tage andauern. Der Spruch »mit dem falschen Fuß aufgestanden zu sein« beschreibt solch eine diffuse (negative) Stimmung ohne offensichtlichen Auslöser.

Affektive Störungen müssen längere Zeit andauern, um überhaupt als solche diagnostiziert werden zu können, und sind im Allgemeinen nicht objektgerichtet (DSM-5, 2013).

Temperament als Persönlichkeitseigenschaft ist langfristig stabil und nicht objektgerichtet.

Präferenzen und Werturteile sind eigentlich keine affektiven Zustände, haben aber eine affektive Tonalität, d. h. sie sind angenehm oder unangenehm. So mag jemand zum Beispiel Schokolade und hasst die Farbe Grün. Der Geruch von Lavendel ist angenehm, der von Schwefel unangenehm. Präferenzen und Werturteile sind das Resultat der Evaluation eines Objekts als etwas, was man mag oder nicht. Präferenzen und Werturteile sind über lange Zeit stabil. Wenn ich heute Schokolade mag, wird dies auch noch nächste Woche der Fall sein. Über lange Lebensabschnitte können sich Präferenzen allerdings ändern.

Emotionale Episode bezeichnet einen längeren Zeitraum, in dem die gleiche Emotion in Bezug auf das gleiche Objekt immer wieder ausgelöst wird, z. B., wenn wir Trauer über den Tod einer nahestehenden Person empfinden.

6.1.2 Emotionskomponenten

Die Komponente der Emotion, die die meisten Menschen sofort nennen würden, ist das subjektive Gefühl, d. h. das Gefühl von Ärger, Freude, Trauer etc. zu empfinden. Wenn Emotionen allerdings als evolutionär entwickelte, phylogenetisch kontinuierliche, adaptive Mechanismen verstanden werden, dann ist die Gleichsetzung von Emotion und Gefühlszustand zu eng. Weitere Komponenten sind nötig, um die Funktionen von Emotionen zu erfüllen. Klaus Scherer (1987) listet fünf Funktionen auf:

1. die Beurteilung von Ereignissen im Hinblick auf ihre Relevanz für das Wohlergehen des Individuums (kognitive Komponente)
2. die Regulierung von internen Zuständen, die den Organismus auf Handlung vorbereiten (physiologische Komponente)
3. die Aktivierung von spezifischen Motiven und Handlungstendenzen (motivationale Komponente)
4. den Ausdruck und die Kommunikation von Reaktionen und Intentionen (Ausdruckskomponente)
5. die Überwachung von und Fokussierung auf Änderungen des Zustandes des Organismus (Gefühlskomponente)

Das subjektive Gefühl dient nur der letzten dieser Funktionen. Die Ausdruckskomponente der Emotion, also Gesichtsausdruck, stimmlicher Ausdruck, Haltung etc., erfüllt die Kommunikationsfunktion von Emotionen. Die physiologische Komponente, umschreibt die physiologischen Veränderungen (Anstieg der Herzrate, Anspannung der Muskeln, etc.), die den Körper auf Handlung vorbereitet. Die motivationale Komponente bezieht sich auf die Auswahl bestimmter Handlungen in Reaktion auf das Ereignis. So führt Ärger zu Annäherung, Furcht zu Flucht, Trauer zu stillem Rückzug. Diese Handlungen sind im Allgemeinen adaptiv, da sie auf der Beurteilung des Ereignisses unter Einbeziehung der Ressourcen und Motivationen des Individuums beruhen. So kann der Anblick eines Bären im amerikanischen Wald bei mir Panik auslösen, bei einem Jäger mit der entsprechenden Jagdlizenz allerdings Vorfreude auf die Jagd. Was uns unterscheidet, sind unsere Ressourcen und Motivationen. Diese Sicht ist ein zentraler Aspekt von Appraisaltheorien. Zusammenfassend können wir demnach Emotionen wie folgt definieren:»Emotionen sind objektgerichtete Zustände von kurzer Dauer, die auf der Interpretation eines Ereignisses durch den Organismus beruhen, den Organismus auf Handlung vorbereiten, die Handlungsabsicht kommunizieren und von einem subjektiven Gefühlszustand begleitet sind.«

6.2 Historischer Abriss

Im Folgenden geben wir einen kurzen historischen Abriss, in dem wir die Entwicklung des Emotionskonzepts in der westlichen Philosophie beschreiben. Östliche Philosophien haben eine andere Sicht auf Emotion.

Auffällig in der westlichen Philosophie ist die generell negative Sicht der Emotion, die dabei der Rationalität gegenübergestellt wird. Diese negative Sicht der Emotion im Gegensatz zu einer positiven Beurteilung der Rationalität wurde von Platon (427–347 v. Chr.) in *Der Staat* formuliert. Er unterscheidet drei Teile der Seele, die im Konflikt stehen können. Diese sind der begehrende Teil, die körperlichen Triebe und »Lüste«, der muthafte Teil, der die Emotionen einschließt und der vernünftige Teil, der Wissen und die Erkennung des Wahren beinhaltet. Laut Platon wird nur unter der Vorherrschaft des vernünftigen Teils, der Rationalität, Harmonie erlangt. In *Der Staat* zieht Platon eine Parallele zwischen den drei Teilen der Seele und den drei Klassen des idealen Staates. Der rationale Aspekt entspricht dabei dem Staatsoberhaupt bzw. dem Philosophenkönig, der emotionale Aspekt der Soldatenklasse und der begehrende Aspekt den Bauern und Handwerkern.

Diese Sicht auf Emotionen und Begierden als eher suspekte und durch die Vernunft zu kontrollierende Teile der Seele hatte einen weitreichenden Einfluss auf die Behandlung von Emotionen durch spätere westliche Philosophen. So warnten die Stoiker nicht nur vor jedem Exzess der Emotionen, die als moralisch subversiv gewertet wurden, sondern plädierten dafür, sich nur auf die Vernunft zu verlassen. So empfiehlt Marcus Aurelius in den Selbstbetrachtungen (121–180 n. Chr.): »Der herrschende und gebietende Teil deines Wesens bleibe bei leisen oder heftigen Regungen in deinem Fleische unerschüttert. Er mische sich nicht in das Fleischliche, sondern beschränke sich auf sein Gebiet und umgrenze jene Reizungen in seinen Gliedern« (5, 26).

William Penn (1644–1718, Gründer von Pennsylvania) fasst dies wie folgt zusammen: »Die Emotion ist wie ein Fieber der Seele, das uns immer schwächer hinterlässt, als wir es vor seinem Durchzug waren.«[2] Auch unsere heutige Umgangssprache enthält Begriffe, wie z. B. »den Kopf verlieren« oder von Emotionen »übermannt zu werden«, die beschreiben, wie Rationalität von Emotionen überwältigt wird – zumeist mit dem Verständnis, dass dies zu Schaden führt. Diese Sicht ist in deutlichem Widerspruch zu der emotionstheoretischen Sicht, dass Emotionen adaptiv und für rationales Handeln unabdinglich sind.

Allerdings haben auch in der Antike nicht alle Philosophen die Emotionen durchweg verurteilt. So erkennt Platons Schüler Aristoteles auch nützliche Aspekte der Emotionen an. So sagt er in der *Nikomachischen Ethik:*

»Leute, die da nicht in zornige Aufwallung geraten, wo es geboten wäre, erscheinen als verkehrte Menschen, gerade wie diejenigen, die nicht in der rechten Weise, nicht zur rechten Zeit, noch aus dem rechten Anlass zürnen. Jener macht den Eindruck, als habe er keine Empfindung und mache es ihm keinen Schmerz, und da er nicht zürnt, als sei er auch nicht imstande, sich zu

---

2 Freie Übersetzung UH

wehren, während es doch Sklavensinn verrät, still zu halten, wenn man beschimpft wird, oder seine Angehörigen preiszugeben.« (I.III.3a)

Die Kernaussage ist hier, dass derjenige, der keinen Ärger zeigt, Ungerechtigkeit nicht wahrnimmt oder sich nicht dagegen wehrt. Einer solchen Person kann man nicht trauen, denn man sollte sich selbst oder andere gegebenenfalls zu verteidigen wissen. Wie später in den Appraisaltheorien der Emotion (z. B. Scherer, 1987) geht auch Aristoteles davon aus, dass Ärger Energie mobilisiert und die Aufmerksamkeit auf das Beheben von Hindernissen lenkt. Mit anderen Worten, gerechtfertigter Ärger ist eine Form des sozialen Problemlösens (Averill, 1982). Descartes (1649) betont in den *Leidenschaften der Seele* ebenfalls die mobilisierende Funktion der Emotionen:

»Es ist wichtig festzuhalten, dass die Hauptwirkung der Leidenschaften bei den Menschen darin besteht, dass sie ihre Seele anregen und instandsetzen, die Dinge zu wollen, zu denen ihre Körper sie veranlassen, derart, dass das Gefühl der Furcht anregt, fliehen zu wollen, das der Kühnheit, kämpfen zu wollen und ähnlich alle anderen« (Artikel 40).

Die Vorstellung, dass Rationalität ohne die mobilisierende Funktion der Emotion nicht ausreicht, wird auch von Hegel (1770–1831) vertreten: »Es ist nichts Großes ohne Leidenschaft vollbracht worden, noch kann es ohne solche vollbracht werden« (Enzyklopädie der philosophischen Wissenschaften im Grundrisse, § 474). Dieser motivationale Aspekt der Emotionen ist auch zentral für moderne Emotionstheorien wie die motivationale Theorie von Weiner (1986) oder Frijdas Version der Appraisaltheorie (1986). Eine weitere wichtige Funktion der Emotionen, die schon Descartes herausstellt, ist, dass sie Ereignisse im Gedächtnis fixieren und es uns damit erlauben, bestimmte Elemente einer Situation als gut oder schlecht zu markieren, und diese Informationen für zukünftige Entscheidungen zu verwenden. Diese Erkenntnis greift Damasios (1994) Theorie der somatischen Marker vor. Trotz des Einräumens positiver Aspekte bewertet Descartes Emotionen insgesamt jedoch als Störungen der Rationalität, der Vorrang einzuräumen sei.

Die traditionelle philosophische Sicht der Emotion steht in starkem Kontrast zu der Sicht moderner Emotionstheorien, die

Emotionen als adaptiv verstehen. Aus dieser Sicht haben Emotionen die Funktion, Reaktionssysteme zu koordinieren, physiologische Unterstützung von Handlungsabsichten zu mobilisieren und in Gefahrensituationen das (langsamere kognitive) System zu überspringen. Außerdem haben Emotionen eine wichtige kommunikative Funktion und bestimmen unsere Relationen zu anderen Personen, Ideen und Objekten.

Auch die traditionelle Sicht, dass Emotionen der Rationalität abträglich und moralisch subversiv sind, lässt sich nicht halten. Damasio (1994) zeigte in einer Reihe von mittlerweile klassischen Experimenten an Patienten mit Störungen des präfrontalen Cortex, die zu extremer Gefühlsarmut führen, dass mit der Gefühlsarmut eine deutliche Störung der Entscheidungsfähigkeit einhergeht. Die Philosophin Nussbaum (2003) betont, das Emotionen nicht nur für moralisches Verhalten nicht abträglich sind, sondern im Gegenteil dafür unabdingbar sind. Sie bennent dabei z. T. die oben genannten Gründe, verweist aber auch auf die Rolle der (emotionalen) Empathie.

Zusammenfassung

Affektive Zustände unterscheiden sich in Hinblick auf Objektgerichtetheit und Dauer. Emotionen sind objektgerichtet und von kurzer Dauer.

Emotionen sind objektgerichtete Zustände von kurzer Dauer, die auf der Interpretation eines Ereignisses durch den Organismus beruhen, den Organismus auf Handlung vorbereiten, die Handlungsabsicht kommunizieren und von einem subjektiven Gefühlszustand begleitet sind.

Die klassisch westliche Sicht der Emotion sieht diese als der Rationalität gegenübergestellt und damit als potentiell schädlich für den Organismus. Wenn auch die mobilisierende Wirkung von Emotionen zum Teil anerkannt wurde, wird Rationalität dennoch als übergeordnet gewertet. Emotionen sollten vom Verstand unterdrückt oder zumindest eingeschränkt werden.

Weiterführende Literatur

Ekman, P. & Davidson, R. J. (1995). *The Nature of Emotion: Fundamental Questions.* Oxford, UK: Oxford University Press.

Solomon, R. C. (2008). The philosophy of emotions. In M. Lewis, J. M. Haviland-Jones & L. F. Barrett (Eds.), *Handbook of emotions* (3rd ed.; pp. 3–16). New York, NY: Guilford Press.

Fragen zur Selbstüberprüfung

- Worin unterscheiden sich affektive Zustände?
- Was zeichnet Emotionen im Gegensatz zu anderen affektiven Zuständen aus?
- Welche Funktionen haben Emotionen?
- Welche Komponenten der Emotionen dienen diesen Funktionen?

7 Emotionsausdruck

7.1 Basisemotionen

Insbesondere im Zusammenhang mit Forschung zum emotionalen Gesichtsausdruck wird der Begriff Basisemotion häufig verwendet. Die zugrundeliegende Idee ist, dass manche Emotionen grundlegender oder prototypischer sind als andere. In diesem Sinne spricht Panksepp (1998) von »Blue-ribbon«-Emotionen. Eine häufig verwendete Metapher ist in diesem Zusammenhand die Idee von Grundfarben und gemischten Farben. So werden manche Emotionen als Grundemotionen klassifiziert (z. B. Ärger und Ekel), aus denen dann andere Emotionen entstehen (z. B. Verachtung). Diese Vorstellung liegt am deutlichsten dem Modell von Plutchik (1980) zugrunde (▶ Abb. 7.1).

Ein anderer Ansatz geht davon aus, dass jeder Organismus eine Reihe von Grundherausforderungen zu bewältigen hat. Emotionen, die der Bewältigung solcher Grundherausforderungen dienen, sind demnach Basisemotionen.

So beschreibt Panksepp (1998) vier evolutionäre Grundherausforderungen. Alle Organismen, die von Eltern aufgezogen werden (also alle Säugetiere und Vögel), brauchen ein Bindungssystem, das die Beziehung zwischen Mutter und Jungtier regelt. Starke Angst (panic) ist die Emotion, die diesem Ziel dient, da sie bei einer Trennung der beiden ausgelöst wird und Verhalten motiviert, das der Wiederzusammenführung dient. Zorn oder Wut (rage) ist die Emotion, die dem Angriffssystem dient, das auf Irritationen reagiert, während Furcht wiederum Fluchtverhalten bei Bedrohung motiviert. Suchverhalten nach Nahrung, aber auch nach sexuellen Partnern, wird von Emotionen wie Freude und Neugier gestützt. Die anderen Emotionen sind von diesen Basisemotionen abgeleitet. Dies geschieht entweder durch Generalisierung auf eine größere Klasse von Auslösern – so ist Eifersucht eine Reaktion auf die Verletzung einer Beziehungsbindung an andere als die Mutter – oder aber durch Mischung im Sinne der Farbmetapher (▶ Abb. 7.2).

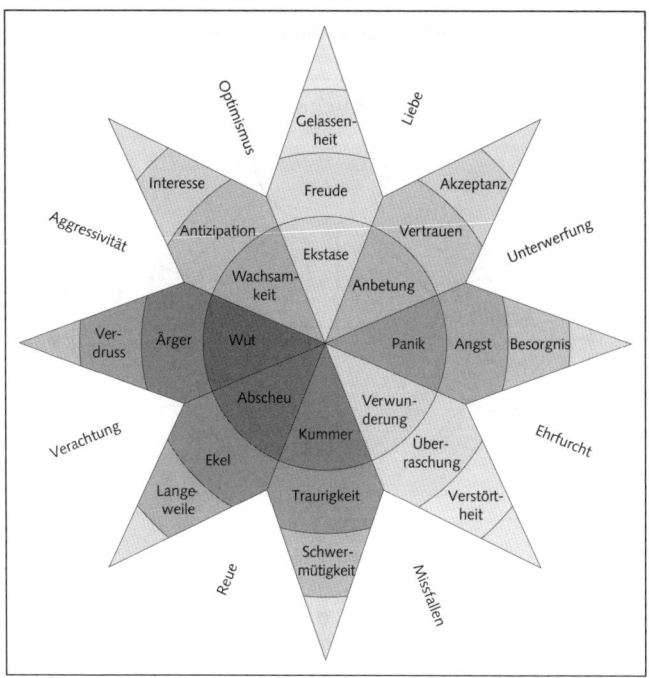

Abb. 7.1: Emotionsmodell nach Plutchik

Andere Forscher haben ähnliche, zum Teil detailliertere, Listen aufgestellt. Frijda (1996) bezieht seine Liste auf soziale Säugetiere und differenziert z. B. zwischen Bindung, Fürsorge und Kooperation. Je nach dem theoretischen Ansatz, der der Liste zugrundeliegt, und dem Grad des Details, das berücksichtigt wird, gibt es eine Reihe von plausiblen Möglichkeiten.

Man kann die Frage nach Basisemotionen auch auf der Basis eines Ausschlussverfahrens angehen. So sind soziale Emotionen wie Liebe nur für soziale Spezies relevant. Moralische Emotionen verlangen die fortgeschrittene kognitive Fähigkeit, Soll- und Ist-Zustände zu vergleichen. Demzufolge wären soziale Emotionen und moralische Emotionen keine Basisemotionen.

Andere Kriterien, die herangezogen wurden, sind, ob eine gegebene Emotion Verhalten motiviert (Arnold, 1960; Frijda, 1986)

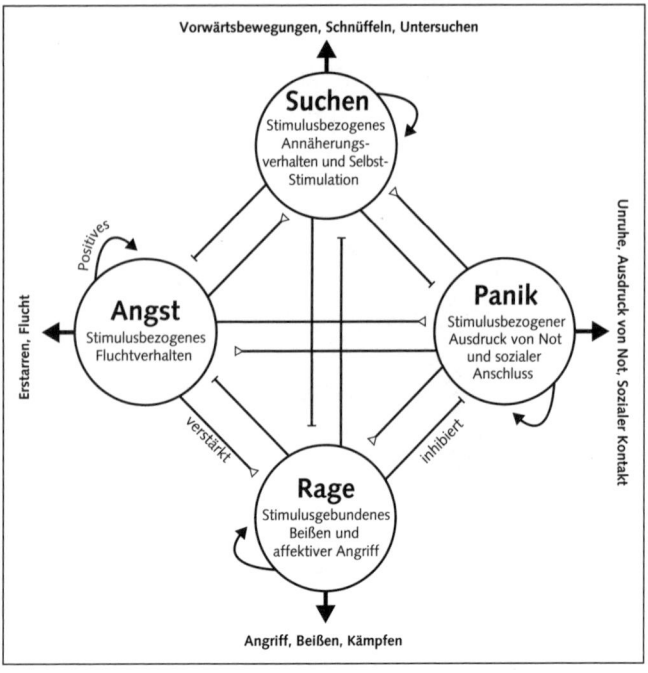

Abb. 7.2: Grundherausforderungen des Organismus nach Panksepp

oder ob sie (im Gesicht) kommuniziert wird (Ekman, 1999). In Anbetracht dieser Vielfalt von Kriterien ist es nicht verwunderlich, dass die Listen unterschiedlicher Autoren recht unterschiedlich ausfallen. Die bekannteste Liste wurde von Paul Ekman (1999) erstellt. Basisemotionen nach Ekman sind: Freude, Trauer, Ärger, Ekel, Furcht und Überraschung. Manchmal wird auch Verachtung hinzugenommen.

7.2 Emotionaler (Gesichts-)Ausdruck

Emotionen können nonverbal über die Stimme, die Haltung und das Gesicht vermittelt werden (Hess, 2015). Allerdings ist die Forschung zu diesen drei Kommunikationskanälen nicht gleich intensiv. So beschäftigt sich der weitaus größte Teil der Forschung zum emotionalen Ausdruck mit dem Gesicht. Forschung zum Stimmausdruck ist schon rarer, und die Haltung als Mittel des Emotionsausdrucks wird in der Forschung weitgehend vernachlässigt. Im Folgenden werden wir deshalb den Fokus auf den emotionalen Gesichtsausdruck legen.

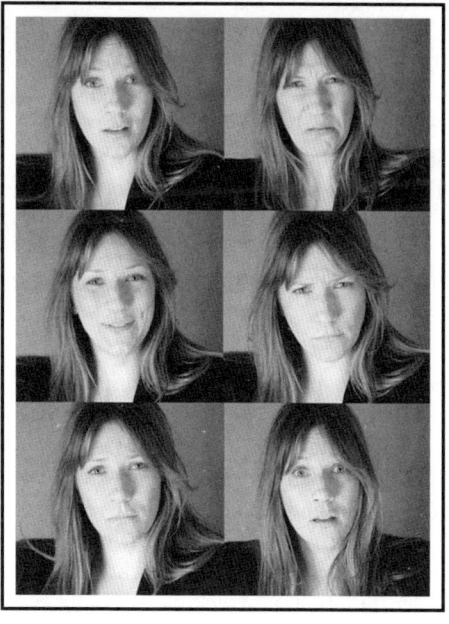

Abb. 7.3: Prototypische emotionale Gesichtsausdrücke (mit freundlicher Genehmigung, www.dasGehirn.info)

Nach Ekman (1999) sind Basisemotionen Emotionen, für die es universelle prototypische Gesichtsausdrücke gibt. Diese Ausdrücke werden in Abbildung 7.3 gezeigt. Diese von Ekman und Friesen (1978) beschriebenen prototypischen Gesichtsausdrücke werden von Menschen ab 10 Jahren generell gut erkannt (z. B., Ekman, 1972; Ekman et al., 1987; Elfenbein & Ambady, 2002; Izard, 1971). Hinweise auf eine genetische Verankerung dieser Ausdrücke finden sich in der ethologischen Forschung, die

Ähnlichkeiten zwischen den Ausdrücken von Menschen und nicht-menschlichen Primaten aufzeigt (e.g., Chevalier-Skolnikoff, 1973; Redican, 1982). Eine mittlerweile klassische Studie von Eibl-Eibesfeldt (1973) mit blinden und tauben Kindern fand, dass diese Ärger, Freude und andere Emotionen in entsprechenden Situationen zeigten, obwohl sie diese Ausdrücke nicht durch Modelllernen erlernt haben konnten.

Auch bei Erwachsenen zeigt es sich zwar, dass bestimmte Ausdrücke bei bestimmten Affekten (e.g., Cacioppo, Petty, Losch & Kim, 1986; Smith & Scott, 1997) und genau definierten Emotionen (Matsumoto & Willingham, 2006) gezeigt werden, dies ist aber bei weitem nicht immer der Fall (see Fernandez-Dols & Ruiz-Belda, 1997). In diesem Zusammenhang stellt sich dann auch die Frage, was Emotionsausdrücke eigentlich ausdrücken.

7.3 Was zeigen emotionale Gesichtsausdrücke wirklich?

Darwin ging in *Der Ausdruck der Gemütsbewegungen bei dem Menschen und den Tieren* ganz selbstverständlich davon aus, dass Emotionsausdruck Emotionen ausdrückt.[3] Genauer ging er davon aus, dass Emotionen den Organismus auf adaptives Verhalten vorbereiten, und während einige der damit verbundenen Veränderungen (z. B. Anstieg der Herzrate) nicht sichtbar sind, sind andere (z. B. Haltungsänderungen, Gesichtsausdrücke) sichtbar und stellen den Emotionsausdruck dar. Aus dieser Sicht ist der Ausdruck ursächlich mit der Emotion verbunden. In den folgenden 140 Jahren änderte sich diese Einschätzung immer wieder.

7.3.1 Frühes 20. Jahrhundert

Schon bald nachdem Darwin sein Buch veröffentlichte, gab es Kritiker, die Emotionsausdrücke als sozial gelernte oder kulturelle Signale verstanden. Insbesondere eine Reihe von Studien zu Anfang

---

3 Es klingt erst einmal logisch. Das Unlogische ist jedoch die nicht unbedeutende Literatur, die sagt, dass sie dies genau nicht tun.

des 20. Jahrhunderts fanden wenig Übereinstimmung in der Beurteilung von emotionalen Gesichtsausdrücken. Probanden waren im Allgemeinen nur schlecht dazu in der Lage, bestimmte Ausdrücke bestimmten Emotionen zuzuordnen, obwohl es auch Ausnahmen gab. Eine Sichtung dieser Literatur veranlasste Bruner und Tagiuri im 1954 erschienenen *Handbook of Social Psychology* zu der Aussage, dass »die Evidenz für die Erkennbarkeit von Emotionsausdrücken unklar ist« (p. 634). Sie kamen zu dem Schluss, dass emotionale Gesichtsausdrücke wahrscheinlich am ehesten noch kulturell gelernt seien. Diese Sicht blieb bis 1972 unverändert. In diesem Jahr veröffentlichten Ekman, Friesen und Ellsworth ein Buch mit dem Ziel, Darwins Ansatz zu verteidigen. Sie verwiesen dabei auf eklatante methodische Probleme in früherer Forschung, die keine Erkennung von Emotionsausdrücken nachweisen konnte, und stellten eigene Forschung vor, die die Erkennbarkeit von prototypischen Emotionsausdrücken belegte. Dieses Buch und weitere Studien von Ekman und Kollegen (e.g., Ekman, 1972; Ekman et al., 1987; Ekman, Sorenson & Friesen, 1969) sowie von Izard (z. B. Izard, 1971) führten zu der allgemeinen Sicht, dass prototypische Emotionsausdrücke erkennbar sind.

7.3.2 Behavioral Ecology Theory: Emotionen signalisieren Verhaltensabsichten

Schon Darwin (1872) hatte die Kommunikation von Handlungsabsichten als eine der wichtigsten Funktionen von Emotionen herausgestellt. Allerdings ging Darwin davon aus, dass der eigentliche Ausdruck ein Symptom der Emotion ist und die Wahrnehmung dieses Symptoms die implizierte Handlungsabsicht kommuniziert. Fridlunds Behavioral Ecology Theorie (1994), stellt diese Kommunikationsfunktion in den Mittelpunkt. Für Fridlund ist der Begriff »Emotionsausdruck« eine Fehlbezeichnung, da solche Ausdrücke nicht Emotionen ausdrücken, sondern ausschließlich Handlungsabsichten. Um wirklich kommunikativ zu sein, muss ein Ausdruck an die sozialen Motive des Organismus angebunden sein und nicht an quasi-reflexhafte Emotionen. Deshalb müssten Emotionsausdrücke von Emotionen unabhängig sein.

Fridlund bezog sich dabei insbesondere auf ein Problem, das er in Ekmans neokulturellen Theorie (Neocultural Theory, Ekman,

1972) sah. Fridlund kritisierte, dass Ekmans Zwei-Faktoren-Theorie davon ausgeht, dass es auf der einen Seite ein Emotionsprogramm gibt, das Emotionsausdrücke in Reaktion auf ein emotionales Ereignis auslöst und auf der anderen Seite soziale Normen diesen Prozess unterbrechen und den Ausdruck durch einen sozial adäquaten Ausdruck ersetzen. Er weist darauf hin, dass ein solcher Prozess zu langsam und aufwendig sei, wenn man bedenkt, wie rasch Gesichtsausdrucksreaktionen einem Ereignis folgen. Er ging deshalb davon aus, dass emotionale Ausdrücke nur von sozialen Motiven bestimmt werden.

Diese Sicht Fridlunds wurde in der Folge kritisiert. So fragt z. B. Parkinson (2005), wieso ein spezifischer Ausdruck an ein bestimmtes Motiv gekoppelt sein sollte oder warum es adaptiv sei, soziale Motive zu kommunizieren. Dies insbesondere, da die Ausdrücke ja vorgetäuscht werden können. Parkinson kommt aufgrund einer Literaturübersicht zu dem Schluss, dass Emotionsausdrücke auch beiden Funktionen, d. h. der Symptom- und der kommunikativen Symbolfunktion, dienen können. Diese Sicht wurde in einer Reihe von Studien bestätigt (z. B., Hess, Kappas & Banse, 1995; Jakobs, Manstead & Fischer, 1999, 2001). So zeigen Hess et al. (1995), in einer partiellen Replikation einer Studie von Fridlund, dass die Intensität des emotionalen Gesichtsausdrucks sowohl vom sozialen Kontext (und damit den sozialen Motiven) als auch vom emotionalen Inhalt eines Stimulus abhängt (▸ Kasten).

Hess, U., Kappas, A. & Banse, R. (1995). The intensity of facial expressions is determined by underlying affective state and social situation. *Journal of Personality and Social Psychology, 69,* 280–288.

Ist der Emotionsausdruck ein Symptom eines zugrundeliegenden Zustandes oder dient er ausschließlich dem Signalisieren bestimmter Motive an Außenstehende?

Zur Klärung dieser Fragen replizierten Hess und Kollegen teilweise ein Experiment von Fridlund (1991). Variiert wurde (a) der Grad der Anwesenheit einer weiteren Person, (b) ob die Person ein Fremder oder Freund war und (c) die Intensität des emotionsauslösenden Stimulus. Um den Einfluss dieser drei

Faktoren auf den Emotionsausdruck zu ermitteln, ließen die Autoren Probanden Videos ansehen, die unterschiedlich stark Freude oder Heiterkeit auslösten. Die Hälfte der Probanden wurde instruiert, einen Freund mitzubringen. Dieser sollte verschiedene Aufgaben übernehmen: a) Er sah die Filme zusammen mit dem Proband an, b) er sah vermeintlich die Filme zur gleichen Zeit in einem anderen Raum an, oder c) er füllte in einem anderen Raum einen Fragebogen aus, der mit den Filmen nichts zu tun hatte. Für die andere Hälfte der Probanden übernahm eine fremde Person diese Aufgaben. Zusätzlich zu einem objektiven Maß, dem Gesichtsausdruck gemessen an der Gesichtsmuskelaktivität, gaben die Probanden nach jedem Video in einem Fragebogen ihren momentanen emotionalen Zustand an. Probanden, die die Videos zusammen mit anderen sahen, zeigten mehr Muskelaktivität als Probanden in der vermeintlichen Ko-Beobachtung. Am wenigsten Muskelaktivität wurde verzeichnet, wenn die andere Person eine irrelevante Aufgabe erfüllte. Trennt man in der Analyse zwischen Freunden und Fremden, so zeigen sich diese Effekte nur für Situationen mit Freunden. Auch die Intensität des Inhalts der Videos spielt in der Muskelaktivität des Gesichts nur in Gegenwart von Freunden eine Rolle, nicht aber bei Fremden. Für Situationen, in denen Fremde anwesend waren, konnten weder durch die Intensität des Videos noch durch die unterschiedlichen sozialen Situationen Effekte auf die Muskelaktivitäten beobachtet werden. Die Probanden schienen eher generell, d. h. unabhängig von der konkreten Situation, von den Videos amüsiert zu sein. Die Autoren konnten mit der Studie zeigen, dass das Einbeziehen der sozialen Situation allein nicht ausreicht, um die Muskelaktivität im Gesicht und somit die Intensität des Emotionsausdrucks zu erklären. Vielmehr spielen mehrere Faktoren und deren komplexe Interaktion, wie die Interaktion zwischen sozialer Situation und dem emotionsauslösenden Reiz, beim Zeigen unserer Emotionen eine Rolle. So wird also das Zeigen von Emotionen nicht nur allein dessen Ausdruck oder allein dem Signalisieren von Handlungsabsichten dienen. Vielmehr dient der Emotionsausdruck mehreren Funktionen gleichzeitig.

7.3.3 Emotionsausdruck aus Sicht von Appraisaltheorien

Die oben genannten Studien können der konzeptuellen Kritik Fridlunds an der Neokulturellen Theorie Ekmans nicht begegnen, dass es nämlich unwahrscheinlich sei, dass Emotionsausdrücke erst durch ein Emotionsprogramm ausgelöst und dann durch soziale Normen unterdrückt werden. Die Frage ist, wie soziale Normen und Motive in den Emotionsauslösungsprozess einbezogen werden können, ohne einen aufwendigen Unterbrechungs- und Ersetzungsprozess zu postulieren. Eine Antwort darauf geben Appraisaltheorien. Appraisaltheorien (▶ Kap. 9) gehen davon aus, dass es die *persönliche Bewertung* eines (internen oder externen) Reizes im Hinblick auf bestimmte Kriterien ist, die Emotionen hervorruft und differenziert – nicht dessen *objektive* Eigenschaften. Zu diesen Kriterien gehört auch die Motivationslage des Individuums (e.g., Frijda, 1986; Scherer, 1984). Soziale Motive und Normen sind in dem Maße, in dem sie vom Individuum auch gutgeheißen und in das ideale Selbst integriert sind, motivationsrelevant und damit in den Emotionsauslöseprozess integriert, wodurch die Annahme eines Filters überflüssig wird. Dies wird an einem Beispiel deutlich. Wenn ich eine sehr gute Note erhalte, meine beste Freundin aber eine schlechte bekommt, sollte ich nicht vor ihr meiner Freude vollen Ausdruck verleihen. Diese soziale Regel kennen schon Grundschulkinder. Appraisaltheorien gehen davon aus, dass schon in der Bewertung des Ereignisses die Lage der Freundin mitberücksichtigt wird, so dass ich nicht erst eine starke Freudereaktion unterbinden muss, sondern von vornherein nur gedämpfte Freude zeige. Dieser Ansatz erklärt auch, warum Erwachsene eher selten starke prototypische Gesichtsausdrücke zeigen (▶ Kap. 6.2).

Zusammenfassung

Der Begriff »Basisemotion« geht davon aus, dass einige Emotionen fundamentaler sind als andere, die von diesen Basisemotionen abgeleitet werden. Es gibt unterschiedliche Kriterien, anhand derer man Basisemotionen definieren kann. Diese schließen evolutionäre Grundherausforderungen, Handlungstendenzen und Kommunikation ein. Die daraus jeweils abgeleiteten Listen sind demzufolge heterogen.

Insgesamt ergibt sich ein widersprüchliches Bild: Prototypische Gesichtsausdrücke werden generell gut erkannt und auch ohne Lernen gezeigt, aber von Erwachsenen trotzdem oft nicht bzw. nur in Teilen gezeigt.

Weder Ekmans Neokulturelle Theorie noch Fridlunds Behavioral Ecology Theory beschreiben zufriedenstellend, was Emotionsausdrücke ausdrücken. Vielmehr spricht einiges dafür, dass Emotionsausdrücke weder »reine« Emotionen ausdrücken noch »reine« Kommunikationssignale sind, sondern dass sie beide Funktionen erfüllen. Appraisaltheorien erlauben eine theoretische Untermauerung dieser Annahme.

Weiterführende Literatur

Ekman, P. (1993). Facial expression and emotion. *American Psychologist, 48*(4), 384–392.

Ekman, P. & Cordaro, D. (2011). »What is meant by calling emotions basic«. *Emotion Review 3*(4), 364–370.

Ekman, P. & Friesen, W. V. (1975). *Unmasking the face. A guide to recognizing emotions from facial clues.* Englewood Cliffs, NJ: Prentice-Hall.

Fridlund, A. J. (1994). *Human facial expression: An evolutionary view.* New York, NY: Academic Press.

Hess, U., Kappas, A. & Banse, R. (1995). The intensity of facial expressions is determined by underlying affective state and social situation. *Journal of Personality and Social Psychology, 69*, 280–288.

Jakobs, E., Manstead, A. S. R. & Fischer, A. H. (1999). Social motives and emotional feelings as determinants of facial displays: The case of smiling. *Personality and Social Psychology Bulletin, 25*, 424–435.

Kappas, A. (2009). Ausdruck: Kommunikations- und Regulationsmedium. In G. Stemmler (Hrsg.), *Enzyklopädie der Psychologie: Psychologie der Emotionen* (S. 387–443). Göttingen: Hogrefe.

Tracy, J. L. & Randles, D. (2011). Four models of basic emotions: A review of Ekman and Cordaro, Izard, Levenson, and Panksepp and Watt. *Emotion Review, 3*(4), 397–405.

Turner, T. J. & Ortony, A. (1992). Basic emotions: Can conflicting criteria converge? *Psychological Review, 99*(3), 566–571.

Fragen zur Selbstüberprüfung

- Was sind Basisemotionen?
- Woraus werden sie abgeleitet?
- Was drücken Emotionsausdrücke aus?

8 Klassische Emotionstheorien: Darwin und James

8.1 Einleitung

Moderne Emotionstheorien können grob in Abhängigkeit von der zentralen postulierten Funktion der Emotionen und dem zentralen postulierten Prozess in »Familien« klassifiziert werden. Unterschiedliche Autoren kommen dabei zu unterschiedlichen Ansichten in Bezug auf die Frage, was Emotionen eigentlich sind. Theorien in der Tradition Darwins (Darwin, 1872/1965; Ekman, 2006; Panksepp, 1998; Scherer, 1987) verstehen Emotion als evolutionäre Adaptionen. Für Theorien in der Tradition von William James (James, 1884) sind physiologische Prozesse zentral. Kognitive Theorien (Arnold, 1960; Frijda, 1986; Scherer, 1987) stellen die unbewussten und bewussten Informationsverarbeitungsprozesse, die Emotionen hervorrufen, in den Vordergrund. Die neurologischen Grundlagen des Emotionsprozesses werden von Theorien der affektiven Neurowissenschaften betont (Panksepp, 1998). Innerhalb dieser »Familien« haben unterschiedliche Theorien wiederum unterschiedliche Schwerpunkte. So betonen die Theorien von Frijda (Frijda, 1986) und Weiner (Weiner, 1986) die motivationale Funktion von Emotionen; Clore und Kollegen (Clore, Gasper & Garvin, 2001) hingegen die Funktion von Emotionen als Information. Alle drei Theorien sind jedoch im Ansatz kognitive Theorien. Dieses Klassifikationssystem ist in keiner Weise das einzig mögliche (vgl. z. B., Reisenzein, Meyer & Schützwohl, 2001). Auch können die einzelnen Theorien mehr als einer Kategorie sinnvoll zugeordnet werden. Trotzdem ist es möglich, übergreifende Aussagen über die Mitglieder einer »Familie« zu machen. Allen bis jetzt genannten Theorien ist gemeinsam, dass sie eine biologische Basis der Emotion annehmen. Dies steht im Gegensatz zu sogenannten postmodernen oder sozialkonstruktivistischen Emotionstheorien, die Emotionen als soziale Konstrukte oder soziale Rollen verstehen, die vornehmlich sozialen Zielen dienen (Armon-Jones, 1985, 1986; Lutz & White,

1986). Im Folgenden werden wir eine zentrale Theorie für jede Familie genauer beschreiben sowie auf Nachfolgetheorien eingehen.

Tab. 8.1: Emotionstheorien

Theorienfamilie	Repräsentative Vertreter
Evolutionäre Theorien	Charles Darwin Paul Ekman Robert Plutchik
Physiologische Theorien	William James Jesse Prinz Stanley Schachter & Jerome E. Singer
Kognitive Theorien	Magda Arnold Richard Lazarus Klaus Scherer Nico Frijda
Sozialkonstruktivistische Theorien	Claire Armon-Jones James Averill Catherine Lutz
Affektive Neurowissenschaften	Jaap Panksepp Joseph LeDoux

8.2 Evolutionäre Emotionstheorien: Charles Darwin

Ein zentraler Aspekt, der Darwins Theorie leitet, ist der Fokus auf den Emotionsausdruck. Seine Ausführungen beziehen sich allerdings weitgehend auch auf den Emotionsprozess an sich. Seine Grundthese ist dabei, dass Emotionsausdrücke (und Emotionen) durch natürliche Selektion entstanden sind und (zumindest in der Vergangenheit) eine wichtige adaptive Funktion hatten. In seinen Ausführungen geht Darwin sowohl von dem (erst später entdeckten) Vorgang der genetischen Vererbung als auch von einer Vererbung erworbener Eigenschaften (Lamarckismus, Lamarck, 1809) aus.

Laut Darwin haben Emotionsausdrücke die Form, die sie haben, weil die zugrundeliegenden Emotionen den Körper auf

Handlungen vorbereiten und den Körper vor Schaden schützen. Da wir z. B. bei Ekel eine schädliche Substanz ausstoßen wollen, wird im Ekelausdruck die Nase gerümpft und eine Art Brechgeräusch gemacht. Darwin betont dabei insbesondere den Kommunikationsaspekt des Ausdrucks, der für ihn einen zusätzlichen adaptiven Nutzen darstellt.

Darwin hatte dabei keinen Zweifel, dass es sich bei dem von ihm beschriebenen Ausdruckverhalten um die externe Manifestation eines internen Zustands handelt. Da aus seiner Sicht die Ausdrücke durch natürliche Selektion entstanden und vererbt sind, bezweifelte er auch nicht, dass sie universell, also in allen Kulturen anzutreffen sind. Er nahm weiterhin klare Parallelen und Antezedenzien menschlicher Emotionen in Tieremotionen an.

8.2.1 Darwins Prinzipien

Im ersten Teil seines Buches entwickelt Darwin drei Prinzipien: das Prinzip der zweckmäßigen Gewohnheit, das Prinzip des Gegensatzes und das Prinzip der direkten Wirkung des erregten Nervensystems auf den Körper, unabhängig vom Willen und zum Teil von der Gewohnheit. Diese Prinzipien sollen erklären, warum Emotionen so ausgedrückt werden, wie sie ausgedrückt werden.

Das Prinzip der zweckmäßigen Gewohnheit

Nach diesem Prinzip haben sich bestimmte Ausdrucksformen im Laufe der Evolution als nützlich erwiesen. Sie seien deshalb beibehalten und an Nachkommen weitervererbt worden. Darwin geht dabei am deutlichsten auf die Funktionalität bestimmter Ausdruckelemente ein. So sagt er zum Beispiel, dass das Anheben der Augenbrauen bei Überraschung nützlich sei, da so das Gesichtsfeld erweitert wird und die Augen leicht in alle Richtungen bewegt werden können.

Das Prinzip des Gegensatzes

Nach dem Prinzip des Gegensatzes wurden bestimmte Ausdrücke im Laufe der Evolution beibehalten, weil sie sich von einem durch zweckmäßige Gewohnheit bestimmten Ausdruck der entgegengesetzten Emotion besonders deutlich unterscheiden. So baut sich ein Hund, der angreifen will (Aggression), groß auf. Dies ist eine zweckmäßige Gewohnheit, da ein größerer Gegner gefährlicher aussieht und demzufolge den anderen schon im Vorfeld in die Flucht schlagen kann. Ein Hund, der sich unterwerfen will, macht sich hingegen klein. In diesem Abschnitt wird die kommunikative Funktion der Emotionen besonders in den Vordergrund gestellt und die Wichtigkeit der Klarheit des Ausdrucks betont. Forschung, die sich auf dieses Prinzip bezieht, findet sich vor allem im Gebiet der Tierkommunikation (see Hauser, 1996) im Hinblick auf Kommunikationsklarheit.

Das Prinzip der direkten Wirkung des erregten Nervensystems auf den Körper, unabhängig vom Willen und zum Teil von der Gewohnheit

Nach diesem Prinzip werden manche Ausdrücke gezeigt, weil das Nervensystem exzessive Anspannung entladen muss. Ein Beispiel wäre Lachen als quasi-krampfhafte Bewegung, die es erlaubt, einen Überfluss an nervöser Energie, wieder zu entladen, die sich durch physische oder psychische Anspannung aufgebaut hat. Um zu erklären, warum Menschen auch lachen, wenn ihnen etwas lustig erscheint, nutzt Darwin die Analogie des Kitzelns. Die Imagination wird durch eine absurde Idee »gekitzelt«, und dieses Kitzeln des Geistes löst analog zum Kitzeln des Körpers dann Lachen aus. Ein verwandter Vorschlag wurde von Hecker (1873) gemacht, der Lachen als einen beschützenden Reflex sah, der die respiratorischen und zirkulären Effekte von mentalem und physischem Kitzeln ausgleicht, die beide die vasomotorischen Nerven irritieren. Tatsächlich haben sowohl Studien, die auf subjektiven Selbstberichten beruhen (Fridlund & Loftis, 1990), als auch solche, die auf beobachtetem Verhalten beruhen (Harris & Christenfeld, 1997), Hinweise darauf gefunden, dass Personen, die dazu neigen zu lachen, wenn sie gekitzelt werden, auch eher lachen, wenn sie humoristische Stimuli sehen. Allerdings bleibt unklar, ob diese Ergebnisse darauf beruhen, dass manche Menschen einfach in allen Situation eher Lachen, oder ob sie auf den von Hecker und Darwin angenommenen kausalen Zusammenhang hinweisen (Harris & Christenfeld, 1997).

Mit Ausnahme der wenigen oben genannten Studien hatten Darwins Prinzipien allerdings wenig Einfluss auf die moderne Forschung. Im Gegensatz dazu hatten die von Darwin formulierten Grundgedanken, dass Emotionen im Laufe der Evolution entwickelt wurden, dass sie adaptiv sind und eine wichtige kommunikative Funktion erfüllen, allerdings einen sehr starken, bis heute andauernden Einfluss. Dies gilt auch für eine Reihe von beiläufigen Beobachtungen, aus denen sich ganze Forschungszweige entwickelten (▶ Kap. 8.2.2).

8.2.2 Nachfolgetheorien

Paul Ekman und Basisemotionen

Eine ausführliche Darstellung des Themas Basisemotionen findet sich in Kapitel 7. Der moderne Forscher, dessen Name mit Darwin am engsten verbunden ist, ist ohne Zweifel Paul Ekman. Die Renaissance der emotionalen Ausdrucksforschung geht auch weitgehend auf ihn und seine Kollegen (aber auch auf die Bemühungen von Caroll Izard) zurück. Der Stand der Forschung zu Basisemotionen wurde in Kapitel 7 zusammengefasst.

Von Darwin inspirierte Forschungsthemen

Darwin war ein begnadeter Beobachter, und sein Buch enthält viele Aussagen, die für ihn eigentlich Selbstverständlichkeiten ausdrückten, die dann zu eigenen Forschungszweigen aufblühten. Im Folgenden geben wir einen kurzen illustrativen Abriss solcher Forschung.

Mimikry. Für Darwin ist es eindeutig, dass Menschen eine starke unbewusste Tendenz haben, andere zu imitieren. Diese Imitation des nonverbalen Verhaltens anderer wird auch Mimikry genannt (▶ Kap. 12.2). Ausgehend von Studien von Meltzhoff und Moore (1983) mit Babys und von Dimberg (1982) mit Erwachsenen, die zeigen, dass Beobachter den emotionalen Gesichtsausdruck anderer imitieren und dass diese Imitation automatisch abläuft (Dimberg, Thunberg & Grunedal, 2002), sowie weiteren Studien zur Imitation von Haltung und

Körperbewegungen (Chartrand & Bargh, 1999), hat sich die Forschung zur Verhaltensimitation zu einem eigenen Forschungszweig entwickelt. Als Funktion von Mimikry gilt dabei im Wesentlichen der Aufbau von Rapport in einer Interaktion, weshalb Mimikry auch als »sozialer Klebstoff« bezeichnet wird (Lakin, Jefferis, Cheng & Chartrand, 2003). Dabei kommuniziert Mimikry auch, dass man die Emotion des Gegenübers versteht und akzeptiert (Bavelas, Black, Lemery & Mullett, 1986; Hess & Fischer, 2013). Für die Annahme, dass Mimikry es auch erleichtert, Emotionen zu erkennen, gibt es dahingegen weniger Evidenz (vgl. Hess & Fischer, 2013).

Gesichts-Feedback. Gesichtsfeedbacktheorien (Facial-Feedbacktheorien) werden im Allgemeinen im Rahmen von physiologischen Theorien in der Tradition von James diskutiert (▶ Kap. 8.2). Allerdings hat auch Darwin darauf verwiesen, dass in der Gegenwart eines emotionsauslösenden Reizes die resultierende Emotion dadurch reduziert oder verstärkt werden kann, dass der Ausdruck entsprechend reduziert oder verstärkt wird.

Duchenne-Lächeln. Darwin verweist in seinem Buch auch auf die Arbeiten von Duchenne de Bologne (1862/1990), der mittels elektrischer Stimulation der Gesichtsmuskeln Gesichtsausdrücke untersuchte. Duchenne stellte fest, dass ein Lächeln, das nicht von einer Kontraktion des *Orbicularis Oculi*, des Muskels der die »Lachfältchen« um die Augen produziert, begleitet wird, als eher unecht empfunden wird. Darwin legte großen Wert auf Duchennes Beobachtungen, die er in seinem Buch auch ausführlich schildert. Duchennes Arbeiten gerieten allerdings in der Folgezeit in Vergessenheit, und so erwähnen zum Beispiel Ekman und Friesen (1982) in einer frühen Arbeit zum gefühlten und gestellten Lächeln Duchenne nicht, obwohl sie zu dem gleichen Schluss kommen. Heutzutage werden Duchennes Arbeiten anerkannt und das sogenannte »echte Lächeln« wird auch als Duchenne-Lächeln bezeichnet. In westlichen Kulturen wurde seine Funktion, »Echtheit« zu signalisieren, auch vielfach bestätigt (e.g., Frank & Ekman, 1993; Frank, Ekman & Friesen, 1993; Grandey, Fisk, Mattila, Jansen & Sideman, 2005). Es gibt aber Hinweise darauf, dass dies in nicht westlichen, asiatischen und afrikanischen Kulturen nicht der Fall ist (Thibault, Levesque, Gosselin & Hess, 2012).

8.3 Physiologische Emotionstheorien: William James

Für James (James, 1884) sind die körperlichen Reaktionen das zentrale Element des Emotionsprozesses. James stellt zunächst fest, dass nach dem gesunden Menschenverstand davon ausgegangen wird, dass wir erst ein Ereignis wahrnehmen (z. B. einen Bären im Wald, was ja in New England durchaus vorkommt), und dann eine emotionale Reaktion haben (Furcht), die dann zu körperlichen Veränderungen (Herzrasen) und Handlungen (Flucht) führt (▶ Abb. 8.1). Nach James ist die Reihenfolge der letzten beiden Elemente umgekehrt. Erst kommt es zu körperlichen Veränderungen und Handlungen, und die Wahrnehmung dieser Veränderung ist dann die Emotion (im Sinne des subjektiven Gefühls).

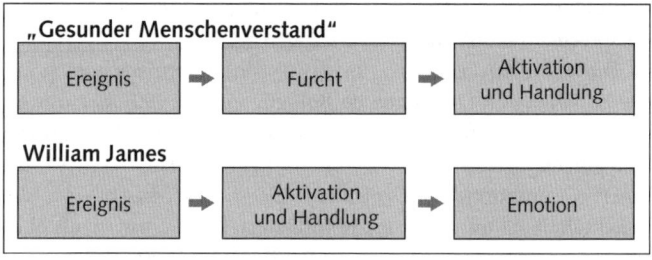

Abb. 8.1: Emotionsprozess nach James

James kommt zu diesem Schluss, weil er davon ausgeht, dass, wenn wir uns eine starke Emotion vorstellen und versuchen, jedes körperliche Empfinden davon abzuziehen, nichts mehr übrigbleibt. Für ihn ist eine solche entkörperlichte Emotion ein Nichts.

Von dieser Beobachtung ausgehend, schlägt James dann vor, dass das, was wir als Emotion verstehen, nichts Anderes ist als die Wahrnehmung körperlicher Veränderungen. Es ist dabei wichtig zu beachten, dass James, wenn er von der Wahrnehmung (Perzeption) des Ereignisses spricht, eigentlich Apperzeption meint (Ellsworth, 1994). D. h. eine Person, die einen Bären wahrnimmt, wird sich gleichzeitig auch der Eigenschaften des Bären bewusst – u. a., dass er gefährlich ist.

James' Sicht der Emotion unterscheidet sich von anderen Emotionstheorien dadurch, dass er Emotion mehr oder weniger mit subjektivem Gefühl gleichsetzt. Im Gegensatz dazu versteht z. B. Darwin Gefühle als integralen Teil der Emotion, nicht als deren Resultat. Für Appraisaltheorien ist das subjektive Gefühl nur eines von mehreren Komponenten. Auch die Betonung der Tieremotionen in den affektiven Neurowissenschaften schließt eine Eingrenzung auf das subjektive Gefühl aus.

Im Hinblick auf die spätere Kritik an James' Theorie ist es auch wichtig festzustellen, was er mit körperlichen Veränderungen meint. Dazu gehören in seiner ursprünglichen (1884) Theorie zum einen viszerale Veränderungen, aber auch die skeletomuskulären Ausdrucksveränderungen, eben alle »Manifestationen« der Emotion, einschließlich instrumentaler Handlungen. Die Theorie, dass skeletomuskuläre Veränderungen Emotionen auslösen können, wird im Rahmen der Forschung zum Gesichtsfeedback (Facial Feedback Hypothesis, Duclos et al., 1989; Hess, Kappas, McHugo, Lanzetta & Kleck, 1992; Strack, 1988; Tourangeau & Ellsworth, 1979) auch heute noch weiterverfolgt (▶ Kap. 8.2).

Nur wenig später stellte Lange (1885; deutsch 1887) dann eine sehr ähnliche Theorie vor, weshalb die Theorie auch oft als James-Lange-Theorie bezeichnet wird. Im Gegensatz zu James, der wie oben gesagt in dieser Hinsicht wenig spezifisch war, ging Lange von fixen, emotionsspezifischen viszeralen Mustern aus. Diese Sicht übernahm James in einer überarbeiteten Fassung seiner Theorie (James, 1894) ebenfalls. Es ist diese Vorstellung, später als autonomische Spezifizität bezeichnet (autonomic specificity, Ekman, Levenson & Friesen, 1983), die von Walter Canon angegriffen wurde. Canon (1927, S. 108-113) fasste für seine Kritik die Ergebnisse verschiedener Studien an Tieren zusammen:

1. Die Trennung der Viszera (Eingeweide) vom Zentralnervensystem führt nicht zu einer Veränderung des emotionalen Verhaltens.
2. Dieselben Veränderungen der Viszera treten bei verschiedenen emotionalen und auch non-emotionalen Zuständen auf.
3. Die Viszera sind relativ unempfindliche Organe.
4. Die viszeralen Veränderungen sind zu langsam, um die Quelle des emotionalen Empfindens zu sein.

5. Das künstliche Herbeiführen von viszeralen Veränderungen, die für starke Emotionen typisch sind, lösen diese nicht aus.

Im späteren Verlauf wurden diese Kritikpunkte zum Teil wiederlegt (vgl., Reisenzein et al., 2001). So gibt es zum Beispiel Hinweise auf autonomische Spezifität, wenn der zugrundeliegende emotionale Zustand hinreichend spezifiziert wird (Kreibig, 2010). Im Großen und Ganzen ist jedoch die James-Lange-Theorie in der vorgestellten Form nicht haltbar. Cannons Kritik führte zu einer weitgehenden Ablehnung der James-Lange-Theorie. Eine Reihe von Nachfolgetheorien baute allerdings auf James' Theorie auf: sie werden im Folgenden beschrieben.

8.3.1 Nachfolgetheorien

Die Facial-Feedback-Theorie

Die Gesichtsfeedbacktheorie (die allerdings auch auf Feedback von anderen Ausdruckskomponenten erweitert wurde) kann auf Darwin (▸ Kap. 8.1), aber direkter noch auf James zurückgeführt werden. So sagt James (1884, S. 197), dass das willkürliche Auslösen einer der Manifestationen einer bestimmten Emotion die Emotion selbst auslöst. In klassischen Studien zeigt sich, dass Probanden, die unter einem Vorwand angehalten werden, einen bestimmten Gesichtsausdruck zu zeigen, oder die am Zeigen des Ausdrucks gehindert werden, eine entsprechende Verstärkung oder Schwächung einer gleichzeitig ausgelösten Emotion zeigen.

Tourangeau und Ellsworth (1979) unterscheiden drei Versionen der Gesichtsfeedbacktheorie:

1. Die Monotonie-Hypothese (von dem mathematischen Begriff für Einförmigkeit): Facial-Feedback verstärkt oder schwächt das Erleben einer bereits ausgelösten Emotion.
2. Die Suffizienz-Hypothese: Facial-Feedback erzeugt die Emotion.
3. Die Notwendigkeitshypothese: Facial-Feedback ist für das Emotionserleben notwendig.

Für die letzte dieser Hypothesen gibt es keinen Beleg. Die Monotonie-Hypothese ist von einer Vielzahl von Studien gut belegt (Cappella, 1993; Matsumoto, 1987; McIntosh, 1996; Tourangeau

& Ellsworth, 1979). Auch für die Suffizienz-Hypothese gibt es einige Hinweise (e.g., Philippot, Chapelle & Blairy, 2002). Neuere Studien zeigen, dass diese Effekte nicht auf Experimentatoreffekte, naive Emotionstheorien der Probanden oder Ablenkung durch die experimentelle Manipulation erklärt werden können (Davis, Senghas & Ochsner, 2009).

Der Effekt ist nicht auf Gesichtsausdrücke beschränkt, auch Haltung kann Emotionen verstärken oder schwächen. So gaben Probanden an, über eine Leistung mehr Stolz zu empfinden, wenn sie die Leistungsinformation in aufrechter Haltung erhielten, als wenn sie sie in zusammengesackter Position erhielten (Stepper & Strack, 1993).

> **Stepper, S. & Strack, F. (1993). Proprioceptive determinants of affective and nonaffective feelings. *Journal of Personality and Social Psychology, 64*(2), 211–220.**
> Kann die Facial-Feedback-Hypothese auch auf andere Kanäle des Emotionsausdrucks ausgeweitet werden?
> Stepper und Strack (Studie 1) ließen Studenten entweder eine sehr gerade Körperhaltung einnehmen, die an Stolz erinnert, oder eine zusammengesunkene Haltung, während sie zwei kognitive Aufgaben lösten und Fragebögen beantworten mussten. Manipuliert wurden die Körperhaltungen über unterschiedliche Höhen der Arbeitstische mit einer geschickten Cover-Story. Die Studenten glaubten, sie nähmen an einer Studie zur Arbeitsplatzergonomie teil. Somit konnten die Autoren einen wichtigen Faktor ausschließen: die bewusste Interpretation der Köperhaltung als Ausdruck einer Emotion. Um Stolz bei den Probanden zu induzieren, erhielten die Teilnehmer anschließend an die Aufgaben ein sehr positives Leistungsfeedback, wobei bei der Hälfte der Probanden die Haltung noch einmal gewechselt wurde.
> Die Körperhaltung während der Emotionsinduktion, nicht aber die Körperhaltung während der Aufgabe, beeinflusste die Intensität der Emotion. Probanden berichteten mehr Stolz, wenn sie zum Zeitpunkt des Feedbacks in eine sehr aufrechte Haltung wechselten, unabhängig davon, in welcher Position die kognitive Aufgabe erledigt wurde. Umgekehrt wurde weniger

> Stolz berichtet, wenn von einer normalen in eine gekrümmte Körperhaltung gewechselt wurde. Stepper und Strack konnten hiermit zeigen, dass die Körperhaltung und damit propriozeptive Reize einen direkten Einfluss auf unser Emotionserleben haben.

Schachters Zwei-Faktoren-Theorie der Emotion

Stanley Schachter (Schachter, 1964; Schachter & Singer, 1962) baut auf der Theorie von James auf, ergänzt sie aber durch eine kognitive Komponente. Deshalb wird diese Theorie auch oft als kognitiv-physiologisch bezeichnet. Das von James und Lange postulierte spezifische Erregungsmuster wird durch eine diffuse physiologische Erregung ersetzt. Zu dieser kommt eine »erklärende« Kognition, und zusammen bilden diese Komponenten dann die Emotion: Physiologische Erregung + Kognition = Emotion.

Die Theorie war extrem einflussreich und wurde lange Zeit in Einführungstexten zur Psychologie als führende Emotionstheorie dargestellt. Zum Teil ist dies auch heute noch der Fall. Dies, obwohl das Experiment von Schachter und Singer (1962) nie repliziert wurde, auch von Schachter selbst nicht. Insgesamt ist die empirische Evidenz für diese Theorie sehr dünn, da schon das Experiment von Schachter und Singer erhebliche methodische Probleme aufweist (vgl., Reisenzein et al., 2001). Auf der Basis einer Literaturübersicht kommt Reisenzein (1983) zu dem Schluss, dass nur einer der von Schachter postulierten Prozesse, die Fehlattribution von physiologischer Erregung, als empirisch erwiesen gesehen werden kann. Für das zentrale Postulat, dass Erregung für den Emotionsprozess *notwendig* sei, gibt es keine überzeugenden Belege. Auch ist es so, dass Fehlattribution von physiologischer Erregung zwar emotionale Zustände intensiviert, dies aber nicht geschieht wie von Schachter postuliert, weil die Erregung zunächst als unerklärt empfunden wird und dann eine Erklärung gesucht wird. Die Theorie hatte trotzdem einen wichtigen Einfluss auf die Emotionsforschung, da sie die Aufmerksamkeit auf die Rolle von Kognitionen lenkte. Auch erwies sich die Forschung zur Fehlattribution von Erregung als fruchtbar.

8.3.2 Die Fehlattribution von physiologischer Erregung

Wenn physiologische Erregung auftritt, kann dies auf emotionalen Ursachen beruhen (Ich habe Angst vor einem Gewitter) oder auch auf nicht-emotionalen Ursachen (Ich bin die Treppe hochgerannt). Diese Erregung kann ich nun entweder der richtigen Ursache zuschreiben oder einer falschen. Im letzten Falle kommt es zu einer Fehlattribution. Zwei Fehlattributionen sind dabei von besonderem Interesse: die Zuschreibung einer nicht-emotionalen oder emotionalen Erregung auf eine andere, *emotionale* Ursache, und die Zuschreibung einer emotionalen Erregung auf eine *nicht-*emotionale Ursache.

Zusammenfassung

Darwin entwickelte drei Prinzipien: das Prinzip der zweckmäßigen Gewohnheit, das Prinzip des Gegensatzes und das Prinzip der direkten Wirkung des erregten Nervensystems auf den Körper, unabhängig vom Willen und zum Teil von der Gewohnheit. Der besondere Beitrag Darwins lag allerdings nicht in der Formulierung dieser Prinzipien, sondern in seinen Grundgedanken zur adaptiven und kommunikativen Funktion von Emotionen, sowie in einer Reihe von Beobachtungen, die weitere Forschung anregten.

Nach James führt die Wahrnehmung (Apperzeption) eines Ereignisses zu körperlichen Veränderungen und Handlungen, und die Wahrnehmung dieser Veränderung ist dann die Emotion (im Sinne des subjektiven Gefühls). Cannon gründete seine Kritik an James darauf, dass Reaktionen der Viszera nicht den von James und Lange gemachten Annahmen entsprechen.

James' Theorie hat eine Reihe von Nachfolgetheorien inspiriert. So wurde die Facial-Feedback-Hypothese, die auch Darwin schon angedeutet hat, von James direkt ausformuliert.

Die bekannteste und einflussreichste Nachfolgetheorie ist die Zwei-Faktoren-Theorie von Schachter, die allerdings empirisch kaum belegt ist. Schachters Theorie hat die Aufmerksamkeit der Forschung auf die Rolle der Kognition im Emotionsprozess gelenkt und zu Forschung zur Fehlattribution von physiologischer Erregung geführt, was immerhin klinische Relevanz hat.

Weiterführende Literatur

Cappella, J. N. (1993). The facial feedback hypothesis in human interaction: Review and speculation. *Journal of Language and Social Psychology, 12*, 13–29.

Cornelius, R. R. (1996). *The science of emotion: Research and tradition in the psychology of emotions.* Englewood Cliffs, NJ: Prentice-Hall.

Hess, U. & Thibault, P. (2009). Darwin and emotion expression. *American Psychologist, 64*, 120–128.

Kreibig, S. D. (2010). Autonomic nervous system activity in emotion: A review. *Biological Psychology, 84*(3), 394–421.

Reisenzein, R. (1983). The Schachter Theory of Emotion: Two Decades Later. *Psychological Bulletin, 94*, 239–264.

Fragen zur Selbstüberprüfung

- Welchen Einfluss hatte Darwin auf die moderne Emotionsforschung?
- Was sind die Hauptmerkmale von James' Theorie?
- Was sind die Hauptkritikpunkte?
- Welche Auswirkungen auf die weitere Forschung hatte Schachters Zwei-Faktoren-Theorie?
- Was ist Facial-Feedback?

9 Kognitive Emotionstheorien: Appraisaltheorien

9.1 Grundlagen der Appraisaltheorien

In den 80er Jahren des 20. Jahrhunderts formulieren mehrere Forscher (e.g., Frijda, 1986; Oatley & Johnson-Laird, 1987; Ortony, Clore & Collins, 1988; Roseman, 1984; Scherer, 1987; Smith & Ellsworth, 1985) relativ unabhängig voneinander sogenannte Appraisaltheorien der Emotion. Appraisaltheorien, im deutschsprachigen Raum auch (kognitive) Bewertungstheorien oder (kognitive) Einschätzungstheorien genannt, befassen sich mit den unbewussten und bewussten Informationsverarbeitungsprozessen, die Emotionen hervorrufen. Appraisals sind Prozesse der Informationsverarbeitung, die als hinreichende und von manchen Autoren auch als notwendige Auslöser emotionaler Zustände postuliert werden. Appraisaltheorien verstehen Emotionen als adaptive Reaktionen auf Umweltreize. Die Umweltreize werden dabei einer *persönlichen* Bewertung in Bezug auf den bewertenden Organismus unterzogen. Es geht also nicht um die objektiven Eigenschaften des Reizes, sondern um seine Bedeutung für den spezifischen Organismus. Wichtig ist, dass es sich dabei um *intuitive, direkte Bewertungen* handelt – *nicht* um das Produkt angestrengten Nachdenkens. Diese Wahrnehmung ist holistisch und unmittelbar (siehe, Kappas, 2001, 2006). Es ist nicht einmal nötig, ein Objekt bewusst zu erkennen oder es benennen zu können, um eine intuitive affektive Einschätzung zu erlangen (Arnold, 1960; Zajonc, 1980).

Diese persönliche Bewertung des Ereignisses erklärt auch, …

- warum die gleiche objektive Situation in verschiedenen Personen unterschiedliche Emotionen hervorruft – weil sie von unterschiedlichen Personen, wie im Bärenszenario, unterschiedlich bewertet wird;
- warum objektiv unterschiedliche Situationen in verschiedenen Personen die gleiche Emotion hervorrufen – weil sie zu der gleichen Bewertung führen;

- warum der gleiche Stimulus in einer Person zu unterschiedlichen Zeiten unterschiedliche Emotionen hervorrufen kann – weil die gleiche Situation, bei anderer Motivationslage oder unter anderen Ressourcen anderes bewertet wird.

Trotz der Unterschiede zwischen den verschiedenen Appraisaltheorien ist es möglich, ein vereinfachtes, allgemeines Modell der modernen Appraisaltheorien zu beschreiben (s. a. Scherer, 1988). Danach besteht der erste Bewertungsprozess in den meisten Theorien aus der Feststellung einer eingetretenen oder zu erwartenden Veränderung in Bezug auf interne oder externe Reize. Diese Veränderung wird dann daraufhin bewertet, inwieweit sie für den Organismus positiv bzw. nützlich oder negativ bzw. schädlich ist. Dabei wird auch bewertet, ob die Veränderung den momentanen motivationalen Bestrebungen des Organismus förderlich oder hinderlich ist. Der Organismus bewertet weiterhin seine Fähigkeit, die Veränderung zu bewältigen oder sich der Veränderung anzupassen. Außerdem wird auch die Übereinstimmung mit den relevanten sozialen und persönlichen Normen bewertet. Diese Bewertungen sind auf unterschiedlichen Ebenen möglich. So kann ich leicht die Information, dass ich Schokolade mag und Brokkoli verabscheue, direkt aus dem Gedächtnis abfragen, um die Annehmlichkeit des Reizes zu bewerten. Schemata erlauben es, die vorhandenen Ressourcen zu bewerten. So kann eine Katze, die von einem Hund bedroht wird, auf ihr Körperschema zugreifen, um einzuschätzen, welche Erfolgschancen sie in einem Kampf hätte (Leventhal & Scherer, 1987).

9.2 Eine erste psychologische Appraisaltheorie: Magda Arnold

Zwei Schüler von Franz Brentano (1838–1917), Carl Stumpf (1848–1936) und Alexius Meinong (1880–1920) entwickelten innerhalb des konzeptuellen Rahmens der Brentano'schen Psychologie der Intentionalität kognitive Emotionstheorien (siehe Reisenzein, 2003; Reisenzein & Schönpflug, 1992). Diese beruhten allerdings weder auf empirischen Befunden, noch waren sie mit diesen unterlegt.

9 Kognitive Emotionstheorien: Appraisaltheorien

Die erste psychologische Appraisaltheorie wurde 1960 von Magda Arnold, der die Theorien von Stumpf und Meinong nicht bekannt waren, in ihrem Buch *Emotion and Personality* entwickelt, in dem sie die empirischen Befunde der Zeit zusammenfasste. Arnolds Theorie enthält bereits alle Grundelemente moderner Appraisaltheorien. Ausgangspunkt der Theorie von Arnold war die Beobachtung, dass ein zentrales ungelöstes Problem der damals vorherrschenden, behavioristischen Emotionstheorien die Frage nach der Auslösung spezifischer Emotionen war. Zur Lösung dieses Problems schlug Arnold vor, dass die Entstehung von Emotionen auf einem Prozess der *Einschätzung* (Appraisal) von Objekten beruht. Dieser Einschätzungsprozess enthält im Kern eine *Bewertung* des auslösenden Objekts oder Sachverhalts *im Hinblick auf das Individuum und seine Bedürfnisse*. Arnold betonte, dass es sich dabei in aller Regel um eine *intuitive, direkte Bewertung* handelt. Die Konsequenz dieses Einschätzungsprozesses ist die Aktivierung von bestimmten Handlungstendenzen, deren Funktion die Anpassung des Individuums an die wahrgenommene Situation ist. Das erlebte Gefühl ist nach Arnold nichts anderes als das Erleben dieser Handlungstendenzen. Eine sehr ähnliche Ansicht vertritt auch Frijda (1986). Neben der Bewertung »gut, angenehm für mich/schlecht, unangenehm für mich« berücksichtigt sie die Relevanz des Ereignisses – nur relevante Objekte und Ereignisse können Emotionen auslösen. Wenn ich mich gar nicht für einen Sport interessiere, wird mich die Nachricht, welches Team gewonnen hat, nicht bewegen. Weitere Bewertungsdimensionen sind nach Arnold »Anwesenheit-Abwesenheit« und »Bewältigungspotential«. So wäre dann Ärger, die Bewertung eines anwesenden Objekts, als nicht wünschenswert aber zu bewältigen.

Zunächst hatte Arnolds Theorie wenig Einfluss – auch wegen der damals vorherrschenden behavioristischen Strömung in der Psychologie. Die auf Arnold aufbauende Theorie von Lazarus (▶ Kap. 8.3.3) war dagegen sehr erfolgreich. Dies vermutlich, weil sie sich auf Stress beschränkte und auch empirisch gut belegt war.

9.3 Lazarus' Theorie der Stressemotionen

Die von Richard Lazarus (Lazarus, 1974) entwickelte Stresstheorie führte den Appraisal-Begriff in die »Mainstream«-Psychologie ein und bereitete damit den Weg für die späteren Appraisaltheorien, unter anderem auch – fast 30 Jahre nach seinen Arbeiten zum Thema Stress – für eine später von Lazarus (Lazarus, 1991) selbst entwickelte Emotionstheorie. Besonders in seinen frühen Veröffentlichungen bezieht sich Lazarus dabei explizit auf Magda Arnold.

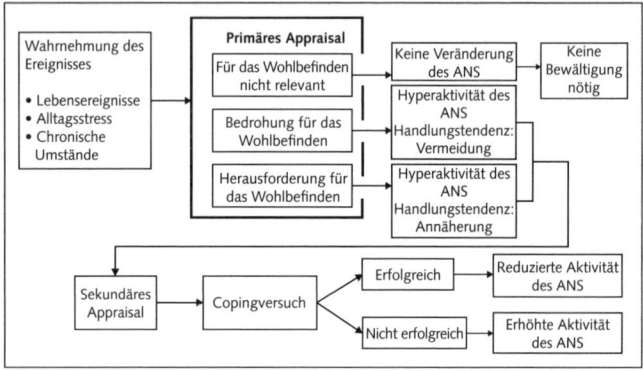

Abb. 9.1: Der Emotionsprozess nach Lazarus (adaptiert nach Reeve, 2009, S. 349)

Im Kern von Lazarus' Stressmodell steht die persönliche Bewertung des Ereignisses. Stress entsteht, wenn das Individuum das Ereignis als eine Bedrohung für sein Wohlbefinden wahrnimmt. Deshalb kann das gleiche Ereignis ein Stressor sein oder auch nicht, je nach der kognitiven Einschätzung der Bedeutung des Ereignisses für das Individuum (Speisman, Lazarus, Mordkoff & Davison, 1964). Die Betonung der individuellen Bewertung steht im Gegensatz zu Stressmodellen, in denen bestimmte Lebensereignisse (z. B. der Wechsel der Arbeitsstelle) generell als Stressoren betrachtet werden, ungeachtet der Motivationslage und der Ressourcen des Individuums (z. B., Holmes & Rahe, 1967). Für Lazarus wird ein Ereignis nur zum Stressor, wenn es als Bedrohung wahrgenommen wird. Lazarus unterscheidet ein primäres

Appraisal, das Arnolds Bewertungsdimensionen anwesend/abwesend und positiv/negativ kombiniert und in dem das Ereignis zunächst als Bedrohung oder Herausforderung bewertet wird, und ein sekundäres Appraisal, in dem das Bewältigungspotential bewertet wird. Es bleibt dabei nicht bei einer einmaligen Bewertung, sondern es werden immer wieder Neueinschätzungen vorgenommen (Reappraisal), die das Ergebnis der Bewertung verändern können. So können z. B. durch problemorientiertes Coping zusätzliche Ressourcen aufgetan werden oder durch emotionsorientiertes Coping die Relevanz der Situation neu eingeschätzt werden, so dass im Reappraisal nun ein anderes Ergebnis zustande kommt. Das Konzept der Neueinschätzung spielt auch eine bedeutende Rolle in aktuellen Diskussionen zur Emotionsregulation (z. B. Gross, Richards & John, 2006). Wichtig ist ebenso, dass Lazarus auch alltäglichen Stressoren eine wichtige Rolle zuschreibt (DeLongis, Folkman & Lazarus, 1988). Ein Unterschied zu Arnold und auch zu späteren Appraisaltheorien ist die größere Gewichtung von bewussten Bewertungen. Obwohl Lazarus im Laufe der Jahre wiederholt die Bedeutung automatischer Appraisals unterstrich, lag der Schwerpunkt seiner Theorie wie auch der Methodik seiner empirischen Untersuchungen auf bewussten Bewertungsprozessen (z. B. Verwendung von Fragebögen). In einer Reihe von mittlerweile klassischen Laborstudien wurde die Stresstheorie von Lazarus erfolgreich empirisch überprüft (z. B. Speisman, Lazarus, Mordkoff & Davidson, 1964; Lazarus & Alfert, 1964).

Lazarus, R. S. & Alfert, E. (1964). Short-circuiting of threat by experimentally altering cognitive appraisal. *Journal of Abnormal and Social Psychology,* **69,** 195–205.
In der klassischen Studie von Lazarus und Alfert (1964) sahen Probanden einen stressauslösenden anthropologischen Film über ein Subinzisionsritual (Stammesritual). In der Kontrollbedingung wurde der Film einfach unkommentiert gezeigt. In den beiden anderen Bedingungen erhielten die Probanden zusätzliche Informationen über die Bedeutung des Rituals, das ein wichtiges und freudiges Ereignis für den Stamm sei. Diese Information wurde entweder vor dem Film oder als Tonspur

> während des Filmes gegeben. Die Ergebnisse zeigten, dass die Stressreaktion in den beiden Informationsbedingungen deutlich niedriger war als in der Kontrollbedingung, da die Information einen Rahmen zur Einordnung und Bewältigung der visuellen Information gab. Erwartungsgemäß war der Effekt am deutlichsten, wenn die Information vor dem Film gegeben wurde, da dies erlaubt, von Anfang an Erwartungen und Bewertungen entsprechend anzupassen.

In späteren Jahren erweiterte Lazarus sein Modell zu einer vollständigen Emotionstheorie (Lazarus, 1991). Ein besonderer Aspekt der Theorie sind die sogenannten *core relational themes*. Dies sind die Kernthemen der jeweiligen Emotion. Lazarus geht davon aus, dass es für jede Emotion eine prototypische Beziehung zwischen dem Organismus und seiner Umwelt gibt, die sich in einem typischen Appraisalmuster niederschlägt. So ist das Kernthema für Trauer ein unwiderruflicher Verlust, das Kernthema für Freude gutes Vorankommen bei der Realisierung eigener Ziele und das Kernthema für Furcht eine konkrete, plötzliche und nicht zu bewältigende Gefahr.

9.4 Moderne Appraisaltheorien

In den 1980er Jahren wurde eine Reihe von modernen Appraisaltheorien entwickelt. Diese Theorien weisen eine Reihe von Unterschieden auf, teilen aber wesentliche Strukturelemente. Ellsworth und Scherer (2003) haben diese überlappenden Elemente in einer Tabelle beispielhaft für vier dieser Theorien dargestellt (▶ Tab. 9.1).

Die zentralen Appraisaldimensionen sind dabei durch Neuigkeit, Valenz, Ziele/Bedürfnisse, die Frage nach dem Verursacher, sowie Normen und Werte umschrieben.

Neuigkeit bezieht sich darauf, dass eine Emotion eine Reaktion auf ein (internes oder externes) Ereignis ist; etwas muss also passiert sein. Implizit ist in den meisten Theorien, dass das Ereignis für den Organismus relevant sein muss. Wenn etwas nicht relevant ist, so löst es auch keine Emotion aus. Wenn ich mich z. B. nicht

Tab. 9.1: Moderne Appraisaltheorien (nach Ellsworth & Scherer, 2003)

Autor / Appraisaldimension	Fridja (1986)	Roseman (1984)	Scherer (1984)	Smith/Ellsworth (1985)
Neuigkeit	Änderung		Neuigkeit Plötzlichkeit	Aufmerksamkeit
	Vertrautheit		Vertrautheit	
Valenz	Valenz		Intrinsische Angenehmheit	Angenehmheit
	Fokalität	appetitive/ aversive Motivation	Zieldienlichkeit Relevanz	Wichtigkeit
Ziele und Bedürfnisse	Gewissheit	Gewissheit	Konzequenzwahrscheinlichkeit	Gewissheit
Akteur	Intention/ Selbst/Anderer	Agent	Kausalattribution Agent Motivation	Menschlicher Akteur
Normen und Werte	Wertereleveanz		Normkompatibilität Extern Intern	Legitimität

für Hockey interessiere, dann können mich die Hockeyergebnisse nicht emotional bewegen, ein Fan würde allerdings stark auf Sieg oder Niederlage des geliebten Teams reagieren.

Valenz bezieht sich auf die intrinsische Bewertung des Objekts. Diese kann angeboren, konditioniert oder konzeptuell erlernt sein. So reagieren die meisten Leute negativ auf Spinnen und Schlangen; verdorbene Muscheln zu essen, führt zu einer konditionierten Abscheu, und die ästhetische Wertschätzung von Kunst verlangt oft konzeptuelles Lernen. Dennoch werden alle diese Objekte spontan und intuitiv bewertet.

Ziele und Bedürfnisse beziehen sich auf die Motivationslage des Individuums, genauer gesagt darauf, ob etwas für den Organismus gut oder schlecht ist. Dies ist nicht das Gleiche wie Valenz. So ist z. B. Schokolade für fast jeden intrinsisch angenehm, aber für eine Person, die eine Diät macht, nicht zieldienlich. Wenn diese Person trotzdem Schokolade isst, sollte dies, wenn nicht zu Schuldgefühlen, dann zumindest zu einer ambivalenten Emotion führen.

Akteur: Ein weiteres wichtiges Element ist der Verursacher (Agent) des Geschehens. Dies kann ein menschlicher Agent sein, aber auch eine höhere Kraft. In Abhängigkeit vom Verursacher kann ein Ereignis kontrollierbar sein oder nicht. Wenn ich mich auf ein Picknick gefreut habe, es aber nun wegen eines Gewitters nicht stattfindet, gibt es nichts, das ich oder sonst jemand tun kann, um die Situation zu ändern, sondern ich muss mich der Situation anpassen, um mit meiner Enttäuschung fertig zu werden. Wenn allerdings eine Situation kontrollierbar ist, kann ich Schritte unternehmen, um sie zu ändern – sofern ich die dazu nötigen Ressourcen habe.

Macht und Bewältigungspotential werden von Ellsworth und Scherer (2003) nicht aufgelistet, finden sich aber in vielen Theorien (so auch in der von Scherer, 1987). Es geht dabei um die Ressourcen, die dem Individuum zur Bewältigung der Situation zur Verfügung stehen. Diese Ressourcen schließen alles mit ein, was die Person in die Situation einbringen kann, auch externe Ressourcen. Wenn ich also meinen bevorstehenden Umzug furchterregend finde, da ich nicht gut im Organisieren bin und ein Chaos auf mich zukommen sehe, aber eine Freundin habe, die eine Meisterin im Organisieren ist und mir helfen will, wird sich meine Furcht reduzieren, da sich mein Bewältigungspotential erhöht hat.

Normen und Werte: Diese sind zumindest für Menschen als eine soziale Spezies relevant. Emotionen wie z. B. Stolz und Neid sind von dem Vergleich dessen, was ich habe, mit dem, was erwartet wird oder von dem ich glaube, dass es mir zusteht, abhängig. Zudem ist es auch wichtig, ob das Ereignis als legitim bewertet wird. So bin ich enttäuscht, wenn ich eine erwartete Belohnung nicht erhalte, aber ärgerlich, wenn ich zu dem Schluss komme, dass der Verteilungsprozess unfair war. Ellsworth und Scherer (2003) fassen die Vorhersagen der Appraisaltheorie im Hinblick auf die in Funktion der Bewertungen zu erwartenden Emotionen in einer Tabelle zusammen (▶ Tab. 9.2).

Je nachdem, wie viele Appraisaldimensionen man annimmt und wie fein man die Bewertungen aufgliedert (in Tabelle 9.2 wurde z. B. nur zwischen hoch, mittel und niedrig unterschieden), kann die Anzahl möglicher Emotionen in die Millionen gehen. Natürlich hat keine Sprache für all diese Emotionen auch eine

Tab. 9.2: Vorhergesagte Emotionen (nach Scherer und Ellsworth, 2003)

Appraisal-dimension	Freude/Glück	Ärger/Wut	Furcht/Panik	Trauer
Neuigkeit	hoch	hoch	hoch	niedrig
Intrinsische Angenehmheit	hoch	offen	niedrig	offen
Zielrelevanz				
Ergebnis	hoch	sehr hoch	hoch	sehr hoch
Zieldienlichkeit	fördernd	behindernd	behindernd	behindernd
Dringlichkeit	niedrig	hoch	sehr hoch	niedrig
Bewältigungspotential				
Agent/Verantwortung	selbst/anderer	anderer	anderer/Natur	offen
Kontrolle	hoch	hoch	offen	sehr niedrig
Macht	hoch	hoch	sehr niedrig	sehr niedrig
Adaptierung	hoch	hoch	niedrig	mittel
Normkompatibilität/Werterelevanz/Legitimität	hoch	niedrig	offen	offen

Bezeichnung, und manche wären sich sehr ähnlich. Der Begriff »Emotionsfamilie« (Ekman, 1992) wird deshalb auch hier verwendet. In diesem Sinne gehören alle Emotionen, die ein gewisses Kernappraisal gemeinsam haben, zu einer Familie. So gehören alle Reaktionen auf Ereignisse, die nicht zieldienlich sind, der Organismus aber bewältigen kann, zur Ärgerfamilie.

In allen Appraisaltheorien, wie auch schon bei Lazarus, wird das Ereignis so lange bewertet, bis es zu einer Lösung kommt oder sich der Organismus adaptiert hat. Die meisten Appraisaltheorien geben dabei keine feste Reihenfolge für den Ablauf der Appraisals vor (Scherer, 1987 ist eine Ausnahme), aber aus logischen Gründen ist anzunehmen, dass die Appraisals in einer gewissen Ordnung entlang der kognitiven Komplexität der Bewertung ablaufen. So kann z. B. intrinsische Angenehmheit direkt aus dem Gedächtnis abgerufen werden, während die Bewertung der Zieldienlichkeit einen Vergleich zwischen dem gewünschten

Zustand und dem erwarteten Ergebnis des zu bewerteten Ereignisses verlangt und deshalb länger brauchen sollte (Grandjean, Sander & Scherer, 2008; Lanctôt & Hess, 2007).

Empirische Belege

Die ersten empirischen Belege für Appraisaltheorien stammten aus Studien, bei denen Probanden entweder gebeten wurden, sich an ein emotionales Ereignis zu erinnern und es anhand von Appraisaldimensionen zu bewerten (e.g., Ellsworth & Smith, 1988a; Ellsworth & Smith, 1988b; Frijda, Kuipers & ter Shure, 1989), oder umgekehrt wurden ihnen Appraisals vorgegeben, und sie mussten die zugrundeliegende Emotion erschließen (e.g., Reisenzein & Hofmann, 1993; Reisenzein & Spielhofer, 1994; Roseman, 1984). Diese Studien bestätigten die Vorhersagen, auch im interkulturellen Vergleich (Mauro, Sato & Tucker, 1992; Scherer, 1997). Dennoch wurden sie kritisiert, weil sie auf der angenommenen Fähigkeit der Probanden beruhten, ein Ereignis kognitiv zu rekonstruieren und zu bewerten. Zum einen ist nicht klar, wie gut die Probanden dies wirklich können, und zum anderen, ob sich darin nicht einfach die naiven Emotionstheorien der Probanden widerspiegeln (siehe, Parkinson & Manstead, 1993). Zwar gibt es Hinweise darauf, dass die »Online«-Appraisals, welche von Probanden sofort nach der Präsentation eines Emotionsauslösers berichtet wurden, mit den Appraisals, die eine andere Gruppe von Probanden anhand der bloßen Beschreibung des Emotionsauslösers produzierte, stark vergleichbar sind (Robinson & Clore, 2002). Dennoch bleiben Fragebogenmethoden allein unbefriedigend.

Es gibt allerdings auch Versuche, die Vorhersagen der Theorien auch im Experiment zu testen. So haben mehrere Studien Videospiele verwendet, um Appraisals zum Beispiel in Hinblick auf Annehmlichkeit und Zieldienlichkeit zu manipulieren und die Reaktionen der Probanden zu messen. Diese Studien bestätigen ebenfalls die Theorie (Kappas & Pecchinenda, 1999; Kappas, Pecchinenda & Bherer, 1999; van Reekum et al., 2004).

Kritik

Es gibt eine Reihe von Kritikpunkten, die gegen Appraisaltheorien angeführt wurden. Neben der schon oben erwähnten Kritik an der empirischen Stützung durch Fragebogenstudien ging es in einer zentralen frühen Kritik (Zajonc, 1980) um den Status der »kognitiven Bewertung«. Kritische Stellungnahmen (z. B., Berkowitz, 1993) gingen dabei davon aus, dass Appraisals auf bewussten, reflektierten Informationsverarbeitungsprozessen beruhen, die generell verbalisierbar sind. Dabei hatte, wie bereits mehrmals erwähnt, schon Arnold (1960) ausdrücklich darauf hingewiesen, dass Appraisals nicht das Ergebnis eines Besinnungsvorgangs sind. Allerdings wurde der eigentliche Bewertungsprozess nicht ausgearbeitet. In jüngerer Zeit wurden allerdings mehrere Prozessmodelle der Appraisaltheorie entwickelt (Robinson, 1998; Scherer, 2005; Smith & Kirby, 2001), die diesem Mangel abhelfen. Den hier genannten Modellen ist gemeinsam, dass sie mindestens zwei Verarbeitungsebenen beschreiben, für die sie verschiedene Bezeichnungen verwenden (unbewusst, automatisch, implizit, präattentiv versus bewusst, reflektiert, explizit).

Eine zweite Kritik beschäftigt sich mit der Frage nach der kausalen Ordnung zwischen Appraisal und Emotion. So schlägt z. B. Parkinson (1997) vor, dass Emotionen und Stimmungen Appraisals auslösen. So löst nicht etwa das Verschulden eines Anderen Ärger aus, vielmehr veranlassen uns Ärgergefühle dazu, einer anderen Person Schuld zuzuweisen (s. Parkinson, 1997). Allerdings sprechen die oben erwähnten neueren experimentalen Studien eher gegen einen solchen Kausalzusammenhang.

Zusammenfassung

Appraisaltheorien gehen davon aus, dass interne oder externe Ereignisse einer persönlichen Bewertung anhand einer Reihe von Dimensionen, wie Annehmlichkeit, Motivationskongruenz und vorhandene Ressourcen, unterzogen werden. Diese Bewertungen sind unmittelbar und intuitiv. Die Bewertung auf Basis der persönlichen Motivationslage und Ressourcen erlaubt es, die unterschiedlichen Reaktionen von Personen auf dasselbe objektive Ereignis zu erklären.

Magda Arnold entwickelte die erste psychologische Appraisaltheorie. Ihr Modell beinhaltet die Bewertungsdimensionen Annehmlichkeit, Anwesenheit/Abwesenheit und Bewältigungspotential. Die Konsequenz des direkten und intuitiven Einschätzungsprozesses ist die Aktivierung von bestimmten Handlungstendenzen, deren Funktion die Anpassung des Individuums an die wahrgenommene Situation ist. Das subjektive Gefühl ist das Erleben der Handlungstendenz.

Lazarus entwickelte ein Stressmodell, in dem die persönliche Bewertung des Stressors – und nicht seine objektiven Charakteristika – für die Stressreaktion ausschlaggebend ist. Dabei wird zunächst im primären Appraisal das Ereignis als Bedrohung oder Herausforderung bewertet; im sekundären Appraisal wird das Bewältigungspotential bewertet. Reappraisal ist die Neubewertung des Ereignisses, wenn neue Informationen hinzukommen.

1991 stellte Lazarus eine voll ausgearbeitete Emotionstheorie vor. In dieser sind ein besonderes Merkmal die Kernthemen, die die für jede Emotion typischen Beziehungen zwischen dem Organismus und seiner Umwelt beschreiben.

Es gibt eine Vielzahl von modernen Appraisaltheorien, die sich in vielen Details unterscheiden. Dennoch gibt es auch viele Gemeinsamkeiten. Typische Appraisaldimensionen sind Neuigkeit, Valenz, Ziele und Bedürfnisse, Akteur sowie Normen und Werte. Aus dem Muster der Bewertungen ergibt sich die Emotion. Je nach Anzahl der Appraisaldimensionen und nach der Feingliedrigkeit der Bewertung kann die Anzahl der möglichen Emotionen in die Millionen gehen. Man spricht deshalb auch eher von Emotionsfamilien. Familienmitglieder haben dabei ein Grundappraisalmuster gemeinsam. Appraisals werden wiederholt, bis es zu einer Lösung kommt oder sich der Organismus adaptiert hat.

Appraisaltheorien wurden zunächst durch Fragebogenstudien belegt, zunehmend aber auch mit Experimenten, in denen Appraisals manipuliert und die Reaktionen der Probanden gemessen wurden.

Es gibt eine Reihe von Kritikpunkten in Bezug auf Appraisaltheorien. Eine frühe Kritik bezog sich auf die Bewusstheit der Bewertungen. Diese Kritik beruhte darauf, dass Appraisals von Kritikern nicht als intuitiv und direkt, sondern als bewusst verstanden wurden. Eine weitere Kritik bezieht sich auf die kausale Ordnung zwischen Appraisal und Emotion – neuere Studien lassen diese allerdings wahrscheinlich erscheinen. Die Frage nach der Rolle, die körperliche Prozesse bei der Auslösung und Regulation emotionaler Zustände spielen, ist jedoch noch weitgehend ungeklärt.

Weiterführende Literatur

Ellsworth, P. C. & Scherer, K. R. (2003). Appraisal processes in emotion. In R. J. Davidson, H. Goldsmith & K. R. Scherer (Eds.), *Handbook of the Affective Sciences* (pp. 572–595). New York/Oxford: Oxford University Press.

Hess, U. & Kappas, A. (2009). Appraisaltheorien: Komplexe Reizbewertung und Reaktionsselektion. In G. Stemmler (Hrsg.), *Enzyklopädie der Psychologie. Band C/IV/3 Psychologie der Emotion* (S. 247–290). Göttingen: Hogrefe.

Lazarus, R. S. (1991). *Emotion and adaptation.* New York, NY: Oxford University Press.

Reisenzein, R. (2006). Arnold's theory of emotion in historical perspective. *Cognition & Emotion: Special Issue: Magda B. Arnold's contributions to emotion research and theory, 20,* 920–951.

Fragen zur Selbstüberprüfung

- Welche Grundannahmen machen Appraisaltheorien?
- Welche offenen Fragen der Emotionspsychologie können sie beantworten?
- Welche Hauptmerkmale hat Arnolds Theorie?
- Was ist die Besonderheit von Lazarus' Stressmodell gegenüber anderen Stressmodellen?
- Was wird durch die Kernthemen beschrieben?
- Welche Grundstruktur haben Appraisaltheorien gemeinsam?

10 Affektive Neurowissenschaften

10.1 Einleitung

Affektive Neurowissenschaften sind die Subdisziplin der biologischen Verhaltenswissenschaften, die sich mit den neuronalen Grundlagen von Stimmungen und Emotionen beschäftigt (Davidson, Pizzagalli, Nitschke & Kalin, 2009, p. 8). Die Theorien, die wir bis jetzt besprochen haben, versuchen eine umfassende theoretische Erklärung für den Emotionsprozess vorzulegen und zu beschreiben, was Emotionen sind, wie Emotionen ausgelöst werden und welche Funktion Emotionen im sozialen Kontext haben. Die Theorien der affektiven Neurowissenschaften haben oft einen wesentlich präziseren Fokus, obwohl es auch Ausnahmen gibt (siehe Panksepp, 1998). Die wichtigsten Fragen befassen sich mit der Rolle bestimmter Hirnareale für bestimmte Emotionen. Studien an Patienten, die unter affektiv relevanten Pathologien leiden (z. B. Morbus Parkinson) oder durch Unfälle oder Schlaganfälle neuronale Ausfälle haben, sowie gezielte Läsionsstudien an Tieren gehören, neben Untersuchungen mit EEG und bildgebenden Verfahren an gesunden Probanden, zu den typischen Forschungsansätzen.

10.2 McLeans »Triurne Brain«

Ein erster und sehr bekannter Versuch, ein »Emotionszentrum« im Gehirn zu bestimmen, stammt von McLean (1973). Das Modell des »Triurne Brain« (Dreiteiliges Gehirn) hatte einen besonderen Einfluss auf die populäre Psychologie und wurde zu einer weitverwendeten Metapher.

In diesem Modell ist das Gehirn dreigeteilt und besteht aus dem Protoreptilischen Gehirn, dem Paleaomammalischen Gehirn, für den McLean den Begriff »Limbisches System« prägte, und dem Neomammalischen Gehirn bzw. Neocortex. Die

Emotionen sind nach McLean im Limbischen System angesiedelt. Das Limbische System besteht aus dem Hippocampus, dem Thalamus und Hippothalamus sowie dem Cingulärem Cortex. Es zeigte sich allerdings, dass die von McLean vorgeschlagene Einteilung nicht aufrechterhalten werden kann. So spielt der zum Limbischen System gehörende Hippocampus eine wichtige Rolle für das Gedächtnis, das aber laut McLean zum Funktionsbereich des Neomammalischen Gehirns gehört. Umgekehrt spielt die Amygdala, die nach McLean zum Protoreptilischen Gehirn gehört, eine bedeutende Rolle für Emotionen. Auf der Basis des heutigen Verständnisses des Gehirns und seiner Funktionen schlägt z. B. LeDoux (1996) vor, den Versuch, Emotionen in bestimmten Arealen ansiedeln zu wollen, als gescheitert zu betrachten. Tatsächlich sind Areale, die für den Emotionsprozess relevant sind, wie der Präfrontale Cortex, der Cinguläre Cortex, die Amygdala, der Nucleus Accumbens, der Laterale Hypothalamus und diverse Gehirnstammareale, über das Gehirn verteilt (siehe Berridge, 2009). So spielt der Präfrontale Cortex eine wichtige Rolle für das Lernen der emotionalen und motivationalen Signifikanz von Stimuli. Dieses Areal wird durch eine Reihe von unangenehm oder angenehm bewerteten Stimuli (Gerüche, Berührung, Musik) aktiviert. Asymmetrien in der Aktivierung wurden zunächst dahingehend interpretiert, dass der linke Präfrontale Cortex auf positive Emotionen spezialisiert ist und der rechte auf negative. Neuere Forschung hingegen interpretiert die beobachteten Asymmetrien als Ergebnis des motivationalen Systems. Dabei reguliert der linke Präfrontale Cortex Annäherungsmotivation und der rechte Vermeidungsmotivation (Harmon-Jones, Gable & Peterson, 2010). Diese beiden Betrachtungsweisen sind nicht voll überlappend. Zwar sind positive Emotionen üblicherweise mit Annäherungsmotivation assoziiert und viele negative Emotionen wie z. B. Furcht mit Vermeidungsmotivation, aber es gibt Ausnahmen. So ist Ärger eine negative Emotion, die mit Annäherung assoziiert ist (Carver & Harmon-Jones, 2009). Dies lässt sich auch aus Appraisaltheorien ableiten, da Ärger durch ein hohes Bewältigungspotential und demzufolge durch Problemlösungsversuche charakterisiert ist. Und um ein Problem zu lösen, muss man sich ihm nähern.

10.3 Somatische Marker

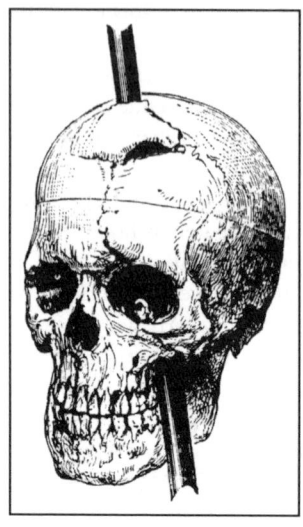

Abb. 10.1: Illustration der Schädelverletzung des Phineas Gage

Der Präfrontale Cortex spielt eine wichtige Rolle für den Prozess der Entscheidungsfindung. Hier waren auch Arbeiten von Damasio (1994) wegweisend. Damasio verweist auf den klassischen Fall des Phineas Gage. Gage war Vorarbeiter in einem Bahnbauprojekt und hatte einen schweren Unfall, bei dem eine 3 cm dicke Eisenstange von unten nach oben durch seinen Schädel stieß. Die Stange trat dabei unterhalb des linken Wangenknochens in den Kopf ein und oben am Kopf wieder aus, und er verursachte eine Läsion des Präfrontalen Cortex. Er überlebte nicht nur diese schwere Verletzung, sondern schien zunächst keinen Schaden davonzutragen. Er hatte keine Gedächtnisausfälle und konnte weiterhin logische Schlüsse ziehen. Es stellte sich allerdings bald heraus, dass seine Persönlichkeit sich dramatisch verändert hatte. Während er vor dem Unfall als vernünftig und bedacht galt, wurde sein Verhalten irrational und impulsiv. Damasio und seine Kollegen kamen auf der Basis empirischer Versuche zur Funktion des Präfrontalen Cortex zu dem Schluss, dass dieser Objekte mit

Emotionen assoziiert. Wir verwenden diese sogenannten somatischen Marker, wenn wir Entscheidungen treffen. Sie erlauben es uns, rasch Optionen auszuschließen, die aufgrund vorheriger Erfahrungen negativ besetzt sind und uns auf solche zu konzentrieren, die positiv besetzt sind. Dies reduziert die Anzahl der zu berücksichtigenden Optionen auf solche, die erfolgversprechend sind, und macht damit den Entscheidungsprozess sicherer und effektiver.

10.4 Die Rolle der Amygdala

Ein weiteres wichtiges Areal für Emotionen ist die Amygdala. Dieses Areal wurde zunächst insbesondere mit Reaktionen auf Bedrohung und mit konditionierter Furcht in Verbindung gebracht (LeDoux, 1996). Untersuchungen zur Verarbeitung affektiver Gesichtsausdrücke mit Hilfe der funktionellen Kernspintomographie zeigen Aktivierungen der Amygdala beim Erkennen furchtsamer Gesichtsausdrücke (Baird et al., 1999). Dies ist auch dann der Fall, wenn die Gesichter subliminal präsentiert werden, d. h. wenn die Darbietungsdauer zu kurz ist, als dass die Gesichter bewusst wahrgenommen werden könnten (J. S. Morris, Öhman & Dolan, 1998). Durch eine elegante Manipulation der Blickrichtung konnten Adams et al. (2003) zeigen, dass die Amygdala dabei auf Bedrohung reagiert, die durch den Gesichtsausdruck vermittelt wird. Neuere Forschung weist allerdings darauf hin, dass die Amygdala im Emotionsprozess eine breitere Funktion hat und nicht nur auf Bedrohung, sondern auf alle Arten von Stimuli reagiert, die für den Organismus relevant sind und deren Bedeutung zunächst unklar ist (z. B., Whalen, 2007).

Wie dieser kurze Überblick zeigt, ist die Forschung in der Tradition der affektiven Neurowissenschaften insbesondere daran interessiert, die neuronalen Grundlagen für bestimmte Aspekte des Emotionsprozesses aufzudecken. Häufig ist das Interesse dabei auf eine bestimmte Emotion, wie z. B. Furcht, gerichtet oder aber auf die Rolle eines bestimmten Gehirnareals. Übergreifende Theorien, die den Anspruch erheben, für alle Emotionen zu gelten, sind in dieser Tradition eher die Ausnahme. Eine solche

Theorie wurde aber von Panksepp in seinem Buch *Affective Neuroscience* (1998) vorgestellt.

> **Adams, R. B., Gordon, H. L., Baird, A. A., Ambady, N. & Kleck, R. E. (2003). Effect of gaze on Amygdala sensitivity to anger and fear faces.** *Science,* **300,** 1536–1537.
>
> Adams und Kollegen zeigten im MRT liegenden Probanden Bilder von ängstlichen und zornigen Gesichtern mit unterschiedlichen Blickrichtungen. Die Gesichter schienen entweder den Probanden direkt anzublicken, oder sie schienen etwas außerhalb des Bildes zu sehen. Durch die Manipulation der Blickrichtung konnte die Unmittelbarkeit der Bedrohung verstärkt oder abgeschwächt werden. Von zornigen Gesichtern mit direkter Blickrichtung und ängstlichen Gesichtern mit abgewandter Blickrichtung geht eine klare Bedrohung für den Beobachter aus. Zum einen vom Zornigen selbst, der den Beobachter zu bedrohen scheint, und zum anderen von etwas Bedrohlichem in der unmittelbaren Umgebung des Ängstlichen und somit auch des Beobachters. Die Reaktion der Amygdala sollte also für diese Bilder ähnlich ausfallen. Ein zorniges Gesicht mit abgewandtem Blick und ein ängstliches Gesicht mit direktem Blick signalisieren auch Bedrohung, diese ist aber nicht eindeutig vom Beobachter auszumachen. Bedroht das zornig aussehende Gegenüber jemand anderes, und bin ich deswegen auch selbst in Gefahr? Wird der Beobachter selbst ängstlich angesehen, kann völlig unklar bleiben, woher die furchteinflößende Bedrohung für ihn kommt, bzw. ob es überhaupt eine klare Bedrohung gibt. Auch hier sollte die Amygdalareaktion ähnlich ausfallen. Tatsächlich konnte diese Interaktion zwischen gezeigter Emotion und Blickrichtung des Gesichts auch gefunden werden. Gesichter, die den Beobachter über die Quelle oder die Bedrohung an sich im Unklaren lassen, lösen eine stärkere Reaktion der Amygdala aus als solche, die die Bedrohung und ihre Quelle eindeutiger signalisieren. Die Funktion der Amygdala als erkennende Durchgangsstation kann hiermit also erweitert werden. Sie ist nicht nur am Wahrnehmen bedroh-

licher Reize beteiligt, sondern auch an der Weiterverarbeitung unklarer bedrohlicher Reize.

10.5 Panksepps Affective Neuroscience

Panksepp verfasste (1998) das erste Lehrbuch mit dem Titel *Affektive Neuroscience*. Er unterscheidet darin zwischen reflexiven Affekten, die mit dem Stammhirn assoziiert sind und zu denen die Schreckreaktionen, Ekel und Schmerz gehören, und »Blue-ribbon«- oder Basisemotionen. Nach Panksepp gehören zu diesen Basisemotionen Furcht, Ärger, Freude, Trauer, Zuneigung und Interesse. Er beschreibt die neuronalen Netzwerke, die diesen Emotionen unterliegen und die die Verhaltensreaktionen koordinieren. Er geht dabei, wie in den affektiven Neurowissenschaften generell, davon aus, dass Menschen und Tiere über vergleichbare Emotionssysteme verfügen, die auf phylogentisch alten, subkortikalen Gehirnstrukturen beruhen. Dies erlaubt von Studien, zum Beispiel an Ratten, auf neuronale Netzwerke im Menschen zu schließen. Panksepp erkennt aber an, dass Menschen auch über »höhere« Emotionen verfügen, wie z. B. Scham, Verachtung, Empathie. Nach ihm sind diese entweder von den Basisemotionen abgeleitet oder aber sozial gelernt.

Emotionen in Tieren

Die wichtige Rolle von Tierversuchen in den affektiven Neurowissenschaften wirft die Frage auf, inwieweit wir von Tieremotionen auf menschliche Emotionen generalisieren können. Darwin ging von einem Kontinuum aus, in dem menschliche und Tieremotionen vergleichbare Funktionen ausfüllen. Appraisaltheorien, insbesondere die modernen Prozesstheorien (siehe Smith & Kirby, 2001), gehen davon aus, dass Appraisals auf unterschiedlichen kognitiven Ebenen stattfinden. Deshalb haben Tiere im Rahmen ihrer kognitiven Fähigkeiten die gleichen Appraisals und dadurch die gleichen Emotionen wie Menschen. Nur Emotionen, die aufwendige kognitive Vergleichsprozesse fordern, wie dies für moralische Emotionen angenommen wird, sind deshalb bei Tieren (und jungen Kindern) nicht zu erwarten. In einem Übersichtsartikel kommt Berridge (2009) zu dem Schluss, dass die Gehirnareale, die in Tierexperimenten als für den Emotionsprozess relevant erkannt wurden, auch für menschliche Emotionen relevant sind. Allerdings gibt es Unterschiede in der relativen Bedeutung einzelner Areale. So sind kortikale Areale (Präfrontaler Cortex und Cingulärer Cortex) für menschliche Emotionen von größerer Bedeutung, während in der Ratte subkortikale Areale eine wichtigere Rolle spielen.

Zusammenfassung

Theorien der affektiven Neurowissenschaften beschreiben die Hirnareale, die für den Emotionsprozess eine entscheidende Rolle spielen. Da dabei von einem Kontinuum von menschlichen und Tieremotionen ausgegangen wird, basiert diese Forschung, neben bildgebenden Verfahren und EEG-Experimenten, auch stark auf Tierversuchen.

Weiterführende Literatur

Panksepp, J. (1998). *Affective neuroscience: The foundations of human and animal emotions.* New York, NY: Oxford University Press.

Fragen zur Selbstüberprüfung

- Welche Grundherausforderungen gibt es für soziale Organismen?
- Welche Rolle spielen dabei Emotionen?

11 Sozialkonstruktivistische Theorien

Den bisher beschriebenen Theorien ist gemeinsam, dass sie stark auf die biologischen Grundlagen der Emotionen abheben. Emotionen in diesem Sinne sind natürliche Kategorien, die bestimmten Substraten des Gehirns zugeordnet werden können (Panksepp, 1993). Sozialkonstruktivistische Emotionstheorien verstehen im Gegensatz dazu Emotionen als Konstrukte, die sozial determiniert und über die Epochen hinweg variabel sind. Laut James Averill (1980) zum Beispiel sind Emotionen kurzlebige soziale Rollen. Diese Rollen beruhen auf der Interpretation der Situation und sind eher als Gefühlsreaktion statt als Handlungstendenz zu verstehen. Armon-Jones (1986, S.33) spezifiziert, dass Emotionen durch Einstellungen, d. h. durch Meinungen, Urteile und Wünsche bestimmt sind, deren Inhalte nicht naturgegeben, sondern durch die kulturellen Meinungs- und Wertesysteme einer Gesellschaft bestimmt sind. Aus der Sicht sozialkonstruktivistischer Theorien sind Emotionen also sozial determiniert und müssten deshalb über die Zeiten hinweg und zwischen den verschiedenen Kulturen unterschiedlich sein. Sie dienen der sozialen Regulation und sind deshalb im weitesten Sinne politisch und nicht biologisch. Da sie sich aus sozialem Wissen ableiten, sind Emotionen unumgänglich sprachgebunden. Diese letzte Eigenschaft macht klar, dass in den sozialkonstruktivistischen Theorien keine Überlappung von menschlichen und Tieremotionen angenommen wird. Auch in Bezug auf den Status kleinkindlicher Emotionen wirft diese Definition Probleme auf.

Averill (1980) leitet die soziale Konstruktion von Emotionen auch aus der Beobachtung ab, dass bestimmte Kriterien, die für biologisch determinierte Emotionen erfüllt sein sollten, nicht auf alle Emotionen zutreffen. So gibt es zum Beispiel keinen prototypischen Gesichtsausdruck für Hoffnung (allerdings gibt der Ausdruck »mit hoffnungsvoller Stimme« Anlass zu der Vermutung, dass der prototypische Ausdruck dieser Emotion einfach nur einen anderen Kanal nutzt). Auch führen Emotionen nicht immer zu den Handlungen, mit denen sie evolutionär den Organismus vorbereiten (allerdings wird z. B. in Appraisaltheorien auch eher von Handlungs*tendenzen* und nicht von Handlungs*ausübung* gesprochen; vgl. Frijda, 1986). Sozialkonstruktivistische Theorien betonen deshalb nicht biologisch determinierte Emotionsauslöser und -komponenten, sondern eher kulturelle Regeln und soziale Normen. Zum Beispiel ist laut Averill (1982) nicht die Zielbehinderung zentral für die Auslösung von Ärger, sondern es sind kulturell definierte moralische Verstöße.

Die soziale Konstruktion und Transmission von Emotionen macht diese in besonderer Weise sprachabhängig. So haben sich zum Beispiel Lutz und Kollegen (z. B., Lutz & White, 1986) wie auch Wierzbicka (z. B., Wierzbicka, 1994) ausführlich mit der Bedeutung von Emotionsbegriffen in unterschiedlichen Sprachen und Kulturen beschäftigt. Sie zeigen dabei Unterschiede in der Bedeutung der Begriffe auf, die eine Eins-zu-eins-Übersetzung in andere Sprachen nicht zulassen, also auf die kulturtypische Interpretation des durch den Begriff beschriebenen Zustandes verweisen. Auch zeigt sich, dass es viele Emotionsbegriffe gibt, für die es in anderen Sprachen gar kein auch nur ungefähres Äquivalent gibt. So beschreibt der japanische Begriff »Amaeru« den Wunsch eines Menschen, dass andere sich um ihn kümmern. Dieser Gefühlszustand ist nicht unbedingt nur in Japan anzutreffen, aber nur in Japan gibt es ein Wort dafür. Der Begriff »Schadenfreude« findet sich nur in wenigen Sprachen, z. B. im Deutschen und im Hebräischen. Dennoch ist es wohl falsch zu glauben, dass es die dadurch beschriebene Emotion nicht überall auf der Welt gäbe. Die Frage ist also, inwieweit Unterschiede in der Sprache eine Aussage über den zugrundeliegenden Emotionsprozess zulassen – sowohl in Bezug auf die Breite der Definitionen (so ist zum Beispiel das englische »happy« breiter definiert als die deutsche »Freude«) als auch darauf, was das Vorhandensein eines Begriffes angeht. Aus der Sicht der sozialkonstruktivistischen Theorien sind die mit einem Begriff verbundenen Konnotationen und die Möglichkeit, durch einen vorhandenen Begriff direkt auf einen Zustand zu verweisen, von zentraler Bedeutung für das Verständnis einer bestimmten Emotion in einer gegebenen Kultur.

Die Frage, welche Zustände benannt werden und welche nicht, ist auch aus der Perspektive der Appraisaltheorien relevant. Die Kombination von Appraisals lässt eine Vielzahl von möglichen, unterscheidbaren Zuständen zu, von denen in jeder Sprache nur ein kleiner Teil benannt ist. Welche Mitglieder einer Emotionsfamilie in einer gegebenen Sprache benannt werden, ist eine offene Frage, zu der es keine Antwort gibt. Auch ist unklar, ob die Tatsache bedeutsam ist, dass ein Zustand einen Namen hat. Schadenfreude zum Beispiel ist in Ländern, in denen es den Begriff nicht gibt, genauso häufig wie in Deutschland oder Israel. Laut Scherer (1987, 1994) gibt es in jeder Kultur bestimmte Appraisalmuster, die innerhalb einer Emotionsfamilie häufiger auftreten als andere, weil sie aus den lokal gegebenen Umständen (Umweltherausforderungen, allgemeine Lebensbedingungen, soziale Zwänge und Normen) resultieren. Diese häufigen Appraisalmuster nennt er »modale« Emotionen (abgeleitet von dem statistischen Begriff Modalwert, der den häufigsten Wert einer Verteilung beschreibt). Es ist möglich, dass solche modalen Emotionen eher benannt werden, allerdings gibt es zu dieser Frage keine Forschungsergebnisse.

Die hier aufgeführte Kritik an sozialkonstruktivistischen Theorien soll allerdings nicht davon ablenken, dass Emotionen generell im sozialen Kontext auftreten und sozialen Normen unterworfen sind. Dies wird von vielen Emotionstheorien nicht ausreichend berücksichtigt (Hess & Hareli, 2015). Dieser Punkt wird auch in neuerer Zeit von sogenannten Neokonstruktivistischen Theorien betont (L. F. Barrett, 2013). Und obwohl Appraisaltheorien explizit auf Normen und Normkongruenz verweisen, wird auch hier eher wenig Anstrengung unternommen, kulturelle Einflüsse formal zu integrieren und zu verstehen (Kitayama, Markus & Kurokawa, 2000; Mesquita, 2001; Mesquita & Ellsworth, 2001). Die grundsätzliche Kritik der sozialkonstruktivistischen Ansätze ist also durchaus berechtigt.

Zusammenfassung

Sozialkonstruktivistische Theorien verstehen Emotionen als Konstrukte, welche sozial determiniert und über die Epochen hinweg variabel sind. Emotionen sind bestimmt durch Einstellungen, also durch Meinungen, Urteile und Wünsche, deren Inhalte nicht naturgegeben sind, sondern durch die kulturellen Meinungs- und Wertesysteme sowie die moralischen Werte einer gegebenen Gesellschaft bestimmt werden. Die soziale Konstruktion und Transmission von Emotionen macht diese in besonderer Weise sprachabhängig und wirft damit Probleme damit auf, die Emotionen von Tieren und nicht sprachfähigen Kleinkindern einzuordnen.

Weiterführende Literatur

Faucher, L. (2013). Comment: Constructionisms? *Emotion Review, 5*(4), 374–378.

> **Fragen zur Selbstüberprüfung**
>
> - Wodurch unterscheiden sich sozialkonstruktivistische Ansätze von biologischen Ansätzen?
> - Welche berechtigte Kritik an biologischen Ansätzen machen sie?

12 Emotion im sozialen Kontext

12.1 Sozialisation

Schon Neugeborene zeigen emotionale Reaktionen. Diese sind am Anfang noch eher unspezifisch. Erst im Laufe der Entwicklung zeigen sich die für Erwachsene typischen Emotionsausdrücke und Reaktionen. Wenn wir diese Entwicklung betrachten, müssen wir allerdings zwischen unterschiedlichen Fähigkeiten, die im Laufe der Entwicklung erworben werden, unterscheiden:

1. Emotionen empfinden
2. Emotionen ausdrücken
3. Emotionen erkennen
4. Emotionswissen (soziale Regeln und Normen) erwerben und anwenden

Diese Fähigkeiten stellen unterschiedliche Ansprüche an den Organismus, und man kann nicht unbedingt von der einen auf die andere schließen.

12.1.1 Emotionen empfinden

Die Frage, ab wann ein Kind welche Emotion empfindet, ist insbesondere bei präverbalen Kindern nicht leicht zu beantworten, da wir bei ihnen auf die Beobachtung des Emotionsausdrucks angewiesen sind. Zum einen muss dabei ein Mangel an Ausdruck nicht unbedingt auf einen Mangel an Empfindung verweisen, zum anderen verändert sich der Ausdruck selbst im Laufe der Entwicklung. Ein Beispiel demonstriert eine Studie an Ratten: Als Reaktion auf den gleichen konditionierten Stimulus erstarren 16 Tage alte Ratten, während 30 Tage alte Ratten Fluchtverhalten zeigen (Kurtz & Campbell, 1994). Das vermutlich gleiche Emotionsempfinden geht also mit unterschiedlichem Verhalten einher, welches vom altersbedingten Verhaltensrepertoire bestimmt wird. Wenn also Kinder und Babys auf einen gegebenen Reiz hin nicht wie Erwachsene reagieren, muss dies nicht heißen, dass keine Emotion oder eine andere Emotion ausgelöst wurde.

Des Weiteren stellt sich die Frage, welche Reize für Kinder und Babys relevant sind. So führt Zielbehinderung zu Ärger. Aber was zählt als Zielbehinderung für ein neugeborenes Kind? Das Festhalten der Arme ist eine Zielbehinderung, auf die auch schon Babys mit Ärger reagieren. Eine Reaktion auf eine wahrgenommene Ungerechtigkeit hingegen setzt kognitive Ressourcen voraus, die im vollen Ausmaß erst in der Adoleszenz zur Verfügung stehen, wenn Verständnis für moralische Gerechtigkeit entwickelt wurde (siehe Kohlberg, 1969).

Aus diesen Beispielen wird deutlich, dass Reize, die bei Kleinkindern und Babys Emotionen auslösen, solche sind, in denen der Appraisalprozess wenig externes Wissen verlangt (wie z. B. das Festhalten der Arme). Reize, deren Beurteilung Wissen über soziale Regeln, Normen und Standards verlangt, können erst dann Emotionen auslösen, wenn das Kind zumindest rudimentär über dieses Wissen verfügt. So können selbstbezogene (self-conscious) Emotionen wie Scham und Stolz erst beobachtet werden, wenn Kinder in der Lage sind, erwartetes und tatsächliches Verhalten zu vergleichen. Dies ist ungefähr mit 22 Monaten der Fall, wenn Kinder anfangen, bei Erfolg zu Lächeln (K. C. Barrett, 1998). Barrett betont, dass für die Auslösung dieser Emotionen das Kind in der Lage sein muss, Standards, Regeln und Ziele zu verstehen und diese als wichtig zu bewerten (nicht relevante Ereignisse lösen keine Emotionen aus). Des Weiteren muss sich das Kind selbst als Agent empfinden, aber auch in der Lage sein, sich als Objekt der Beurteilung zu betrachten (da ja das eigene Verhalten mit den Standards verglichen werden muss). Um dies zu erreichen, braucht es relevante Beziehungen zu Anderen und Erfahrungen in diversen Situationen (um so die Regeln zu erlernen).

12.1.2 Emotionen ausdrücken

In Bezug auf die Entwicklung des emotionalen Ausdrucks muss die Frage gestellt werden, welche Emotion denn mit einem bestimmten Ausdruck ausgedrückt wird. So lächeln schon Neugeborene – aber Lächeln in Reaktion auf ein Ereignis in der Umwelt wird erst ab einem oder zwei Monaten gezeigt (Sroufe,

1979). Ab drei Monaten zeigen Babys recht systematisches Lächeln, wenn sie mit anderen interagieren. Messinger und Kollegen (Messinger, Fogel & Dickson, 2001) beschreiben vier verschiedene Formen des Lächelns und zeigen, dass diese im Alter von drei bis sechs Monaten zunehmend differenziert in Reaktion auf bestimmte Ereignisse gezeigt werden. Das Duchenne-Lächeln, welches hochgezogene Mundwinkel mit Aktivität des Orbicularis Oculi (der in Erwachsenen die Krähenfüße beim Lächeln verursacht) verbindet, wird dann bevorzugt gezeigt, wenn das Kind sich in einer affektiv positiven Interaktion mit der auch lächelnden Mutter befindet. Eine andere Form des Lächelns, bei dem der Mund weit offen ist, wird vornehmlich gezeigt, wenn das Kind die Mutter sieht. In Situationen, die beide Charakteristiken verbinden, wird eine Mischform gezeigt.

Auch negative Emotionen werden mit dem Alter zunehmend differenziert. So zeigen schon Neugeborene Ekel in Reaktion auf einen sauren Geschmack, ansonsten sind weitere negative Ausdrücke zunächst wenig differenziert. Das Baby zeigt meist »Distress« (ein allgemeines Unwohlsein). Spezifische negative Ausdrücke werden erst im Laufe des ersten Lebensjahrs ausgebildet (Camras, 1992). Camras und Kollegen (Camras, Oster, Campos, Miyake & Bradshaw, 1992) verhinderten die Armbewegungen von fünf bis zwölf Monate alten japanischen und US-amerikanischen Kindern. Sie fanden heraus, dass ein dem von Erwachsenen gezeigten ähnlichen Ärgerausdruck zwar die häufigste Reaktion war, diese aber nur von 14 % der Kinder gezeigt wurde. Die anderen 86 % der Kinder zeigte hingegen eine Vielzahl von idiosynkratrischen Ausdrücken und Mischausdrücken. Im Laufe des Kleinkindalters werden Emotionsausdrücke zunehmend ausdifferenziert und den von Erwachsenen gezeigten zunehmend ähnlicher. Allerdings muss man darauf verweisen, dass auch Erwachsene in vielen Situationen eher idiosynkratrische Ausdrücke zeigen und prototypische Ausdrücke insgesamt eher selten gezeigt werden.

12.1.3 Emotionen erkennen

Dem Erkennen von Emotionsausdrücken unterliegen drei Prozesse, die nicht den gleichen Entwicklungsverlauf haben. Zunächst muss die Veränderung des Gesichtsausdrucks von neutral zu einem Emotionsausdruck wahrgenommen und als Reiz begriffen werden (Wahrnehmung). Unterschiedliche Ausdrücke müssen voneinander unterschieden werden (Unterscheidung), und schließlich muss dem Ausdruck eine Bedeutung zugeschrieben werden (Erkennung). Schon Neugeborene ziehen Gesichter und gesichtsähnliche Objekte anderen Objekten vor (Goren, Sarty & Wu, 1975). Vier Tage alte Babys zeigen dabei schon eine Präferenz für das Gesicht der Mutter (Field, Cohen, Garcia & Greenberg, 1984). Diese Fixierung auf das Gesicht macht es schon früh möglich, Ausdrücke wahrzunehmen. Ob Ausdrücke auch unterschieden werden können, wird meistens durch Aufgaben getestet, in der die Präferenz des Babys für einen Stimulus gemessen wird. Nachdem ein Baby eine gewisse Zeit einem Reiz ausgesetzt war, habituiert es – d. h. es verliert das Interesse und guckt woanders hin. Wenn ein neuer Reiz gezeigt wird, dann guckt es den Stimulus wieder vermehrt an. Man kann also zwei Stimuli zur gleichen Zeit zeigen und dann einen der beiden austauschen und sehen, ob der Austausch bemerkt wurde, d. h. der Unterschied im Ausdruck erkannt wurde (dafür müssen natürlich die Person und alle anderen Aspekte des Stimulus gleichbleiben).

Alternativ kann man dem Baby hintereinander Ausdrücke zeigen, nachdem es auf den ersten Ausdruck habituiert hat. Walker-Andrews (1997) kam zu dem Schluss, dass Babys im Alter von drei bis vier Monaten schon einige Emotionen unterscheiden können. In diesem Alter allerdings scheint diese Fähigkeit eher auf Mustererkennung als auf Emotionsverständnis zu beruhen. D. h. die Babys unterscheiden zwischen Ausdrücken mit und ohne Zähne und nicht zwischen z. B. Trauer und Freude. Ab ungefähr sieben Monaten zeigen Kinder allerdings schon Reaktionen, die darauf hindeuten, dass sie nicht nur auf bestimmte Einzelelemente des Ausdrucks (wie z. B. Zähne) achten. So zeigen sie z. B. eine Präferenz für Videos, bei denen der Gesichts- und der Stimmausdruck zueinander passen. Noch deutlichere Hinweise darauf, dass die Bedeutung des Gesichtsausdrucks erkannt wurde, geben Untersuchungen zur visuellen Klippe (Klinnert, Campos, Source, Emde & Svejda, 1983). Ein Kleinkind wird dabei auf einen Tisch mit einer Glasplatte gesetzt. Die Tischplatte ist mit einem

Schachbrettmuster unterlegt, das so angelegt ist, dass visuell ein Abgrund entsteht (▶ Abb. 12.1).

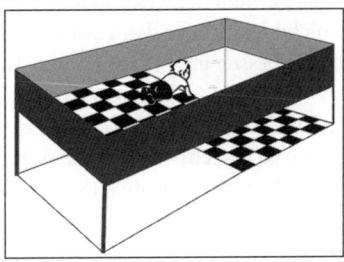

Abb. 12.1: Visuelle Klippe

12 bis 18 Monate alte Kinder überqueren die Klippe, wenn die Mutter lächelt, nicht aber, wenn die Mutter Furcht zeigt. Diese differenzielle Reaktion zeigt deutlich, dass die Bedeutung dieser beiden Ausdrücke verstanden wurde. Andere Experimente zur sozialen Bezugnahme (social referencing) zeigen, dass Kinder ab 10 Monaten den Gesichtsausdruck der Eltern als Informationsquelle nutzen können.

Etwas ältere Kinder kann man bitten, einen Gesichtsausdruck einer Geschichte oder auch einem Emotionsbegriff zuzuordnen. Bei solchen Aufgaben sind 2-Jährige gut in der Lage, Freude und Trauer zuzuordnen, tun sich aber mit Ekel und Furcht schwer. Im Alter von 5 bis 6 Jahren können dann alle Basisemotionen deutlich über Zufallsraten erkannt werden, allerdings gelingt dies immer noch besser für Freude, Trauer und Ärger als für Furcht, Überraschung und Ekel. Dieser Unterschied ist im Alter von 7 bis 8 Jahren auch verschwunden (Gosselin, 1995). Ab der frühen Adoleszenz gibt es kaum noch Unterschiede im Vergleich zu Emotionserkennungsraten bei Erwachsenen.

Auch das familiäre Umfeld spielt bei der Emotionserkennung eine Rolle. So sind Kinder aus emotional expressiven Familien im Vor- und Grundschulalter im Vergleich zu Kindern aus weniger expressiven Familien besser in der Emotionserkennung. Dieser Unterschied dreht sich allerdings im jungen Erwachsenenalter um (Halberstadt & Eaton, 2003). Die Kinder, die in frühen Jahren von

Familienmitgliedern umgeben sind, die klare und intensive Ausdrücke zeigen, finden es leichter, diese zu erkennen. Kinder, deren Familienmitglieder subtiler im Emotionsausdruck sind, haben zwar am Anfang mehr Schwierigkeiten, können aber später im Leben genau solche Ausdrücke dann besser erkennen. Generell sind Mädchen etwas besser im Erkennen von Emotionen – ein Unterschied der für Kleinkinder größer ist als für Jugendliche (McClure, 2000). Ein Grund für diesen Unterschied mag auch das Emotionswissen sein. So sprechen Eltern mit Mädchen mehr über Emotionen, insbesondere über negative (S. Adams, Kuebli, Boyle & Fivush, 1995; Fivush, 1989; Fivush, Brotman, Buckner & Goodman, 2000).

12.1.4 Emotionswissen erwerben und anwenden

Emotionswörter gehören zu den ersten Worten, die Kinder lernen. So kennen schon 2-Jährige die Begriffe Freude, Ärger und Trauer, und 6-Jährige kennen die Bedeutung von Eifersucht und Verlegenheit (Ridgeway, Waters & Kuczaj, 1985). Dieses Wissen um die Bedeutung von Emotionswörtern ist wichtig für den Erwerb von Emotionswissen und den angemessenen Gebrauch von Emotionen im sozialen Kontext. So verlangt Höflichkeit die Unterdrückung von sozial unangemessenen Emotionen und das Zeigen von sozial angemessenen. Dass Kinder dies früh lernen, kann in Studien demonstriert werden, in denen Kinder vom Versuchsleiter ein begehrenswertes Objekt versprochen bekommen, sie dann aber ein weniger wünschenswertes Objekt erhalten. Dabei packt das Kind das Geschenk jeweils entweder in Gegenwart oder Abwesenheit des Versuchsleiters aus, während der Gesichtsausdruck des Kindes beobachtet wird. Nach der sozialen Regel, dass man sich auch über unerwünschte Geschenke zu freuen habe, müssten die Kinder in der Gegenwart des Versuchsleiters Freude vorgeben und ihre Enttäuschung nur zeigen, wenn sie das Geschenk alleine auspacken. Im Alter von 10 bis 11 Jahren wissen die Kinder nicht nur um die Regel, sondern beherrschen ihren Gesichtsausdruck gut genug, um dies überzeugend zu tun (Saarni, 1984). Aber auch schon deutlich jüngere Kinder, im Alter von 3 bis 4 Jahren, bemühen sich, diese Regel anzuwenden, wenn auch meist nicht überzeugend (Cole, 1986). In diesem Alter fangen Kinder auch an, soziale Lügen (weiße Lügen) zu erzählen, um die Gefühle anderer nicht zu verletzten (Talwar & Lee, 2002). Auch das ist ein Zeichen der Beherrschung von sozialen Regeln. Kinder verfügen also schon zu Schulbeginn über ein weites Repertoire von Emotionswissen und können somit Emotionen sozial adäquat einsetzen.

> **Cole, P. (1986). Childrens' spontaneous control of facial expression.** *Child Development, 57*, 1309–1321.
> Das Regulieren von Emotionsausdrücken ist eine Fähigkeit, die gelernt wird. Pamela Cole untersuchte das Auftreten der Regulation des Emotionsausdrucks in verschiedenen sozialen Kontexten und unterschiedlichen Altersgruppen. Dabei wurden Kinder dreier Altersklassen (4 bis 5 Jahre; 6 bis 8 Jahre; 8 bis 10 Jahre) in unterschiedlich emotionalen Situationen beobachtet. In einer positiv emotionalen Situation bekamen die Kinder, nachdem sie einem Experimentator beim Bewerten von Bildern halfen, einen versprochenen Preis ihrer Wahl.
> Anschließend halfen die Kinder dem Experimentator ein zweites Mal, um dann wieder einen Preis zu erhalten. Dieses Mal allerdings bekamen sie einen Preis, den sie vorher auf den letzten Platz gesetzt hatten. In dieser negativen emotionalen Situation wurde ihre positive Erwartung, die sie aufgrund der vorherigen Situation gemacht hatten, somit enttäuscht. Die Kinder wurden gefilmt. Ergebnisse ergaben für alle Altersgruppen ein ähnliches Ausdrucksverhalten. Obwohl dies nur für die älteren Kinder erwartet wurde, zeigten alle Kinder Verhalten, das auf den Versuch der Regulation negativer Emotionsausdrücke schließen lässt.
> Dabei zeigten sich auch Unterschiede zwischen den Geschlechtern. Schon die jüngsten Mädchen lächeln beim Erhalt des enttäuschenden Preises genauso viel wie beim Erhalt des erhofften Preises. Während bei den Mädchen also anhand der positiven Gesichtsausdrücke die positiven und negativen Situationen nicht zu unterscheiden waren, zeigte sich ein deutlicher Unterschied bei den Jungen. Diese zeigten in den positiven Situationen deutlich mehr positives Mienenspiel als

in negativen Situationen, in denen sie sich eher neutral verhielten.

Um das Verhalten der Kinder mit deren Wissen über Emotionen und deren adäquaten Ausdruck in Beziehung zu setzen, führte die Autorin im Anschluss an die Tests mit den Kindern ein Interview durch. Mit Hilfe von Bildergeschichten konnte erhoben werden, wie akkurat das Wissen der Kinder über Emotionsausdrücke war und welches Wissen über erwünschtes Zeigen von Emotionen vorhanden ist. Hier zeigte sich der erwartete Altersunterschied. Kinder der Altersstufe 8 bis 10 gebrauchten häufiger emotionsverdeckende Antworten als die jüngeren Teilnehmer. Vor allem gaben die Kinder an, die Gefühle der anderen nicht verletzen zu wollen.

Cole konnte mit ihrer Studie zeigen, dass schon 3- bis 4-jährige Kinder, obwohl sie sich nicht völlig bewusst über die sozialen Regeln sind, ihr Ausdrucksverhalten entsprechend der sozialen Situation anzupassen versuchen.

12.2 Soziale Interaktion

Fast alle vorangegangenen Abschnitte haben sich mit Emotionen aus intraindividueller Perspektive beschäftigt. Emotionen sind aber vor allem und zuvörderst sozial – wir erleben Emotionen typischerweise im sozialen Kontext oder in Reaktion auf ein soziales Ereignis. Umgekehrt ist es fast unmöglich, sich einen sozialen Kontext zu überlegen, in dem keine Emotionen vorkommen. Während die Forschung zu Emotionen als intraindividuelles Ereignis weit verbreitet sind (wie gut kann jemand Emotionen erkennen oder ausdrücken, welche Emotionsregeln sind bekannt, etc.), gibt es relativ wenig Forschung zu Emotionen im sozialen Kontext, und auch diese fokussiert zumeist auf Individuen. Ein Thema, das etwas mehr Anklang gefunden hat und deshalb besser untersucht ist, ist das Mitfühlen oder (Mit-)teilen von Emotionen. Es geht dabei auch um Prozesse der Emotionsübertragung – im Englischen fallen alle diese Phänomene unter den Begriff »sharing of emotions«. Es geht dabei zum einen um das verbale Mitteilen von Emotionen, wenn wir anderen über unsere Emotionen berichten, und zum anderen um das nonverbale Übertragen von Emotionen durch Mimikry (Imitation) oder Emotionsansteckung.

12.2.1 Das soziale Mitteilen von Emotionen (emotional sharing)

William James beschrieb nach dem Erdbeben in San Francisco im Jahr 1910 das Phänomen, dass die meisten Menschen das Bedürfnis hatten, über ihre Reaktionen zu diesem Ereignis zu sprechen – oder genauer, über ihre Emotionen (zitiert in Rimé, 1995). Es zeigt sich, dass wir dieses Bestreben auch nach weitaus weniger dramatischen Ereignissen haben und eigentlich immer, wenn wir ein emotionales Erlebnis gehabt haben, dies auch anderen mitteilen wollen.

Rimé und Kollegen (siehe Rimé, 2005) kommen zu dem Schluss, dass 90 % aller emotionalen Ereignisse anderen in den darauf folgenden Tagen in irgendeiner Form mitgeteilt werden. Dies kann indirekt in Form von verbalem Austausch oder Briefen geschehen oder symbolisch in Tagebüchern oder in künstlerischem Ausdruck in Gemälden, Musik, etc.

Wer redet über Emotionen?

Das soziale Mitteilen von Emotionserlebnissen ist ein Phänomen, das für alle Altersgruppen und Emotionen gilt (Rimé, 2009). Für wichtige Ereignisse im Leben wie die Geburt eines Kindes, der Tod eines Angehörigen, aber auch für Ereignisse wie eine Blutspende oder ein wichtiges Examen ist die Mitteilungsrate fast 100 %. Die meisten Ereignisse werden noch am gleichen Tag das erste Mal mitgeteilt und dann weiterhin, oft über mehrere Wochen hinweg, wenn auch mit immer geringerer Frequenz. Es gibt keine Geschlechtsunterschiede im Hinblick auf die Frequenz, mit der emotionale Ereignisse mitgeteilt werden, allerdings teilen Frauen Ereignisse einem weiteren Kreis von Personen, Partnern, Familienmitgliedern und Freunden mit, während Männer mit zunehmendem Alter sich mehr und mehr auf die engste Bezugsperson als Adressat der Mitteilung beschränken. Emotionen werden auch über die ganze Breite des Alterskontinuums in vergleichbarer Weise mitgeteilt. Kinder fangen damit an, sobald sie sprechen lernen, und Emotionen werden bis ins hohe Alter mitgeteilt. Was sich ändert, ist auch hier der Adressat: Kleine Kinder teilen ihre Emotionen bevorzugt den Eltern und später auch den Geschwistern mit. Für Jugendliche sind Freunde wichtige Adressaten, für Erwachsene sind es die Partner.

Interkulturelle Unterschiede

Innerhalb westlicher Ländern gibt es keine Unterschiede. Im Vergleich zu westlichen Ländern, in denen ein Ereignis im Schnitt 5- bis 6-mal mitgeteilt wird, ist die Frequenz in Asien niedriger: 2- bis 3-mal. Rimé vermutet dafür zwei Gründe. Zum einen haben Mitglieder von individualistischen, westlichen Kulturen häufig bedeutsame Interaktionen mit einer Vielzahl von Personen, die nicht Mitglied einer Eigengruppe sind, und sie haben zusätzlich häufig mehr Gruppen, zu denen sie sich zugehörig fühlen. Dies bedeutet, dass sie mehr Individuen um sich haben, die zu informieren sind. Zum anderen werden Emotionen in kollektivistischen, asiatischen Kulturen oft als bedeutsamer empfunden, wenn sie durch Ereignisse ausgelöst werden, die für die Eigengruppe relevant sind. In diesem Fall ist es allerdings wahrscheinlicher, dass andere Mitglieder der Eigengruppe schon über das Ereignis informiert sind, da sie es selbst miterlebt haben.

Der Zuhörer

Die Rolle des Zuhörers in dieser Form des Austausches ist normalerweise eher passiv. Die Person, die ihre Emotionen mitteilt, dominiert die Interaktion, und der Zuhörer stellt höchstens Fragen zur Klarstellung missverständlicher Punkte. Ein wichtiger Effekt des sozialen Mitteilens ist, dass die Erinnerung an das emotionale Ereignis die dazugehörige Emotion wieder hervorruft. D. h. der Mitteilende erlebt die Emotion neu. Typischerweise geben auch Zuhörer an, die Emotion ebenfalls gefühlt zu haben (Christophe & Rimé, 1997). Für den Zuhörer wird damit der Austausch auch zu einem emotionalen Ereignis. Dies wirft die Frage auf, ob soziale Mitteilungen ebenfalls weiteren Personen mitgeteilt werden. Dies ist in der Tat der Fall – und zwar in 83 % aller Fälle und unabhängig davon, ob Vertraulichkeit zugesichert wurde (Christophe & DiGiacomo in Rimé, 2005). Zu einer tertiären sozialen Mitteilung kommt es noch immer in 63 % der

Fälle (Christophe & Rimé, 1997). D. h. in 63 % der Fälle wurde eine soziale Mitteilung noch an zwei weitere Personen weitergegeben, auch wenn Vertraulichkeit zugesichert wurde.

Wieso teilen wir anderen die emotionalen Erlebnisse dritter Personen mit – und warum hören diese anderen nicht nur interessiert zu, sondern geben die Information auch noch weiter? Laut Rimé (2005) haben diese sekundären und tertiären sozialen Mitteilungen zwei wichtige soziale Funktionen. Zum einen haben Berichte über das emotionale Erleben einer Person eine gewisse Aussagekraft über sie. Wenn wir z. B. wissen, dass jemand auf ein zielbehinderndes Ereignis mit Trauer und nicht mit Ärger reagiert hat, dann sagt uns dies etwas über das Bewältigungspotenzial dieser Person (niedrig). Denn wenn das Bewältigungspotential hoch gewesen wäre, hätte man Ärger erwartet. Durch die soziale Mitteilung können wir also unser Wissen über den Protagonisten der Geschichte aktualisieren. Zum anderen ist die Geschichte selbst von Belang. Wenn einer Person, mit der wir – wenn auch indirekt – durch Bekanntschaft verbunden sind, etwas passiert, ist es nicht unwahrscheinlich, dass uns so etwas Ähnliches auch passieren könnte. Die Information darüber, wie der Protagonist, die Situation bewältigt oder nicht bewältigt hat, ist also potenziell nützlich. Mit anderen Worten: Soziales Mitteilen aktualisiert unser soziales Wissen über Personen und Situationen.

Die Funktion des emotionalen Mitteilens für den Mitteilenden

Was hat aber nun der Mitteilende davon, anderen über seine Emotionen zu berichten? Eine Funktion, über die zunächst spekuliert wurde, dass das Mitteilen der Erholung von der emotionalen Situation dient und dem Mitteilenden hilft, sein Gleichgewicht zu finden, hat sich nicht bestätigt (Rimé, 1995, 2009). Über ein Ereignis verständlich zu berichten, verlangt die Geschehnisse geistig zu organisieren. Es zeigt sich, dass das wiederholte Berichten eines Ereignisses die mentale Repräsentation des Ereignisses ändert, so dass einige Elemente umgewichtet werden. Dies hilft, eine balanciertere und klarere Erinnerung an das Ereignis zu gewinnen. Die Erinnerung an das Ereignis gewinnt somit an Eindeutigkeit (nicht aber unbedingt an Richtigkeit) und erlaubt eine bessere Einordnung. Dies funktioniert allerdings besser wenn schriftlich berichtet wird, oder gegenüber einem professionellen Zuhörer (Therapeut, Seelsorger). Eine wichtigere Funktion ist die der sozialen Validierung. Emotionale Ereignisse stören quasi schon der Definition nach das emotionale Gleichgewicht des Erlebenden. Etwas hat sich geändert, und auf die Änderung wurde reagiert. Im Nachhinein kann dies Fragen aufwerfen, ob die Interpretation des Ereignisses richtig und die Reaktion adäquat war. Habe ich überreagiert? Hätte ich ärgerlicher sein sollen? Durch die Mitteilung und die anschließende Validierung durch den Zuhörer, der das Ereignis kommentiert (»Ja, das sehe ich auch so.«, »Ich weiß gar nicht, wie Du da so ruhig bleiben konntest.«), gewinnt der Mitteilende wertvolles Emotionswissen. Nach Rimé (2009) hilft die soziale Mitteilung den Beteiligten, mehr über ihr soziales Umfeld zu lernen und ihre sozialen Vorhersagemodelle zu aktualisieren und zu erweitern. Zudem kann es auch vorkommen, dass der Zuhörer nützliche und praktische Ratschläge gibt, die direkt umgesetzt werden können. Die letzte und in mancher Hinsicht wichtigste Funktion ist, die sozialen Beziehungen zu festigen. Abbildung 12.2 zeigt den Prozess laut Rimé (2009).

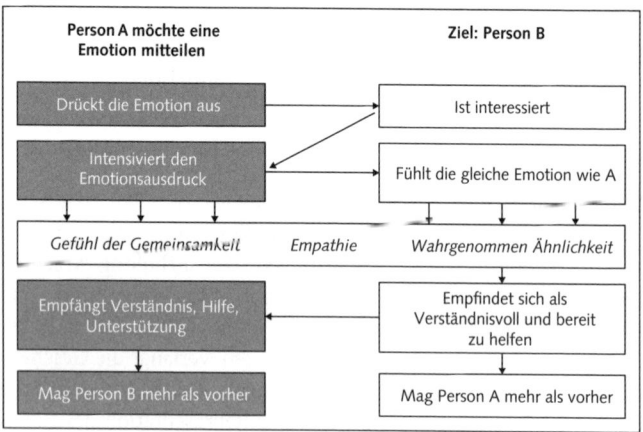

Abb. 12.2: Die Funktion der sozialen Mitteilung (nach Rimé, 2009)

12.2.2 Imitation und Emotionsansteckung

Emotionen können auch nonverbal zwischen Interaktionspartnern »geteilt« werden. Dies geschieht durch die Imitation des nonverbalen Verhaltens des Interaktionspartners, der sogenannten Mimikry, oder spezifisch in Bezug auf den Gesichtsausdruck, faziale Mimikry. Der Begriff »Mimikry« wurde aus der Biologie übernommen. Dort wird der Begriff für eine Tarnfärbung verwendet, die ein Tier einem anderen ähnlich aussehen lässt. Er leitet sich aus dem englischen »to mimic« (nachahmen) ab.

Mimikry ist generell die Imitation des nonverbalen Ausdrucks vom Gesicht, der Haltung oder Stimme einer anderen Person (z. B., Hess, Philippot & Blairy, 1999). Der Begriff »Mimikry« wird oft synonym mit dem Begriff »Emotionsansteckung« verwendet (Hatfield, Cacioppo & Rapson, 1994). Allerdings bezeichnen diese beiden Begriffe eigentlich zwei konzeptuell unterschiedliche Phänomene. Der wichtigste Unterschied liegt darin, dass Mimikry sich zunächst ausschließlich auf die Imitation des nonverbalen Ausdrucks einer anderen Person bezieht und nicht auf ein gemeinsames Emotionsempfinden. Umgekehrt bezieht sich Emotionsansteckung auf ein gemeinsames Emotionsempfinden und ist nicht von der Imitation des Ausdrucks abhängig. So kann man sehr gut die Emotionen einer Person, die in einem Text beschrieben werden, »aufschnappen«. Obwohl es natürlich oft vorkommt, dass in einer sozialen Interaktion sowohl der Ausdruck imitiert als auch die Emotion geteilt wird, ist es doch wichtig, dies konzeptuell nicht zu vermengen.

Was ist Mimikry?

Die Imitation des nonverbalen Verhaltens anderer, Mimikry, ist ein weitverbreitetes Verhalten, das sowohl bei Kindern (Chisholm & Strayer, 1995; Haviland & Lelwica, 1987; Kagan et al., 1994; Reissland & Harris, 1991), als auch bei Erwachsenen beobachtet werden kann (Dimberg, 1982, 1986, 1990; Lundqvist & Dimberg, 1995; Öhman & Dimberg, 1978). Emotionale Mimikry bezieht sich spezifisch auf die Imitation emotionaler Signale. In einer Vielzahl von Studien zur fazialen Mimikry wurde gezeigt, dass Personen, die jemanden sehen, der Ärger zeigt, eine erhöhte Aktivität des Corrugator Supercilii zeigen, des Muskels, der die

Augenbrauen zusammenzieht. Auch in Reaktion auf traurige Ausdrücke wird üblicherweise eine erhöhte Aktivität dieses Muskels beobachtet. Umgekehrt zeigen Personen, die jemanden sehen, der lächelt, eine erhöhte Aktivität des Zygomaticus Major (Hochziehen der Mundwinkel) und des Orbicularis Oculi (Lachfältchen um die Augen). In Bezug auf andere spezifische Emotionen ist die Beweislage allerdings schwächer. Es gibt nur vereinzelte Hinweise auf die spezifische Imitation von Ekel, Überraschung oder Furcht. In Reaktion auf Furchtausdrücke wird oft ebenfalls eine erhöhte Aktivität des Corrugator Supercilii gefunden (Magnée, Stekelenburg, Kemner & de Gelder, 2007; Maurice, Magnée, De Gelder, Van Engeland & Kemner, 2007), was eher für eine valenzspezifische Imitation spräche als für eine genaue Imitation des spezifischen Ausdrucks.

Generell ist Mimikry eine sehr schnelle (Dimberg et al., 2002), nicht-intentionale (Meltzoff & Moore, 1977) und präattentive (Dimberg et al, 2000; Sonnby-Borgstöm) Reaktion, die schwer unterdrückbar ist (Dimberg, Thunberg & Elmehed, 2000; Dimberg et al., 2002). Dennoch zeigt sich, dass es sich dabei nicht um eine quasi-reflexartige Imitation des beobachteten Verhalten handelt, denn Mimikry unterliegt in starkem Maße den Topdown-Einflüssen des sozialen Kontexts.

Mimikry im sozialen Kontext

Mimikryreaktionen sind vom sozialen Kontext abhängig. D. h. die Imitation verläuft nicht automatisch in dem Sinne, dass auf eine Wahrnehmung direkt und quasi reflexartig eine Imitation erfolgt (Perception - Behavior link, Chartrand & Bargh, 1999). Mimikry wird schnell und automatisch gezeigt, aber nur, wenn der Kontext im weitesten Sinne affiliativ ist. So wird Mimikry gezeigt, wenn die Beziehung zwischen den Interaktionspartnern kooperativ und nicht kompetitiv ist (Lanzetta & Englis, 1989; Weyers, Mühlberger, Kund, Hess & Pauli, 2009), wenn der Ausdrückende Mitglied einer Eigen- und nicht einer Fremdgruppe ist (Bourgeois & Hess, 2008; Herrera, Bourgois & Hess, 1998) oder uns freundschaftlich verbunden ist. Probanden lachen mehr, wenn sie einen lustigen Film mit Freunden und nicht mit Fremden oder alleine ansehen (Wagner & Smith, 1991). Ärger insbesondere wird eher imitiert, wenn er auf einen gemeinsamen Gegner gerichtet ist (Bourgeois & Hess, 2008).

In affiliativen Situationen kann Mimikry als ein Signal gemeinsamen Verständnisses und geteilter Perspektive dienen. In kompetitiven oder feindseligen Interaktionen hingegen ist es eher wahrscheinlich, dass die Gesichtsausdrucksreaktionen des Beobachters eine Reaktion auf den Ausdruck sind und nicht ein emotionales Mitschwingen mit dem anderen. In feindseligen Interaktionen kommt es deshalb auch eher zu inkongruenten Ausdrücken, (z. B., Lächen wenn der andere Schmerz zeigt, Lanzetta & Englis, 1989). Generell führt eine negative Einstellung gegenüber einer anderen Person dazu, dass Mimikry reduziert oder gar nicht gezeigt wird.

In einer interessanten Studie konnten Likowski und Kollegen (Likowski, Mühlberger, Seibt, Pauli & Weyers, 2008) zeigen, dass dies auch für frisch erworbene Einstellungen gilt. In ihrer Studie lasen Probanden kurze Texte, in denen die später gezeigten Modelle entweder als »gute« oder als »schlechte« Menschen dargestellt wurden. In der darauffolgenden Testphase wurden die Freude- und Trauerausdrücke der »guten« Modelle stärker imitiert als die der »schlechten« Modelle.

Auch Gruppenzugehörigkeit ist für Mimikry relevant. Hier spielt auch die gezeigte Emotion eine Rolle. Negative Emotionen, die signalisieren, dass etwas nicht in Ordnung ist, insbesondere Trauer und Furcht, werden von der Eigengruppe stärker imitiert. Ärger wird dann imitiert, wenn er eindeutig auf ein Fremdgruppenmitglied gerichtet ist. Freude wird auch dann imitiert, wenn er von Fremdgruppenmitgliedern gezeigt wird, solange diese nicht deutlich abgelehnt werden. Auch die ängstliche Stimme eines Eigengruppenmitglieds führt eher zu kongruenten Reaktionen als die eines Fremdgruppenmitglieds (Weisbuch & Ambady, 2008).

Die Funktion der Mimikry

Drei mögliche, sich nicht ausschließende Funktionen der Mimikry werden in der Literatur diskutiert.

1. Mimikry als »sozialer Klebstoff«
2. Mimikry als Mittel des Emotionsverständnisses
3. Mimikry als Signal des Emotionsverständnisses

Im letzten Abschnitt wurde diskutiert, dass Mimikry nur in affiliativen sozialen Kontexten stattfindet. Umgekehrt zeigt sich insbesondere für verhaltensbezogene Mimikry (Chartrand & Dalton, 2009; Lakin et al., 2003), aber auch für faziale Mimikry (Yabar & Hess, 2007), dass imitierte Personen die imitierende Person mehr mögen als eine, die nicht imitiert. Dieses mittlerweile gut etablierte Phänomen wurde dahingehend umschrieben, dass Mimikry wie »sozialer Klebstoff« wirkt. Voraussetzung ist allerdings, dass die zugrundeliegende Beziehung zunächst zumindest neutral ist. Menschen als soziale Wesen sind im Allgemeinen affiliationsmotiviert und zeigen entsprechendes Mimikryverhalten.

Dass Mimikry dem Emotionsverständnis dient, ist eine Idee, die auf Lipps (1907) zurückgeht. Er ging davon aus, dass das imitierte Ausdrucksverhalten, durch eine Art Rückkopplung (vergleichbar mit Facial Feedback; ▶ Kap. 8.2.1) der Introspektion dient. Neuere Versionen dieser Theorie beziehen sich auf das Spiegelneuronensystem (Rizzolatti, 2005; Rizzolatti & Craighero, 2005). Hier wird angenommen, dass die Simulation der Emotion des anderen die Erkennung der gezeigten Emotion ermöglicht. Inwieweit gezeigte Mimikry dabei eine Rolle spielt (anstelle einer nicht externalisierten neuronalen Simulation, Goldman & Sripada, 2005), ist dabei nicht eindeutig. Es gibt allerdings nur wenig Hinweise darauf, dass Mimikry zur Emotionserkennung nötig ist, bzw., dass das Unterbinden von Mimikry diese nachhaltig stört (Blairy, Herrera & Hess, 1999; Hess & Blairy, 2001). Auch können Personen, die aus verschiedenen Gründen nicht in der Lage sind, Gesichtsausdrücke zu imitieren, trotzdem Emotionen gut erkennen (Bogart & Matsumoto, 2010). Allerdings hat das Blockieren von Mimikryreaktionen subtile Einflüsse auf die Emotionserkennung. So kann sie entweder verlangsamt (Stel & van Knippenberg, 2008) oder beschleunigt werden (Hawk, Fischer & Van Kleef, 2012). Auch scheinen subtile Unterscheidungen einfacher, wenn Mimikry nicht blockiert ist (Maringer, Krumhuber, Fischer & Niedenthal, 2011).

Da Mimikry die vom Ausdrückenden gefühlte (oder zumindest gezeigte) Emotion widerspiegelt und sie auch als solche wahrgenommen wird, verfügt Mimikry noch über eine weitere Funktion – nämlich das Signal des Emotionsverständnisses. Diese Idee wurde zunächst von Bavelas und Kollegen (Bavelas et al., 1986) in Bezug auf verhaltensbezogene Mimikry postuliert. Dieser Mechanismus könnte auch erklären, warum Mimikry als sozialer Klebstoff wirkt. Da Verständnis signalisiert wird, fühlt sich der andere verstanden, und es entwickelt sich dadurch Rapport. Dieser Rapport kann dann dazu führen, dass es zu einem vertrauensvolleren emotionalem Austausch kommt (Hess et al., 1999).

12.2.3 Emotionsregulation

Emotionsregulation besteht darin, eine Emotion zu verstärken, zu vermindern, sie ganz zu unterdrücken und/oder sie mit einer anderen zu überdecken und zu ersetzen (Matsumoto et al., 2008). Es gibt im täglichen Leben viele Gründe, nicht jede Emotion, die man empfindet, auch zu zeigen. Soziale Ausdrucksregeln (display rules, Ekman, 1972) verlangen, dass man bestimmte Emotionen unterdrückt oder auch verstärkt. So ist es zum Beispiel nicht angemessen, seiner Freude über einen Gewinn vollen Ausdruck zu verleihen, wenn der beste Freund verloren hat. Auch sollte man Freude über ein Geschenk zeigen, auch wenn dies vielleicht nicht genau das ist, was man sich gewünscht hätte, und man enttäuscht ist (▶ Kap. 12.2.2). Wie diese Beispiele zeigen, werden sowohl positive als auch negative Emotionen reguliert. Emotionen können hoch- und herunterreguliert werden. Die häufigste Kombination ist dabei das Herunterregulieren von negativen Emotionen, aber alle Formen der Emotionsregulation sind alltagsrelevant (Gross, Richards & John, 2006). Insbesondere in der Arbeitswelt werden Emotionen oft streng und explizit geregelt. So ist das Anlächeln des Kunden Teil der Arbeitsaufgabe. Dieser Aspekt der Arbeit wird als Emotionsarbeit bezeichnet und verlangt vom Arbeitnehmer konstante Emotionsregulation. Am häufigsten werden dabei positive Emotionen hoch- und negative Emotionen herunterreguliert, aber es gibt auch Ausnahmen. Emotionsregulation muss dabei nicht bewusst stattfinden (Bargh & Williams, 2007).

Formen der Emotionsregulation

Eine erste Frage ist dabei, was reguliert werden soll: nur der Ausdruck oder die »ganze« Emotion? Im Kontext der Emotionsarbeit spricht man dabei von »Surface acting«, bei dem lediglich der Ausdruck modifiziert wird und die ursprünglich ausgelöste Emotion weiterhin bestehen bleibt. Es kommt dabei zu einem emotionalen Dissonanzeffekt, da Ausdruck und Emotion nicht kongruent sind. Beim »Deep acting« hingegen wird versucht, die zugrundeliegende Emotion zu beeinflussen.

Gross (z. B., Gross & Thompson, 2007) hat eine Typologie der Regulationsmethoden erstellt (▶ Abb. 12.3). Diese können antezedensfokussiert sein (es wird versucht, die Antezedenzien der Emotion bzw. das Auslösen der Emotion zu beeinflussen) oder reaktionsfokussiert (die schon ausgelöste Emotion wird beeinflusst). *Deep acting* ist ein Beispiel für eine ursachenfokussierte Regulation, *Surface acting* hingegen für eine reaktionsfokussierte Regulation.

Bei einer *Situationsselektion* werden die Situationen vermieden, in denen die unerwünschte Emotion auftritt. Dies verlangt, dass das Individuum eine gute Kenntnis der Situationen hat, die bestimmte Emotionen auslösen könnten. So mag eine schüchterne Person versuchen, lieber eine Hausarbeit zu schreiben als ein Referat zu halten. Langfristig kann ein solches Vermeidungsverhalten allerdings deutliche Nachteile mit sich bringen.

Situationsmodifikation beinhaltet die gezielte Änderung einer Situation, um potentiell emotionsauslösende Elemente zu vermeiden. Nach Gross und Thompson (2007) wird diese Form häufig gewählt, um die Emotionen anderer zu regulieren. Sie nennen als Beispiel die Situation, in der jemand vor dem Besuch der sehr konservativen Schwiegereltern potentiell politisch provozierende Zeitschriften versteckt.

Aufmerksamkeitslenkung kann zwei Formen annehmen: die Ablenkung von emotionsauslösenden Elementen der Situation oder die Konzentration auf die Emotion. Insbesondere wenn eine negative Situation gehäuft auftritt (z. B. eine Serie von Zahnarztbesuchen), reduziert die Konzentration auf die distressauslösenden Elemente der Situation den negativen Affekt (Leventhal, Brown, Shacham & Engquist, 1979). Wenn kleine Kinder die Hände vor die Augen halten, wenn sie einen gruseligen Film sehen, ist auch dies eine Form der Aufmerksamkeitslenkung, und zwar durch physischen Zurückzug.

Kognitive Neubewertung (Reappraisal) ist der Versuch, die Situation so neu zu interpretieren, dass ihre emotionale Wirkung sich in die gewünschte Richtung ändert. Dies ist die meist untersuchte Form des Deep acting. Ein Beispiel wäre folgendes: Wenn man sich über einen Kunden, der sich lautstark beschwert, ärgert, versucht man, sich an seine Stelle zu versetzen und seine Frustration zu verstehen. Der Ärger kann sich dann zu Mitgefühl oder doch zumindest zu Verständnis wandeln. Reappraisal oder Deep acting hat weniger negative Konsequenzen am Arbeitsplatz (Brotheridge & Grandey, 2002), und die Tendenz, Reappraisal zu nutzen, ist positiv mit Wohlbefinden assoziiert (McRae, Jacobs, Ray, John & Gross, 2012).

Reaktionsmodulation bezieht sich auf den gleichen Prozess wie Surface acting. Arbeitsplatzstudien und experimentelle Studien mit Studenten zeigen jeweils, dass Surface acting insgesamt für das Individuum physiologisch belastender ist (John & Gross, 2004) und langfristig am Arbeitsplatz das Burnoutrisiko erhöht (Brotheridge & Grandey, 2002).

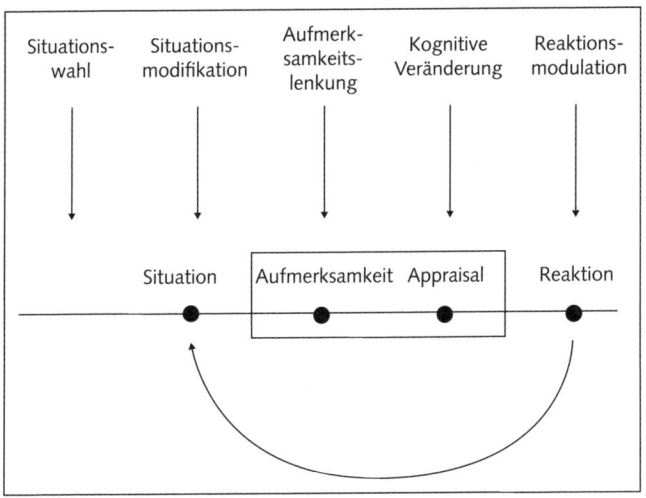

Abb. 12.3: Emotionsregulation (nach Gross und Thompson, 2007)

Das Modell von Gross und Thompson (2007) zeigt die verschiedenen Regulationsmethoden auf einem Kontinuum der Distanz von der Reaktion (▶ Abb. 12.3). So verlangt Situationsvermeidung ein relativ langfristiges Vorausplanen. Reappraisal und Ausdrucksmodifikation können noch eingesetzt werden, wenn das Ereignis schon stattfindet. Der Pfeil deutet an, dass, wie auch in Appraisaltheorien angedacht, Emotionsregulation rekursiv ist und in einem dynamisch entwickelten Handlungsstrom stattfindet. So kann zu unterschiedlichen Momenten in diesem Handlungsstrom eine andere Regulationsmethode gewählt werden.

Zusammenfassung

Die Entwicklung des Emotionsempfindens beruht auf der Entwicklung der Verarbeitung von Emotionsreizen. Emotionen, für die die Beurteilung der Auslöser wenig Wissen verlangt, können früher in der Entwicklung ausgelöst werden als solche, deren Auslösung die Beurteilung von Reizen anhand von Normen und Standards verlangt.

Der emotionale Gesichtsausdruck des Neugeborenen ist zunächst noch weitgehend undifferenziert. Lächeln in Reaktion auf spezifische Ereignisse bildet sich zwischen drei und sechs Monaten aus. Negative Emotionen werden zunächst unspezifisch als Distress ausgedrückt und differenzieren sich im Lauf des ersten Lebensjahres aus.

Um die Emotionsausdrücke anderer zu verstehen, müssen diese wahrgenommen werden, als unterschiedlich erkannt und schließlich interpretiert werden. Schon Neugeborene interessieren sich für Gesichter und bestimmte Ausdrücke und können diese auch schon früh als unterschiedlich erkennen. Hinweise auf die richtige Interpretation von emotionalen Ausdrücken gibt es erst ab 7 bis 10 Monaten. Die Fähigkeit zum Erkennen der Basisemotionen ist ab dem 5. bis 6. Lebensjahr gegeben, verbessert sich allerdings noch bis in die frühe Adoleszenz.

Kinder lernen schon sehr früh die sozialen Regeln, die den adäquaten Emotionsausdruck in sozialen Situationen bestimmen. Die gekonnte Ausführung dieser Regeln verlangt allerdings auch Kompetenzen im gewollten Ausdruck von Emotionen, die erst nach und nach erworben werden.

Soziale Mitteilungen erlauben es, den Interaktionspartnern ein gemeinsames Interesse zu zeigen. Der Zuhörer zeigt Empathie, und durch seine Kommentare Interesse. Laut Rimé (2009) sind soziale Mitteilungen für Erwachsene Episoden, die soziale Bindung fördern. In der Konsequenz fühlen sich beide Interaktionspartner im Anschluss besser. Dies fördert die soziale Affiliation.

Mimikry ist die Imitation des nonverbalen Verhaltens anderer. Faziale Mimikry bezeichnet die Imitation des Gesichtsausdrucks anderer. Mimikry ist eine rasche, quasi automatische, schwer zu unterbindende Reaktion auf das beobachtete Verhalten.

Mimikry wird im Allgemeinen nur gezeigt, wenn die Beziehung zwischen Beobachter und Ausdrückendem affiliativ oder zumindest neutral ist. Ist die Beziehung kompetitiv oder feindselig, kann es auch zu inkongruentem Ausdrucksverhalten kommen.

Mimikry werden drei sich nicht ausschließende Funktionen zugeschrieben. Die am besten belegte versteht Mimikry als sozialen Klebstoff, der Affiliation zwischen Interaktionspartnern schafft. Dieser Effekt könnte durch die Signalfunktion von Mimikry vermittelt werden, die besagt, dass Mimikry Emotionsverständnis signalisiert. Mimikry hat einen gewissen Einfluss auf Emotionserkennung, jedoch keinen entscheidenden.

Emotionen können sowohl hoch- als auch herunterreguliert werden als auch ganz unterdrückt und durch andere ersetzt werden. Regulationsmethoden, die bei der Situation ansetzen (ursachenfokussiert), insbesondere Reappraisal, sind dabei für das Individuum weniger belastend als solche, die eine reine Modifikation des Ausdrucks anstreben (reaktionsfokussiert).

Weiterführende Literatur

Heber, E., Lehr, D., Riper, H. & Berking, M. (2014). Emotionsregulation: Überblick und kritische Reflexion des aktuellen Forschungsstandes. *Zeitschrift für Klinische Psychologie und Psychotherapie, 43*(3), 147–161.

Hess, U. & Fischer, A. (2013). Emotional mimicry as social regulation. *Personality and Social Psychology Review, 17*, 142–157.

Klinkhammer, J. & Salisch, M. v. (2015). *Emotionale Kompetenz bei Kindern und Jugendlichen. Hintergründe und Folgen*. Stuttgart: Kohlhammer.

Lewis, M. (2008). The emergence of human emotions. In M. Lewis, J. M. Haviland-Jones & L. F. Barrett (Eds.), *Handbook of emotions* (3rd ed.; pp. 304–319): New York, NY: Guilford Press.

Rimé, B., Paez, D., Kanyangara, P. & Yzerbyt, V. (2011). The social sharing of emotions in interpersonal and in collective situations: Common psychosocial consequences. In I. Nykliček, A. Vingerhoets & M. Zeelenberg (Eds.), *Emotion regulation and well-being* (pp. 147–163). New York, NY: Springer.

Fragen zur Selbstüberprüfung

- Wann werden welche Emotionen ausgelöst?
- Was bestimmt, ab wann bestimmte Emotionen ausgelöst werden?
- Welche Formen des sozialen Teilens von Emotionen gibt es?
- Wodurch unterscheiden sich Surface und Deep Acting?

13 Kulturelle Unterschiede und Ähnlichkeiten

13.1 Einleitung

Im Hinblick auf die Frage, ob Emotionen kulturübergreifend universell sind, muss man die unterschiedlichen Komponenten getrennt betrachten (Shweder, Haidt, Horton & Joseph, 2008). Forschungsschwerpunkte liegen dabei auf folgenden Gebieten:

- Emotionsempfinden
- Emotionsausdruck
- Emotionsursache und Appraisal
- Emotionsnormen und Regulation

13.2 Emotionsempfinden

In Bezug auf das Emotionsempfinden können zwei Aspekte unterschieden werden: zum einen die Frage, ob die Begriffe, die von Forschern und Laien zur Bezeichnung von emotionalen Zuständen verwendet werden, kulturübergreifend den gleichen Zustand beschreiben; zum anderen die Frage, ob die Beschreibung des subjektiven Gefühlszustandes sich kulturell unterscheidet.

13.2.1 Emotionsbegriffe

Was diese Frage angeht, so gehen Forscher in der postmodernen Tradition (z. B. Wierzbicka, 1992, 2003; Armon-Jones, 1985) davon aus, dass Emotionen sprachgebunden und vom Sprachgebrauch geformt sind. Dabei werden Emotionen nicht als natürliche Zustände, sondern als gelernte Konstrukte verstanden, die auf sozialen Vorstellungen beruhen und daher zugleich kulturspezifisch sind. Ein wichtiges Argument zur Kulturspezifität von Emotion ist aus postmoderner Sicht, dass unterschiedliche Sprachen unterschiedliche Emotionslexika haben (▶ Kap. 11). Laut Wierzbicka (1992) »gibt es gute Gründe anzunehmen, dass

Unterschiede in der ›Emotionssprache‹ mit Unterschieden in den Emotionen selbst verbunden sind« (S. 124). Dabei schließt sie allerdings nicht völlig aus, dass der bezeichnete Zustand verstanden und auch erlebt werden kann, selbst wenn ein entsprechendes Wort in der Sprache fehlt. In Reaktion auf diese theoretische Position wurde angemerkt, dass Worttaxonomien das Erleben nur unvollkommen widerspiegeln (Mesquita & Frijda, 1992; Johnson-Laird & Oatley, 2000). Tatsächlich ist es üblicherweise so, dass Emotionszustände beschrieben und erkannt werden können, auch wenn es keine direkte Übersetzung gibt (Oatley, 1991). So wäre zum Beispiel das Genre der Hollywood-Slapstick-Komödie nicht denkbar, wenn die Emotion der Schadenfreude auf deutsch- und hebräischsprachige Individuen beschränkt wäre (▶ Kap. 11).

13.2.2 Beschreibung des Emotionsempfindens

Inwieweit Emotionsempfinden kulturabhängig ist, ist ebenfalls eine Frage der Analyseebene. Scherer und Wallbott (1994) baten Probanden in 37 Ländern, sich an ein Emotionsereignis zu erinnern. Dabei wurde das subjektive Empfinden bezüglich zeitlicher Distanz (lange her versus kürzlich), Intensität, Dauer, Kontrollversuche und des Effekts auf soziale Beziehungen beschrieben. Die Autoren kommen zu dem Schluss, dass Unterschiede zwischen den Emotionen deutlich größer sind als kulturelle Effekte, die allerdings auch deutlich wurden. Auf einer anderen Ebene haben Kitayama und Kollegen (Kitayama et al., 2000) sich dieser Frage genähert. Sie haben untersucht, welche Emotionen mit einem allgemeinen »positiven Gefühl« korrelieren. Sie kommen zu dem Schluss, dass dies für Japaner solche Emotionen sind, die Relationen implizieren (z. B. Respekt), während es für US-Amerikaner eher selbstrelevante Emotionen (z. B. Stolz) sind. Insgesamt kann man also davon ausgehen, dass es kulturelle Unterschiede in der Art und Weise gibt, wie Emotionen subjektiv empfunden werden. Wie stark diese Unterschiede sind, lässt sich schwer sagen, da es keine wirklich objektiven Standards für Aspekte wie der Intensität einer Emotion gibt, da eine solche Einschätzung wiederum von den kulturell geprägten Erfahrungen der Probanden abhängt.

13.3 Emotionsausdruck

Darwin ging davon aus, dass es eine Kontinuität zwischen den Emotionsausdrücken von (Säuge-)Tieren und den menschlichen Ausdrücken gibt. Diese Sicht impliziert, dass menschliche Emotionsausdrücke universell sind.

Darwin war der Erste, der dieser Frage empirisch nachging, indem er eine Umfrage an Personen schickte, die im weitverzweigten britischen Empire lebten (Verwaltungsbeamte, Missionare), und sie bat, bestimmte Ausdrücke bei den Einheimischen zu beobachten und zu beschreiben. Auf der Basis der Antworten kam er zu dem Schluss, dass Emotionen universell sind. Wie in Kapitel 7.3 erwähnt, wurde diese Sicht Anfang des 20. Jahrhunderts nicht bestätigt, und Bruner und Tagiuri kamen im *Handbook of Social Psychology* (1954) sogar zu dem gegenteiligen Schluss. Ekman und Kollegen (1972) legten in ihrem Buch *Emotion in the human face: Guidelines for research and an integration of findings* die methodologischen Schwächen der Studien dar, die keine Universalität bestätigen konnten. Ihre eigenen und andere Studien konnten überzeugende Hinweise dafür bringen, dass zumindest Basisemotionen universell erkannt werden (Ekman et al., 1987; Izard, 1971). Ekman und Friesen (1971) konnten dabei auch Daten von einer von der westlichen Kultur unberührten Gruppe von Bewohnern Papua Neuguineas erheben, die zeigten, dass die beobachtete Universalität nicht auf kulturelles Lernen zurückzuführen ist.

Diese Studien wurden allerdings im Hinblick auf die verwendete Methodologie durchaus auch kritisiert. Es kam dabei zu einer lebhaften Debatte, wie interkulturelle Vergleiche in der Emotionsausdruckswahrnehmung durchzuführen seien (siehe Ekman, 1994; Izard, 1997; Russell, 1991; Russell, 1994, 1995). Neben diesen Extremen setzte sich allerdings mehr und mehr die Ansicht durch, dass es sowohl Universalität als auch kulturelle Unterschiede geben kann (z. B., Fiske, Kitayama, Markus & Nisbett, 1998; Mesquita, Frijda & Scherer, 1997). Eine solche Sicht, ist die Theorie der kulturellen Dialekte (Elfenbein & Ambady, 2002, 2003; Elfenbein, Beaupré, Levesque & Hess, 2007; Marsh, Elfenbein & Ambady, 2003).

13.3.1 Kulturelle Dialekte

Auf der Basis einer Meta-Analyse interkultureller Studien zur Emotionserkennung – wobei unterschiedliche Methoden und verschiedene Ausdruckskanäle berücksichtigt wurden – kamen Ambady und Elfenbein (2002) zu dem Schluss, dass zwar Basisemotionen generell gut erkannt werden, Probanden aber vergleichsweise besser darin sind, die Ausdrücke der eigenen Kultur zu erkennen. Geographische Nähe und Kontakt wiederum reduzieren diesen Eigengruppenvorteil in der Emotionserkennung. Ambady und Elfenbein (2002, 2003a) verwenden die Metapher des linguistischen Dialekts, um diese Ergebnisse zu erklären. Eine gegebene Sprache wird generell gut von allen Sprechern dieser Sprache verstanden. Trotzdem werden die unterschiedlichen Dialekte dieser Sprache (man denke an Bayrisch versus Pfälzisch) von den Sprechern dieses Dialekts besser verstanden als von Sprechern eines anderen Dialekts. Entsprechend wird die universelle Sprache des Emotionsausdrucks von den Mitgliedern der jeweiligen anderen Kulturen gut verstanden, aber der eigene Dialekt eben besser. Dass es solche Dialekte gibt, wurde zum Beispiel vom Marsh et al. (2003) und Elfenbein et al. (2007) gezeigt. Elfenbein und Kollegen baten Mitglieder zweier französischsprachiger Kulturen (Quebec und Gabon), Gesichtsausdrücke zu produzieren, die von ihren Freunden als typisch für die jeweilige Emotion empfunden würden. Diese Gesichtsausdrücke wurden kodiert und verglichen. Ein Dialekt würde sich darin ausdrücken, dass nicht alle für den Ausdruck verwendeten Muskeln gleich sind. Unterschiede im Ausdruck ergaben sich für Gelassenheit, Scham, Verachtung, Ärger, Trauer, Überraschung und Freude, nicht aber für Furcht, Ekel und Verlegenheit. Das heißt, die meisten der untersuchten Emotionen wiesen Dialekte auf. Eine Emotionserkennungsstudie belegte, dass beide Dialekte von beiden Gruppen gut erkannt wurden, aber besser von der jeweiligen Eigengruppe.

Der Dialekt für Freude bezog sich auf den Duchennemarker (die Fältchen um die Augen, die schon von Duchenne als Hinweis auf die »Authentizität« des Freudeausdrucks beschrieben wurde; ▶ Kap. 8.2.2). Die Probanden aus Gabon zeigten diesen Marker deutlich weniger häufig. Eine neuere Studie (Thibault et al., 2012) belegt ebenfalls, dass dieser Marker von Probanden aus Gabon und China nicht als Hinweis auf Authentizität gewertet wird – es handelt sich anscheinend hierbei ebenfalls um einen kulturellen Dialekt, der im Wesentlichen auf westliche Kulturen beschränkt ist.

Insofern, als Appraisals Ausdrucksverhalten bestimmen, können subtile Unterschiede in Appraisalprofilen zu subtilen Ausdrucksunterschieden im Sinne der kulturellen Ausdrucksdialekte (Elfenbein & Ambady, 2002) führen. Somit könnten sich die innerhalb zweier Kulturen als prototypisch empfundenen emotionalen Gesichtsausdrücke subtil unterscheiden (wie es zum Beispiel von Elfenbein et al., 2007, für Gabun und Quebec gezeigt wurde), weil die jeweilige Modalemotion (Scherer, 1987) subtil anders bewertet wurde, die Appraisalprofile aber doch so ähnlich sind, dass die resultierenden Gesichtsausdrücke nicht unterschiedlichen Emotionsfamilien zuzuordnen wären. Einen ersten Beleg für diese Theorie fanden Hess et al. (Hess, Thibault & Levesque, 2013).

13.3.2 Emotionsausdruck als Kontinuum über Spezies

Darwin (1872) und moderne neurowissenschaftlich orientierte Emotionsforscher wie z. B. Panksepp (2004) gehen davon aus, dass Tiere Emotionen empfinden. Prozessmodelle der Appraisaltheorie (Leventhal & Scherer, 1987; Scherer, 2005; Smith & Kirby, 2001) beschreiben unterschiedliche kognitive Ebenen. Auf diesen können Appraisals stattfinden, die auch erklären, wie Zieldienlichkeit auf konzeptueller oder schematischer Ebenen evaluiert werden kann, die wesentlich geringere kognitive Anforderungen stellen. Aus dieser theoretischen Sicht haben Tiere sowohl einen Emotionsausdruck als auch (im Rahmen der kognitiven Gegebenheiten) ein Emotionsempfinden. Letzteres lässt sich empirisch kaum demonstrieren. In Bezug auf Verhalten gibt es eine reiche Literatur, die zeigt, dass tierisches Ausdrucksverhalten in Bezug auf Ursache und motivationales Verhalten sinnvoll in emotionalen Kategorien beschrieben werden kann (z. B., Bekoff, 2002; Masson & McCarthy, 1995; D. Morris, 1986). Umgekehrt beschreiben Menschen, die Haustiere beobachten, deren Verhalten spontan in Emotionskategorien und reagieren auf die motivationalen Signale dieser Emotionen angemessen (Fiedler, Light &

Costall, 1996; Turner, 1991), selbst wenn sie nur wenig Erfahrung im Umgang mit Tieren haben (Wemelsfelder & Lawrence, 2001)

Dieser fast schon selbstverständlichen Sicht von Tieremotionen steht eine generelle Ablehnung jeglicher Zuschreibung von Emotionen zu Tieren entgegen. So sagt Hebb (1946), dass das Zuschreiben von elaborierten, bewussten Prozessen wie Emotionen zu Tieren wenig Rechtfertigung und Erklärungswert hat (demgegenüber sah er großen Wert in der Verwendung von Emotionsbegriffen zur Beschreibung und Vorhersage von Verhalten). Die Vorstellung, dass zumindest komplexere Emotionen etwas essentiell Menschliches sind, liegt auch der Infrahumanisierungstheorie von Leyens und Kollegen (Leyens et al., 2000; Leyens et al., 2001) zugrunde, nach der solche Emotionen auch Fremdgruppen eher weniger zugeschrieben werden.

13.4 Emotionsursache und Appraisal

Im Hinblick auf die Antezedenzien von Emotionen, also auf die Ereignisse, welche Emotionen auslösen, gibt es sowohl kulturelle Ähnlichkeiten als auch Unterschiede. Scherer und Kollegen (Matsumoto, Kudoh, Scherer & Wallbott, 1988; Scherer, Summerfield & Wallbott, 1983; Wallbott & Scherer, 1986) erfassten Emotionsantezedenzien in Europa, den USA und Japan und fanden keine Kulturspezifizität. Allerdings wurden die Antezedenzien auf relative hohem Abstraktionsniveau erhoben (z. B. andauernde versus problematische Beziehungen, gute versus schlechte Nachrichten, Erfolg versus Misserfolg). Studien, die spezifischere Auslöser betrachten, können zu anderen Ergebnissen kommen. So wurde z. B. Straßenverkehr als ein häufiger Angstauslöser in den obigen Studien genannt – in Ländern ohne dichten Verkehr sollte ein solcher Auslöser keine Rolle spielen.

Die Frage nach kulturspezifischen Appraisals ist von der Fragestellung nach kulturspezifischen Antezedenzien eigentlich unabhängig. Tatsächlich stellt die Appraisaltheorie einen Ansatz zur Erklärung von oberflächlichen kulturellen Unterschieden auf der Basis eines einheitlichen Emotionsprozesses dar. Denn Appraisaltheorien postulieren, dass zwei Individuen aus unterschiedlichen Kulturen die gleiche Emotion erleben, wenn sie eine Situation gleich bewerten. Ist dies nicht der Fall, erleben sie auch unterschiedliche Emotionen. Der zugrundeliegende Bewertungsprozess soll kulturübergreifend aber der gleiche sein. Allerdings ist es möglich, dass die auf Forschung im westlichen Kulturbereich beruhenden Appraisaldimensionen nicht vollständig sind oder auch, dass die Salienz der Appraisals kulturell unterschiedlich ist (Mesquita & Ellsworth, 2001). Denn da Kulturen ungleiche Wertesysteme haben, werden unterschiedliche Situationen als relevant und potenziell motivationsinkongruent wahrgenommen. So sind laut Frijda und Mesquita (1994) in sogenannten Ehrenkulturen Ereignisse, die die persönliche Ehre betreffen, besonders relevant und können nicht unbemerkt (und unbewertet) bleiben. Solche Fokalereignisse, die in einer Ehrenkultur insbesondere Emotionen wie Scham oder Verachtung auslösen, erhöhen somit den relativen Anteil dieser Emotionen und machen sie zu markanten Modalemotionen. Ein ähnliches Phänomen beschreiben Mesquita und Ellsworth (2001) für Kulturen, in denen die Autonomie des Individuums mehr oder weniger relevant ist. Sie zitieren dabei als Beispiel die Bewertung eines Ereignisses als »selbst verursacht«. In Kulturen, in denen Autonomiegefühle besonders relevant sind, sollten Individuen auf Ereignisse, die autonomierelevant sind, besonders sensibel reagieren (Markus & Kitayama, 1994) und somit häufiger mit Ärger oder Stolz reagieren als Individuen in Kulturen, für die Autonomie weniger relevant ist. Oberflächlich betrachtet kann dies zu dem Eindruck führen, dass diese Kulturen unterschiedliche Emotionsrepertoires haben.

In bestimmten Kulturen kann es auch zu unterschiedlichen emotionalen Reaktionen auf das gleiche Ereignis kommen, weil bestimmte Appraisals systematisch und kulturbedingt anders ausfallen. So weist z. B. Scherer (1997) darauf hin, dass Probanden aus bestimmten afrikanischen Regionen geneigt sind, Ereignisse als unmoralisch, unfair und extern verursacht zu bewerten, die von europäischen Probanden anders bewertet werden. Laut Scherer kann dies auf den dort gemeinhin verbreiteten Hexenglauben zurückgeführt werden, der dazu führt, dass Ereignisse wie Krankheit und Tod eher menschlichen Verursachern als dem »Schicksal« zugeschrieben werden. Da die Zuschreibung des Ereignisses auf eine Person das Ereignis selbst zumindest prinzipiell kontrollierbar macht, sollte Ärger anstelle von Trauer resultieren. Außerdem können Emotionen kulturell unterschiedlich erscheinen, weil sich die angetroffenen modalen Ereignisse inhaltlich unterscheiden.

13.5 Emotionsnormen und Regulation

Emotionsnormen sind sozial gelernt, werden somit zugleich als kulturell bedingt verstanden und implizieren entsprechende Situationsselektion (Mesquita & Albert, 2007) oder Emotionsregulation im Versuch, sozial adäquate Emotionen zu fühlen und zu zeigen. Welche Strategie dabei am günstigsten ist, kann ebenfalls kulturabhängig sein. So fanden Butler und Kollegen (Butler, Lee & Gross, 2007), dass die üblicherweise negativen Konsequenzen der habituellen Reaktionsmodulation durch Unterdrückung des Ausdrucks bei Personen mit typisch asiatischen Werten reduziert sind. Dies kann durch Unterschiede in der Sozialisation erklärt werden (Rothbaum & Rusk, 2011).

Zusammenfassung

Unterschiedliche Sprachen haben ein unterschiedliches Repertoire an Emotionsbegriffen. Dies muss allerdings nicht bedeuten, dass in einer Kultur unbenannte Emotionen nicht trotzdem empfunden werden.

Emotionsausdrücke werden einerseits universell über Kulturen hinweg gut erkannt, andererseits weisen sie kulturelle Unterschiede auf. Ambady und Elfenbein verwenden die Metapher des linguistischen Dialekts für dieses Phänomen.

Weiterführende Literatur

Ekman, P. & Matsumoto, D. (2011). Reading faces: The universality of emotional expression. In M. A. Gernsbacher, R. W. Pew, L. M. Hough, J. R. Pomerantz (Eds.), *Psychology and the real world: Essays illustrating fundamental contributions to society* (pp. 140–146). New York, NY: Worth Publishers.

Shweder, R. A., Haidt, J., Horton, R. & Joseph, C. (2008). The cultural psychology of the emotions: Ancient and renewed. In M. Lewis, J. M. Haviland-Jones & L. F. Barrett (Eds.), *Handbook of emotions* (3rd ed.; pp. 409–427). New York, NY: Guilford Press.

Literatur

Abramson, L. Y., Seligman, M. E. & Teasdale, J. D. (1978). Learned helplessness in humans: Critique and reformulation. *Journal of Abnormal Psychology, 87*, 49-74. doi:10.1037/0021-843X.87.1.49

Abuhamdeh, S. & Csikszentmihalyi, M. (2012). The importance of challenge for the enjoyment of intrinsically motivated, goal-directed activities. *Personality and Social Psychology Bulletin, 38*(3), 317-330. doi:10.1177/0146167211427147

Adams, R. B., Jr., Gordon, H. L., Baird, A. A., Ambady, N. & Kleck, R. E. (2003). Effect of gaze on Amygdala sensitivity to anger and fear faces. *Science, 300*, 1536-1537.

Adams, S., Kuebli, J., Boyle, P. & Fivush, R. (1995). Gender differences in parent-child conversations about past emotions: A longitudinal investigation. *Sex Roles, 33*, 309-323.

Amabile, T. M. (1983). The social psychology of creativity: A componential conceptualization. *Journal of personality and social psychology, 45*(2), 357-376. doi:10.1037/0022-3514.45.2.357

Amabile, T. M. (1998). *How to kill creativity*: Harvard Business School Publishing.

Ames, C. & Archer, J. (1988). Achievement goals in the classroom: Students' learning strategies and motivation processes. *Journal of Educational Psychology, 80*(3), 260-267. doi:10.1037/0022-0663.80.3.260

Armon-Jones, C. (1985). Prescription, explication and the social construction of emotion. *Journal for the Theory of Social Behaviour, 15*, 1-22.

Armon-Jones, C. (1986). The thesis of constructionism. In R. Harré (Ed.), *The social construction of emotions* (pp. 32-56). New York, NY: Blackwell.

Arnold, M. B. (1960). *Emotion and Personnality*: Columbia University Press.

Aronson, E. (1968). Dissonance theory: Progress and problems. In R. P. Abelson, E. Aronson, W. J. McGuire, T. M. Newcomb, M. J. Rosenberg & P. H. Tannenbaum (Eds.), *Theories of cognitive consistency: A sourcebook* (pp. 5–27). Chicago: Rand McNally.

Aronson, E. & Mills, J. (1959). The effect of severity of initiation on liking for a group. *The Journal of Abnormal and Social Psychology, 59*(2), 177–181. doi:10.1037/h0047195

Aronson, J., Cohen, G. & Nail, P. R. (1999). Self-affirmation theory: An update and appraisal. In E. Harmon-Jones & J. Mills (Eds.), *Cognitive dissonance: Progress on a pivotal theory in social psychology* (pp. 127–148). Washington, DC: American Psychological Association.

Aronson, J., Lustina, M. J., Good, C., Keough, K., Steele, C. M. & Brown, J. (1999). When white men can't do math: Necessary and sufficient factors in stereotype threat, *Cong. Rec. 1(35)*, 29–46.

Arun, C. P. (2004). Fight or Flight, Forbearance and Fortitude: The Spectrum of Actions of the Catecholamines and Their Cousins. *Annals of the New York Academy of Sciences, 1018*(1), 137-140.

Atkinson, J. W. (1957). Motivational determinants of risk-taking behavior. *Psychological Review, 64*(6), 359-372. doi:10.1037/h0043445

Atkinson, J. W. (1958). *Motives in fantasy, action, and society: A method of assessment and study*. Oxford, England: Van Nostrand.

Atkinson, J. W., Bongort, K. & Price, L. H. (1977). Explorations Using Computer Simulation To Comprehend Thematic Apperceptive Measurement of Motivation. *Motivation and Emotion, 1*(1), 1-27. doi:10.1007/bf00997578

Atkinson, J. W., Heyns, R. W. & Veroff, J. (1954). The effect of experimental arousal of the affiliation motive on thematic apperception. *The Journal of Abnormal and Social Psychology, 49*(3), 405-410. doi:10.1037/h0053499

Averill, J. R. (1980). A constructivist view of emotion. In R. Plutchik & H. Kellerman (Eds.), *Theories of Emotion* (pp. 306–312, 318–322, 326–309). New York, NY: Academic Press.

Averill, J. R. (1982). *Anger and aggression*. New York, NY: Springer.

Baird, A. A., Gruber, S. A., Fein, D. A., Maas, L. C., Steingard, R. J., Renshaw, P. F., Yurgelun-Todd, B. A. (1999). Functional magnetic resonance imaging of facial affect recognition in children and adolescents. *Journal of the American Academy of Child & Adolescent Psychiatry, 38*, 195-199.

Bandura, A. (1986). *Social foundations of thought and action: A social cognitive theory*. Englewood Cliffs, NJ, US: Prentice-Hall, Inc.

Bandura, A. (1989). Human agency in social cognitive theory. *American Psychologist, 44*(9), 1175.

Bandura, A. (2010). Self-Efficacy *The Corsini Encyclopedia of Psychology*: John Wiley & Sons, Inc.

Bargh, J. A. & Williams, L. E. (2007). The Nonconscious Regulation of Emotion *Handbook of emotion regulation*. (pp. 429-445): New York, NY, US: Guilford Press.

Barrett, K. C. (1998). A functionalist perspective to the development of emotions. In M. F. Mascolo & S. Griffin (Eds.), *What develops in emotional development?* (pp. 109-133). New York, NY.

Barrett, L. F. (2013). Psychological Construction: The Darwinian Approach to the Science of Emotion. *Emotion Review, 5*(4), 379-389.

Baumeister, R. F., Heatherton, T. F. & Tice, D. M. (1994). *Losing control: How and why people fail at self-regulation*: Academic Press.

Baumeister, R. F. & Leary, M. R. (1995). The need to belong: Desire for interpersonal attachments as a fundamental human motivation. *Psychological Bulletin, 117*(3), 497-529. doi:10.1037/0033-2909.117.3.497

Baumeister, R. F. & Vohs, K. D. (2004). *Handbook of self-regulation: Research, theory, and applications*. New York, NY: Guilford Press.

Bavelas, J. B., Black, A., Lemery, C. R. & Mullett, J. (1986). »I show how you feel«: Motor mimicry as a communicative act. *Journal of personality and social psychology, 50*, 322-329.

Bekoff, M. (2002). *Minding animals: Awareness, emotions, and heart*. New York, NY: Oxford University Press.

Berkowitz, L. (1993). *Aggression: Its causes, consequences, and control*. New York, NY: McGraw-Hill.

Berlyne, D. E. (1954). A theory of human curiosity. *British Journal of Psychology. General Section, 45*(3), 180-191. doi:10.1111/j.2044-8295.1954.tb01243.x

Berridge, K. C. (2009). Comparing the emotional brains of humans and other animals. In R. J. Davidson, K. R. Scherer & H. H. Goldsmith (Eds.), *Handbook of affective sciences* (pp. 25-51). New York, NY: Oxford University Press.

Blairy, S., Herrera, P. & Hess, U. (1999). Mimicry and the Judgment of Emotional Facial Expressions. *journal of nonverbal behavior, 23*, 5-41.

Bogart, K. R. & Matsumoto, D. (2010). Facial Mimicry is Not Necessary to Recognize Emotion: Facial Expression Recognition by People with Moebius Syndrome. *Social Neuroscience, 5*, 241-251.

Bolles, R. C. & Fanselow, M. S. (1980). A perceptual–defensive–recuperative model of fear and pain. *Behavioral and Brain Sciences, 3*(2), 291-323. doi:10.1017/s0140525x0000491x

Bourgeois, P. & Hess, U. (2008). The impact of social context on mimicry. *Biological Psychology, 77*, 343-352.

Boyatzis, R. E. (1973). Affiliation motivation. *Human motivation: A book of readings*, 252-276.

Brehm, J. W. (1956). Postdecision changes in the desirability of alternatives. *The Journal of Abnormal and Social Psychology, 52*(3), 384-389. doi:10.1037/h0041006

Brehm, J. W. (1966). A theory of psychological reactance. *New York*.

Brehm, J. W. (1972). *Responses to the loss of freedom: A theory of psychological reactance*: General Learning Press.

Brehm, S. S. & Brehm, J. W. (2013). *Psychological reactance: A theory of freedom and control*: Academic Press.

Brotheridge, C. M. & Grandey, A. A. (2002). Emotional Labor and Burnout: Comparing Two Perspectives of »People Work«. *Journal of Vocational Behavior, 60*, 17-39.

Bruner, J. S. & Tagiuri, R. (1954). The perception of people. In G. Lindzey (Ed.), *Handbook of Social Psychology* (Vol. 2, pp. 634-655). Cambridge, MA: Addison-Wesley Publishing.

Brunstein, J. C. & Hoyer, S. (2002). Implizites versus explizites Leistungsstreben: Befunde zur Unabhängigkeit zweier Motivationssysteme. *Zeitschrift für Pädagogische Psychologie, 16*(1), 51-62. doi:10.1024//1010-0652.16.1.51

Butler, E. A., Lee, T. L. & Gross, J. J. (2007). Emotion regulation and culture: Are the social consequences of emotion suppression culture-specific? *Emotion, 7*(1), 30-48. doi:10.1037/1528-3542.7.1.30

Byrne, D., McDonald, R. D. & Mikawa, J. (1963). Approach and avoidance affiliation motives. *Journal of Personality*.

Cacioppo, J. T., Hawkley, L. C. & Berntson, G. G. (2003). The Anatomy of Loneliness. *Current Directions in Psychological Science, 12*(3), 71-74.

Cacioppo, J. T., Petty, R. E., Losch, M. E. & Kim, H. S. (1986). Electromyographic activity over facial muscle regions can discriminate the valence and intensity of affective reactions. *Journal of personality and social psychology, 50*(2), 260-268.

Cameron, J., Banko, K. M. & Pierce, W. D. (2001). Pervasive negative effects of rewards on intrinsic motivation: The myth continues. *The Behavior Analyst, 24*, 1-44.

Cameron, J. & Pierce, W. D. (1994). Reinforcement, reward, and intrinsic motivation: A meta-analysis. *Review of Educational research, 64*(3), 363-423.

Camras, L. A. (1992). Expressive development and basic emotions. *Cognition and Emotion, 6*(3/4), 269-283.

Camras, L. A., Oster, H., Campos, J. J., Miyake, K. & Bradshaw, D. (1992). Japanese and American infants' responses to arm restraint. *Developmental Psychology, 28*, 578-583.

Cannon, W. (1927). The James-Lange theory of emotions: A critical examination and an alternative theory. *The American Journal of Psychology, 39*(1), 106-124.

Cappella, J. N. (1993). The facial feedback hypothesis in human interaction: Review and speculation. *Journal of Language and Social Psychology, 12*, 13-29.

Carver, C. S. & Harmon-Jones, E. (2009). Anger is an approach-related affect: Evidence and implications. *Psychological Bulletin, 135*, 183-204.

Carver, C. S. & Scheier, M. F. (1982). Control theory: A useful conceptual framework for personality–social, clinical, and health psychology. *Psychological Bulletin, 92*(1), 111-135. doi:10.1037/0033-2909.92.1.111

Carver, C. S. & Scheier, M. F. (1998). *On the self-regulation of behavior*. New York, NY, US: Cambridge University Press.

Carver, C. S. & Scheier, M. F. (2001). *On the self-regulation of behavior*: Cambridge University Press.

Casey, B. J., Somerville, L. H., Gotlib, I. H., Ayduk, O., Franklin, N. T., Askren, M. K., ... Shoda, Y. (2011). Behavioral and neural correlates of delay of gratification 40 years later. *Proceedings of the National*

Academy of Sciences of the United States of America, 108(36), 14998-15003. doi:10.1073/pnas.1108561108
Chartrand, T. L. & Bargh, J. A. (1999). The chameleon effect: The perception-behavior link and social interaction. *Journal of personality and social psychology, 76*, 893-910.
Chartrand, T. L. & Dalton, A. N. (2009). Mimicry: Its ubiquity, importance, and functionality. *Oxford handbook of human action*, 458-483.
Chevalier-Skolnikoff, S. (1973). Facial expression of emotion in nonhuman primates. In P. Ekman (Ed.), *Darwin and facial expression* (pp. 11-83). New York, NY: Academic Press.
Chirkov, V. I., Ryan, R. M. & Sheldon, K. M. (2011). *Human autonomy in cross-cultural contexts: Perspectives on the psychology of agency, freedom, and well-being.* Dordrecht: Springer.
Chisholm, K. & Strayer, J. (1995). Verbal and facial measures of children's emotion and empathy. *Journal of Experimental Child Psychology., Apr; 59*(2), 299-316.
Christophe, V. & Rimé, B. (1997). Exposure to the social sharing of emotion: Emotional impact, listener responses and secondary social sharing. *European Journal of Social Psychology, 27*, 37-54.
Clore, G. L., Gasper, K. & Garvin, E. (2001). Affect as information. In J. P. Forgas (Ed.), *Handbook of affect and social cognition*. Mahwah, NJ: Lawrence Erlbaum Associates Publishers.
Cole, P. (1986). Children's spontaneous control of facial expression. *Child Development, 57*, 1309–1321.
Cornelius, R. R. (1996). *The science of emotion: Research and tradition in the psychology of emotions.* Upper Saddle River, NJ: Prentice Hall.
Crespi, L. P. (1942). Quantitative variation of incentive and performance in the white rat. *The American Journal of Psychology, 55*, 467-517. doi:10.2307/1417120
Csikszentmihalyi, M. (1975). *Beyond boredom and anxiety.* San Francisco, CA: Jossey-Bass.
Damasio, A. R. (1994). *Descartes Error: Emotion, Reason and the Human Brain.* New York: G.P. Putnam's Sons.
Darwin, C. (1859). *On the origin of species by means of natural selection.* London: J. Murray, Retrieved from Project Gutenberg 15.02.2014.
Darwin, C. (1872/1965). *The expression of the emotions in man and animals.* Chicago: The University of Chicago Press. (Originally published, 1872).
Davidson, R. J., Pizzagalli, D., Nitschke, J. B. & Kalin, N. H. (2009). Parsing the subcomponents of emotion and disorders of emotion: Perspectives from affective neuroscience. In R. J. Davidson, K. R. Scherer & H. H. Goldsmith (Eds.), *Handbook of affective sciences* (pp. 8-24). New York, NY: Oxford University Press.

Davis, J. I., Senghas, A. & Ochsner, K. N. (2009). How does facial feedback modulate emotional experience? *Journal of Research in Personality, 43* (5), 822-829. doi:10.1016/j.jrp.2009.06.005

De Charms, R. (1957). Affiliation motivation and productivity in small groups. *The Journal of Abnormal and Social Psychology, 55*(2), 222.

Deci, E. L., Koestner, R. & Ryan, R. M. (1999). A meta-analytic review of experiments examining the effects of extrinsic rewards on intrinsic motivation. *Psychological Bulletin, 125*(6), 627-668. doi:10.1037/0033-2909.125.6.627

Deci, E. L. & Ryan, R. M. (1980). The empirical exploration of intrinsic motivational processes. In L. Berkowitz (Ed.), *Advances in Experimental Social Psychology* (Vol. 13, pp. 39-80). New York:: Academic Press.

Deci, E. L. & Ryan, R. M. (1985). *Intrinsic motivation and selfdetermination theory in human behavior.* New York, NY: Plenum.

Deci, E. L. & Ryan, R. M. (2000). The »what« and »why« of goal pursuits: Human needs and the self-determination of behavior. *Psychological Inquiry, 11,* 227-268.

Deci, E. L., Ryan, R. M. & Williams, G. C. (1996). Need satisfaction and the self-regulation of learning. *Learning and Individual Differences, 8*(3), 165-183. doi: http://dx.doi.org/10.1016/S1041-6080(96)90013-8

DeLongis, A., Folkman, S. & Lazarus, R. (1988). The impact of daily stress on health and mood: Psychological and social resources as mediators. *Journal of personality and social psychology, 54,* 486-495.

Diener, C. I. & Dweck, C. S. (1978). An analysis of learned helplessness: Continuous changes in performance, strategy, and achievement cognitions following failure. *Journal of personality and social psychology, 36*(5), 451-462. doi:10.1037/0022-3514.36.5.451

Diener, C. I. & Dweck, C. S. (1980). An analysis of learned helplessness: II. The processing of success. *Journal of personality and social psychology, 39*(5), 940-952. doi:10.1037/0022-3514.39.5.940

Dimberg, U. (1982). Facial reactions to facial expressions. *Psychophysiology, 19*(6), 643-647.

Dimberg, U. (1986). Facial expressions as excitatory and inhibitory stimuli for conditioned autonomic responses. *Biological Psychology, 22,* 37-57.

Dimberg, U. (1990). Facial electromyography and emotional reactions. *Psychophysiology, 27,* 481-494.

Dimberg, U., Thunberg, M. & Elmehed, K. (2000). Unconscious facial reactions to emotional facial expressions. *Psychological Science, 11,* 86-89.

Dimberg, U., Thunberg, M. & Grunedal, S. (2002). Facial reactions to emotional stimuli: Automatically controlled emotional responses. *Cognition and Emotion, 16,* 449-472.

DSM-5. (2013). *Diagnostic and statistical manual of mental disorders. Arlington: American Psychiatric Publishing.*

Duchenne, G. B. (1862/1990). *The mechanism of human facial expression. (R.A. Cuthbertson, Ed. and Trans.)*. Cambridge: Cambridge University Press.

Duckworth, A. L., Tsukayama, E. & Kirby, T. A. (2013). Is It Really Self-Control? Examining the Predictive Power of the Delay of Gratification Task. *Personality and Social Psychology Bulletin, 39*(7), 843-855.

Duclos, S. E., Laird, J. D., Schneider, E., Sexter, M., Stern, L. & Van Lighten, O. (1989). Emotion-specific effects of facial expressions and postures on emotional experience. *Journal of personality and social psychology, 57*(1), 100-108.

Dunlap, K. (1919). Are there any instincts? *The Journal of Abnormal Psychology, 14*, 307-311. doi:10.1037/h0074215

Dweck, C. S. (1999). *Self-theories: Their role in motivation, personality, and development*. New York, NY, US: Psychology Press.

Dweck, C. S. & Leggett, E. L. (1988). A social-cognitive approach to motivation and personality. *Psychological Review, 95*(2), 256-273. doi:10.1037/0033-295x.95.2.256

Eagly, A. H. (1983). Gender and social influence: A social psychological analysis. *American Psychologist, 38*, 971-981.

Earley, P. C., Northcraft, G. B., Lee, C. & Lituchy, T. R. (1990). Impact of process and outcome feedback on the relation of goal setting to task performance. *Academy of Management Journal, 33*(1), 87-105.

Earley, P. C. & Perry, B. C. (1987). Work plan availability and performance: An assessment of task strategy priming on subsequent task completion. *Organizational Behavior and Human Decision Processes, 39*(3), 279-302.

Edwards, W. (1962). Utility, Subjective Probability, Their Interaction, and Variance Preferences. *The Journal of Conflict Resolution, 6*(1), 42-51. doi:10.2307/172877

Eibl-Eibesfeld, I. (1973). The expressive behavior of the deaf-and-blind born. In M. v. Cranach & I. Vine (Eds.), *Social Communication and movement* (pp. 163-194). London: Academic Press.

Eisenberger, R. & Cameron, J. (1996). Detrimental effects of reward: Reality or myth? *American Psychologist, 51*(11), 1153-1166. doi:10.1037/0003-066X.51.11.1153

Ekman, P. (1972). Universals and cultural differences in facial expressions of emotion. In J. Cole (Ed.), *Nebraska symposium on motivation, 1971* (pp. 207-283). Lincoln: University of Nebraska Press.

Ekman, P. (1992). An argument for basic emotions. *Cognition and Emotion, 6*, 169-200.

Ekman, P. (1994). Strong evidence for universals in facial expressions: A reply to Russell's mistaken critique. *Psychological Bulletin, 115*, 268-287.

Ekman, P. (1999). Basic emotions. In T. Dalgleish & M. J. Power (Eds.), *Handbook of cognition and emotion* (pp. 45-60). New York, NY: John Wiley & Sons.

Ekman, P. (2006). *Darwin and Facial Expression: A Century of Research in Review*: Malor Books.

Ekman, P. & Friesen, W. V. (1971). Constants across cultures in the face and emotion. *Journal of personality and social psychology, 17*, 124-129.

Ekman, P. & Friesen, W. V. (1978). *The Facial Action Coding System: A technique for the measurement of facial movement*. Palo Alto, CA: Consulting Psychologists Press.

Ekman, P. & Friesen, W. V. (1982). Felt, false, and miserable smiles. *journal of nonverbal behavior, 6*, 238-252.

Ekman, P., Friesen, W. V. & Ellsworth, P. (1972). *Emotion in the human face: Guidelines for research and an integration of findings*. New York, NY: Pergamon Press.

Ekman, P., Friesen, W. V., O'Sullivan, M., Chan, A., Diacoyanni-Tarlatzis, I., Heider, K., ... Tzavaras, A. (1987). Universals and cultural differences in the judgements of facial expressions of emotion. *Journal of personality and social psychology, 53*, 712-717. doi:10.1037/0022-3514.53.4.712

Ekman, P., Levenson, B. & Friesen, W. V. (1983). Autonomic nervous system activity distinguishes among emotions. *Science, 221*, 1208-1210.

Ekman, P., Sorenson, E. R. & Friesen, W. V. (1969). Pan-Cultural elements in facial displays of emotion. *Science, 164*(3875), 86-88. doi:10.1126/science.164.3875.86

Elfenbein, H. A. & Ambady, N. (2002). On the universality and cultural specificity of emotion recognition: A meta-analysis. *Psychological Bulletin, 128*, 203-235.

Elfenbein, H. A. & Ambady, N. (2003). Universals and cultural differences in recognizing emotions. *Current Directions in Psychological Science, 12*, 159-164. doi:10.1111/1467-8721.01252

Elfenbein, H. A., Beaupré, M. G., Levesque, M. & Hess, U. (2007). Toward a dialect theory: Cultural differences in the expression and recognition of posed facial expressions *Emotion, 7*, 131-146. doi:10.1037/1528-3542.7.1.131

Elliot, A. J. (1997). Integrating the »classic« and »contemporary« approaches to achievement motivation: A hierarchical model of approach and avoidance achievement motivation. *Advances in motivation and achievement, 10*(7), 143-179.

Elliot, A. J. & Church, M. A. (1997). A hierarchical model of approach and avoidance achievement motivation. *Journal of personality and social psychology, 72*(1), 218-232. doi:10.1037/0022-3514.72.1.218

Elliott, E. S. & Dweck, C. S. (1988). Goals: An approach to motivation and achievement. *Journal of personality and social psychology, 54*(1), 5-12. doi:10.1037/0022-3514.54.1.5

Ellsworth, P. C. (1994). William James and emotion: Is a century of fame worth a century of misunderstanding? *Psychological Review, 101*, 222-229.

Ellsworth, P. C. & Scherer, K. R. (2003). Appraisal processes in emotion. In R. J. Davidson, H. Goldsmith & K. R. Scherer (Eds.), *Handbook of the Affective Sciences* (pp. 572-595). New York and Oxford: Oxford University Press.

Ellsworth, P. C. & Smith, C. A. (1988a). From appraisal to emotion: Differences among unpleasant feelings. *Motivation & Emotion, 12,* 271-302.

Ellsworth, P. C. & Smith, C. A. (1988b). Shades of joy: Patterns of appraisal differentiating pleasant emotions. *Cognition & Emotion, 2,* 301-331.

Ernst, J. M. & Cacioppo, J. T. (1999). Lonely hearts: Psychological perspectives on loneliness. *Applied and Preventive Psychology, 8*(1), 1-22. doi: http://dx.doi.org/10.1016/S0962-1849(99)80008-0

Feather, N. T. (1961). The relationship of persistence at a task to expectation of success and achievement related motives. *The Journal of Abnormal and Social Psychology, 63*(3), 552-561. doi:10.1037/h0045671

Fehr, B. & Russell, J. A. (1984). Concept of emotion viewed from a prototype perspective. *Journal of Experimental Psychology: General, 113,* 464-486. doi:10.1037/0096-3445.113.3.464

Fernandez-Dols, J. M. & Ruiz-Belda, M. A. (1997). Spontaneous facial behavior during intense emotional episodes: Artistic truth and optical truth. In J. A. Russell & J. M. Fernandez-Dols (Eds.), *The psychology of facial expression*. Cambridge, UK: Cambridge University Press.

Festinger, L. (1957). *A theory of cognitive dissonance*. Stanford University Press: Stanford University Press.

Festinger, L. & Carlsmith, J. M. (1959). Cognitive consequences of forced compliance. *Journal of Abnormal and Social Psychology, 58,* 203-210.

Fiedler, M., Light, P. & Costall, A. (1996). Describing dog behaviour psychologically: Pet owners versus non-owners. *Anthrozoös, 9,* 196-200.

Field, T., Cohen, D., Garcia, R. & Greenberg, R. (1984). Mother- stranger face discrimination by the newborn. *Infant Behavior and Development, 7,* 19-26.

Filion, D. L., Dawson, M. E., Schell, A. M. & Hazlett, E. A. (1991). The relationship between skin conductance orienting and the allocation of processing resources. *Psychophysiology, 28,* 410-424.

Fiske, A. P., Kitayama, S., Markus, H. R. & Nisbett, R. E. (1998). The cultural matrix of social psychology. In D. T. Gilbert, S. T. Fiske & G. Lindzey (Eds.), *The handbook of social psychology* (Vol. 2, pp. 915-981). New York, NY: McGraw-Hill.

Fitzsimons, J. T. (1972). Thirst. *Physiological Reviews, 52*(2), 468-561.

Fivush, R. (1989). Exploring differences in the emotional content of mother child conversations about the past. *Sex Roles, 20,* 675-691.

Fivush, R., Brotman, M. A., Buckner, J. P. & Goodman, S. H. (2000). Gender differences in parent-child emotion narratives. *Sex Roles, 42,* 233-253.

Frank, M. G. & Ekman, P. (1993). Not all smiles are created equal: The differences between enjoyment and nonenjoyment smiles. Special Issue: Current issues in psychological humor research. *Humor: International Journal of Humor Research, 6*, 9-26.

Frank, M. G., Ekman, P. & Friesen, W. V. (1993). Behavioral markers and recognizability of the smile of enjoyment. *Journal of personality and social psychology, 64*, 83-93.

French, J. R. P. & Raven, B. (1959). The bases of social power. In D. Cartwright (Ed.), *Studies in social power* (pp. 150-167). Ann Arbor, MI: Institute for Social Research.

Freud, S. (1915/1952). *Triebe und Triebschicksale.* (Vol. X). Frankfurt: Fischer.

Freud, S. (1938/1995). *Abriss der Psychoanalyse. Einführende Darstellungen.* Frankfurt: Fischer.

Fridlund, A. J. (1991). The sociality of solitary smiling: Potentiation by an implicit audience. *Journal of personality and social psychology, 60*, 229-240.

Fridlund, A. J. (1994). *Human facial expression: An evolutionary view.* New York, NY: Academic Press.

Fridlund, A. J. & Loftis, J. M. (1990). Relations between tickling and humorous laughter: Preliminary support for the Darwin-Hecker hypothesis. *Biological Psychology, 30*, 141-150.

Frijda, N. H. (1986). *The emotions.* Cambridge: Cambridge University Press.

Frijda, N. H., Kuipers, P. & ter Shure, E. (1989). Relations among emotion appraisal and emotional action readiness. *Journal of personality and social psychology, 57*, 212-228.

Frijda, N. H. & Mesquita, B. (1994). The social roles and functions of emotions. In S. Kitayama & H. R. Markus (Eds.), *Emotion and culture: Empirical studies of mutual influence* (pp. 51-87.). Washington, DC: American Psychological Association.

Gibson, E. J. & Walk R. D. (1960). The Visual Cliff. *Scientific American, 202(4)*, 67-71.

Goldman, A. & Sripada, C. S. (2005). Simulationist models of face-based emotion recognition. *Cognition, 94*, 193-213.

Goren, C. C., Sarty, M. & Wu, P. (1975). Visual following and pattern discrimination of face-like stimuli by newborn infants. *Pediatrics, 56*, 544-549.

Gosselin, P. (1995). Le développement de la reconnaissance des expressions faciales des émotions chez l'enfant. *Revue Canadienne des sciences du comportement, 27*(1), 107-119.

Grandey, A. A., Fisk, G. M., Mattila, A. S., Jansen, K. J. & Sideman, L. A. (2005). Is »service with a smile« enough? Authenticity of positive displays during service encounters. *Organizational Behavior and Human Decision Processes, 96*, 38-55.

Grandjean, D., Sander, D. & Scherer, K. R. (2008). Conscious emotional experience emerges as a function of multilevel, appraisal-driven response synchronization. *Consciousness and Cognition, 17*, 484-495.

Grolnick, W. S. & Ryan, R. M. (1987). Autonomy in children's learning: An experimental and individual difference investigation. *Journal of personality and social psychology, 52*(5), 890-898. doi:10.1037/0022-3514.52.5.890

Gross, J. J. & Thompson, R. A. (2007). Emotion Regulation: Conceptual Foundations *Handbook of emotion regulation.* (pp. 3-24): New York, NY, US: Guilford Press.

Hagger, M. S., Wood, C., Stiff, C. & Chatzisarantis, N. L. D. (2010). Ego depletion and the strength model of self-control: a meta-analysis. *Psychological Bulletin, 136*, 495-525.

Halberstadt, A. G. & Eaton, K. L. (2003). A meta-analysis of family expressiveness and children's emotion expressiveness and understanding. *Marriage & Family Review, 34*, 35-62.

Harackiewicz, J. M. & Elliot, A. J. (1993). Achievement goals and intrinsic motivation. *Journal of personality and social psychology, 65*(5), 904-915. doi:10.1037/0022-3514.65.5.904

Harmon-Jones, E., Gable, P. A. & Peterson, C. K. (2010). The role of asymmetric frontal cortical activity in emotion-related phenomena: A review and update. *Biological Psychology, 84*, 451-462.

Harmon-Jones, E. & Harmon-Jones, C. (2007). Cognitive Dissonance Theory After 50 Years of Development. *Zeitschrift für Sozialpsychologie, 38*(1), 7-16. doi:10.1024/0044-3514.38.1.7

Harmon-Jones, E. & Mills, J. (1999). An introduction to cognitive dissonance theory and an overview of current perspectives on the theory. In E. H.-J. J. Mills (Ed.), *Cognitive dissonance: Progress on a pivotal theory in social psychology* (pp. 3-21). Washington, DC, US: American Psychological Association.

Harris, C. R. & Christenfeld, N. (1997). Humour, tickle, and the Darwin-Hecker hypothesis. *Cognition and Emotion, 11*, 103-110.

Hatfield, E., Cacioppo, J. T. & Rapson, R. L. (1994). *Emotional Contagion.* Madison, WI: C.W. Brown.

Hauser, M. D. (1996). *The evolution of communication.* Cambridge, MA: The MIT Press.

Haviland, J. M. & Lelwica, M. (1987). The induced affect response: 10-week-old infants' responses to three emotion expressions. *Developmental Psychology, 23*, 97-104.

Hawk, S. T., Fischer, A. H. & Van Kleef, G. A. (2012). Face the noise: Embodied responses to nonverbal vocalizations of discrete emotions. *Journal of Personality and Social Psychology, 102*, 796-814.

Heatherton, T. F. & Polivy, J. (1991). Development and validation of a scale for measuring state self-esteem. *Journal of personality and social psychology, 60*(6), 895-910. doi:10.1037/0022-3514.60.6.895

Hebb, D. O. (1946). Emotion in man and animal: An analysis of the intuitive processes of recognition. *Psychological Review, 53*, 88-106.

Hecker, E. (1873). *Die Physiologie und Psychologie des Lachens und des Komischen*. Berlin: Dümmler.

Heckhausen, H. (1963). *Hoffnung und Furcht in der Leistungsmotivation*. Meisenheim/Glan: Hain.

Heckhausen, J. & Heckhausen, H. (2010). Motivation und Entwicklung. In J. Heckhausen & H. Heckhausen (Hrsg.), *Motivation und Handeln* (pp. 427-488). Heidelberg: Springer.

Herrera, P., Bourgois, P. & Hess, U. (1998, September 23–27). *Counter mimicry effects as a function of racial attitudes*. Paper presented at the 38th Annual Meeting of the Society for Psychophysiological Research, Denver, CO,.

Hess, U. (2015). Nonverbal communication. In H. Friedman (Ed.), *Encyclopedia of Mental Health* (Vol. 2nd Ed.).

Hess, U. & Blairy, S. (2001). Facial mimicry and emotional contagion to dynamic emotional facial expressions and their influence on decoding accuracy. *International Journal of Psychophysiology, 40*, 129-141.

Hess, U. & Fischer, A. (2013). Emotional mimicry as social regulation. *Personality and Social Psychology Review, 17*, 142-157.

Hess, U. & Hareli, S. (2015). The Role of Social Context for the Interpretation of Emotional Facial Expressions. In M. K. Mandal & A. Awasthi (Eds.), *Understanding Facial Expressions in Communication* (pp. 119-141). New York, NY: Springer.

Hess, U., Kappas, A. & Banse, R. (1995). The intensity of facial expressions is determined by underlying affective state and social situation. *Journal of personality and social psychology, 69*, 280-288.

Hess, U., Kappas, A., McHugo, G. J., Lanzetta, J. T. & Kleck, R. E. (1992). The facilitative effect of facial expression on the self-generation of emotion. *International Journal of Psychophysiology, 12*, 251-265.

Hess, U., Philippot, P. & Blairy, S. (1999). Mimicry: Facts and fiction. In P. Philippot & R. S. Feldman (Eds.), *The social context of nonverbal behavior. Studies in emotion and social interaction.* (pp. 213-241). Cambridge, UK: Cambridge University Press.

Hess, U., Thibault, P. & Levesque, M. (2013). Where do emotional dialects come from? A comparison of the understanding of emotion terms between Gabon and Quebec. In J. R. J. Fontaine, K. R. Scherer & C. Soriano (Eds.), *Components of emotional meaning: A sourcebook*. Oxford, UK: Oxford University Press.

Heyman, G. D. & Dweck, C. S. (1992). Achievement goals and intrinsic motivation: Their relation and their role in adaptive motivation. *Motivation and Emotion, 16*(3), 231-247. doi:10.1007/bf00991653

Higgins, E. T. (1997). Beyond pleasure and pain. *American Psychologist, 52*, 1280–1300.

Holmes, T. H. & Rahe, R. H. (1967). The Social Readjustment Rating Scale. *Journal of Psychosomatic Research, 11*, 213-218.

Holt, E. B. (1931). *Animal drive and the learning process*. Oxford, England: Holt.

Hom, H. L. (1994). Can you Predict the Overjustification Effect? *Teaching of Psychology, 21*(1), 36-37.

Howard, A. & Bray, D. W. (1988). *Managerial lives in transition: Advancing age and changing times*. New York, NY, US: Guilford Press.

Hull, C. L. (1933). Differential habituation to internal stimuli in the albino rat. *Journal of Comparative Psychology, 16*, 255-273. doi:10.1037/h0071710

Hull, C. L. (1943). *Principles of behavior: An introduction to behavior theory*. Oxford, England: Appleton-Century.

Hull, C. L. (1952). *A behavior system: An introduction to behavior theory concerning the individual organism*. New Haven, NJ: Yale University Press.

Ikemoto, S. & Panksepp, J. (1999). The role of nucleus accumbens dopamine in motivated behavior: A unifying interpretation with special reference to reward-seeking. *Brain Research Reviews, 31*(1), 6-41. doi:10.1016/s0165-0173(99)00023-5

Irwin, F. W. (1953). Stated Expectations as Functions of Probability and Desirability of Outcomes. *Journal of Personality, 21*(3), 329-335. doi:10.1111/j.1467-6494.1953.tb01775.x

Isaacson, R. L. (1964). Relation between n Achievement, Test Anxiety, and curricular choices. *The Journal of Abnormal and Social Psychology, 68* (4), 447-452. doi:10.1037/h0043399

Izard, C. E. (1971). *The face of emotion*. New York, NY: Appleton-Century-Crofts.

Izard, C. E. (1997). Emotions and facial expressions: A perspective from differential emotions theory. In J. A. Russell & J. M. Fernandez-Dols (Eds.), *The psychology of facial expression: Studies in emotion and social interaction* (pp. 57-77). New York, NY: Cambridge University Press.

Jackson, D. N. (1984). *Personality Research Form Manual (PRF)*: Sigma Assessment Systems, Research Psychologists Press Division.

Jakobs, E., Manstead, A. S. R. & Fischer, A. H. (1999). Social motives and emotional feelings as determinants of facial displays: The case of smiling. *Personality and Social Psychology Bulletin, 25*, 424-435.

Jakobs, E., Manstead, A. S. R. & Fischer, A. H. (2001). Social context effects on facial activity in a negative emotional setting. *Emotion, 1*, 51-69.

James, W. (1884). What is an emotion? . *Mind, 9*, 188-205.

James, W. (1890). *Principles of psychology*. New York, NY: Holt.

James, W. (1892). The self *Psychology* (pp. 176-216). NY, US: Henry Holt and Company.

James, W. (1894). The physical basis of emotion. *Psychological Review, 1*, 516-529. doi:10.1037/h0065078

John, O. P. & Gross, J. J. (2004). Healthy and unhealthy emotion regulation: Personality processes, individual differences, and life span development. *Journal of Personality, 72*(6), 1301-1333. doi:10.1111/j.1467-6494.2004.00298.x

Kagan, J., Arcus, D., Snidman, N., Feng, W. Y., Hendler, J. & Greene, S. (1994). Reactivity in infants: A cross-national comparison. *Developmental Psychology, 30*, 342-345.

Kahneman, D. & Tversky, A. (1979). Prospect Theory: An Analysis of Decision under Risk. *Econometrica, 47*(2), 263-291. doi:10.2307/1914185

Kappas, A. (2001). A metaphor is a metaphor is a metaphor: Exorcising the homunculus from appraisal theory. In K. R. Scherer, A. Schorr & T. Johnstone (Eds.), *Appraisal processes in emotion: Theory, methods, research* (pp. 157-172). New York, NY, US: Oxford University Press.

Kappas, A. (2006). Appraisals are direct, immediate, intuitive, and unwitting...and some are reflective. *Cognition and Emotion, 20*(7), 952-975. doi:10.1080/02699930600616080

Kappas, A. & Pecchinenda, A. (1999). Don't wait for the monsters to get you: A video game task to manipulate appraisals in real time. *Cognition & Emotion, 13*, 119-124.

Kappas, A., Pecchinenda, A. & Bherer, F. (1999). The wizard of Oz: Appraisals and emotions in a voice-controlled video game. *Psychophysiology, 36*, S65.

Kasser, T. & Ryan, R. M. (2001). Be careful what you wish for: Optimal functioning and the relative attainment of intrinsic and extrinsic goals. In P. S. K. M. Sheldon (Ed.), *Life goals and well-being: Towards a positive psychology of human striving* (pp. 116-131). Ashland, OH, US: Hogrefe & Huber Publishers.

Kelley, H. H. (1967). Attribution theory in social psychology. In D. Levine (Ed.), *Nebraska Symposium on Motivation* (Vol. 15, pp. 192-238). Lincoln, NE: University of Nebraska Press.

Kiesler, D. J. (1982). Interpersonal theory for personality and psychotherapy. *Handbook of interpersonal psychotherapy*, 3-24.

Kipnis, D. (1974). The power holder. In J. T. Tedeschi (Ed.), *Perspectives on social power* (pp. 82–122). Chicago: Aldine.

Kitayama, S., Markus, H. R. & Kurokawa, M. (2000). Culture, Emotion, and Well-being: Good Feelings in Japan and the United States. *Cognition and Emotion, 14*, 93-124.

Kleinginna, P. R. & Kleinginna, A. M. (1981). A categorized list of emotion definitions, with suggestions for a consensual definition. *Motivation and Emotion, 5*(4), 345-379.

Klien, G. (1954). Need and Regulation. In M. R. Jones (Ed.), *Nebraska sympooisum on motivation* (Vol. 2, pp. 224-274). Lincoln: University of Nebraska Press.

Klinnert, M. D., Campos, J. J., Sorce, J. F., Emde, R. N. & Svejda, M. (1983). Emotions as behavior regulators: Social referencing in infancy.

In R. Plutchik & H. Kellerman (Eds.), *Emotion: Theory, research and experience* (Vol. 2, pp. 57-86). New York: Academic Press.

Knutson, B., Adams, C. M., Fong, G. W. & Hommer, D. (2001). Anticipation of increasing monetary reward selectively recruits nucleus accumbens. *The JOurnal of Neuroscience, 21*(16), RC159.

Kohlberg, L. (1969). Stage and sequence: The cognitive-developmental approach to socialization. In D. A. Goslin (Ed.), *Handbook of socialization theory and research* (pp. 347-480). Chicago: Rand McNally.

Korsgaard, M. A. & Diddams, M. (1996). The Effect of Process Feedback and Task Complexity on Personal Goals, Information Searching, and Performance Improvement1. *Journal of Applied Social Psychology, 26* (21), 1889-1911.

Kreibig, S. D. (2010). Autonomic nervous system activity in emotion: A review. *Biological Psychology, 84*, 394-421.

Kurtz, M. M. & Campbell, B. A. (1994). Paradoxical Autonomic Responses to Aversive Stimuli in the Developing Rat. *Behavioral Neuroscience, 108*, 962-971.

Lakin, J. L., Jefferis, V. E., Cheng, C. M. & Chartrand, T. L. (2003). The Chameleon Effect as social glue: Evidence for the evolutionary significance of nonconscious mimicry. *journal of nonverbal behavior, 27*, 145-162.

Lamarck, J.-B. (1809). *Philosophie zoologique, ou Exposition des considérations relatives à l'histoire naturelle des animaux*. Paris: Dentu.

Lanctôt, N. & Hess, U. (2007). The timing of appraisals. *Emotion, 7*, 207-212.

Langan-Fox, J. & Grant, S. (2006). The Thematic Apperception Test: Toward a Standard Measure of the Big Three Motives. *Journal of Personality Assessment, 87*(3), 277-291. doi:10.1207/s15327752jpa8703_09

Lange, C. G. (1885; deutsch 1887). *Om Sindsbevægelser: En psykofysiologisk Studie*. Kopenhagen Kronar (dt.: Über Gemüthsbewegungen: Eine psycho-physiologische Studie. Leipzig: Theodor Thomas).

Lansing, J. B. & Heyns, R. W. (1959). Need affiliation and frequency of four types of communication. *The Journal of Abnormal and Social Psychology, 58*(3), 365-372. doi:10.1037/h0045906

Lanzetta, J. T. & Englis, B. G. (1989). Expectations of cooperation and competition and their effects on observers' vicarious emotional responses. *Journal of personality and social psychology, 56*, 543-554.

Latham, G. P., Erez, M. & Locke, E. A. (1988). Resolving scientific disputes by the joint design of crucial experiments by the antagonists: Application to the Erez–Latham dispute regarding participation in goal setting. *Journal of Applied Psychology, 73*(4), 753-772. doi:10.1037/0021-9010.73.4.753

Latham, G. P., Winters, D. C. & Locke, E. A. (1994). Cognitive and motivational effects of participation: A mediator study. *Journal of Organizational Behavior, 15*(1), 49-63.

Lazarus, R. S. (1974). Psychological stress and coping in adaptation and illness. *International Journal of Psychiatry in Medicine, 5*, 321-333.

Lazarus, R. S. (1991). *Emotion and adaptation*. New York: Oxford University Press.

Lazarus, R. S. & Alfert, E. (1964). Short-circuiting of threat by experimentally altering cognitive appraisal. *Journal of Abnormal and Social Psychology, 69*, 195-205.

Leary, T. F. (1957). *Interpersonal diagnosis of personality*: Ronald Press New York.

LeDoux, J. E. (1996). *The emotional brain: The mysterious underpinnings of emotional life*. New York, NY: Simon & Schuste.

Leonard, R. J. (1995). From Parlor Games to Social Science: Von Neumann, Morgenstern, and the Creation of Game Theory 1928-1944. *Journal of Economic Literature, 33*(2), 730-761. doi:10.2307/2729025

Lepper, M. R., Greene, D. & Nisbett, R. E. (1973). Undermining children's intrinsic interest with extrinsic reward: A test of the »overjustification« hypothesis. *Journal of personality and social psychology, 28*(1), 129-137. doi:10.1037/h0035519

Leventhal, H., Brown, D., Shacham, S. & Engquist, G. (1979). Effects of preparatory information about sensations, threat of pain, and attention on cold pressor distress. *Journal of personality and social psychology, 37*(5), 688-714. doi:10.1037/0022-3514.37.5.688

Leventhal, H. & Scherer, K. R. (1987). The relationship of emotion to cognition: A functional approach to a semantic controversy. *Cognition and Emotion, 1*(1), 3-28.

Lewis, M., Haviland-Jones, J. & Feldman Barrett, L. (2008). *Handbook of emotion*. New York, NY: Guilford Press.

Leyens, J.-P., Paladino, P. M., Rodriguez-Torres, R., Vaes, J., Demoulin, S., Rodriquez-Perez, A. & Gaunt, R. (2000). The emotional side of prejudice: The attribution of secondary emotions to ingroups and outgroups. *Personality and Social Psychology Review, 4*, 186-197.

Leyens, J.-P., Rodriguez-Perez, A., Rodriguez-Torres, R., Gaunt, R., Paladino, P. M., Vaes, J. & Demoulin, S. (2001). Psychological essentialism and the differential attribution of uniquely human emotions to ingroups and outgroups. *European Journal of Social Psychology, 31*, 395-411.

Likowski, K. U., Mühlberger, A., Seibt, B., Pauli, P. & Weyers, P. (2008). Modulation of facial mimicry by attitudes. *Journal of Experimental Social Psychology, 44*, 1065–1072.

Lipps, T. (1907). Das Wissen von fremden Ichen. In T. Lipps (Ed.), *Psychologische Untersuchungen (Band 1)* (pp. 694-722). Leipzig: Engelmann.

Locke, E. A., Alavi, M. & Wagner III, J. A. (1997). Participation in decision making: An information exchange perspective *Research in personnel and human resources management, Vol. 15* (pp. 293-331). US: Elsevier Science/JAI Press.

Locke, E. A. & Latham, G. P. (1990). *A theory of goal setting & task performance*: Prentice-Hall, Inc.

Locke, E. A. & Latham, G. P. (1994). Goal setting theory. In H. F. O. Neil & M. D. Jr (Eds.), *Motivation: Theory and research* (pp. 13-29). Hillsdale, NJ, England: Lawrence Erlbaum Associates, Inc.

Locke, E. A. & Latham, G. P. (2002). Building a practically useful theory of goal setting and task motivation: A 35-year odyssey. *American Psychologist, 57*(9), 705-717.

Lorenz, K. (1937). Über die Bildung des Instinktbegriffs. *Naturwissenschaften, 25*, 289–331.

Lundqvist, L. O. & Dimberg, U. (1995). Facial expressions are contagious. *Journal of Psychophysiology, 9*, 203-211.

Lutz, C. & White, G. M. (1986). The anthropology of emotions. *Annual Review of Anthropology., Vol 15*, 405-436.

MacLean, P. D. (1973). *A triune concept of the brain and behaviour: Hincks memorial lectures*. Oxford, UK: U. Toronto Press.

Magnée, M. J. C. M., Stekelenburg, J. J., Kemner, C. & de Gelder, B. (2007). Similar facial electromyographic responses to faces, voices, and body expressions. *Neuroreport: For Rapid Communication of Neuroscience Research, 18*, 369-372.

Maringer, M., Krumhuber, E. G., Fischer, A. H. & Niedenthal, P. M. (2011). Beyond smile dynamics: Mimicry and beliefs in judgments of smiles. *Emotion, 11*(1), 181-187. doi:10.1037/a0022596

Markus, H. R. & Kitayama, S. (1994). The cultural construction of self and emotion: Implications for social behavior. In S. Kitayama & H. R. Markus (Eds.), *Emotion and culture: Empirical studies of mutual influence* (pp. 89-130). Washington, DC: American Psychological Association.

Marsh, A. A., Elfenbein, H. A. & Ambady, N. (2003). Nonverbal »accents«: Cultural differences in facial expressions of emotion. *Psychological Science., 14*, 373-376.

Masson, J. & McCarthy, S. (1995). *When elephants weep: The emotional lives of animals*. New York, NY: Delacorte Press.

Matsumoto, D. (1987). The role of facial response in the experience of emotion: More methodological problems and a meta-analysis. *Journal of personality and social psychology, 52*, 759-768.

Matsumoto, D., Kudoh, T., Scherer, K. R. & Wallbott, H. (1988). Antecedents of and reactions to emotions in the United States and Japan. *Journal of Cross-Cultural Psychology, 19*(3), 267-286. doi:10.1177/0022022188193001

Matsumoto, D. & Willingham, B. (2006). The thrill of victory and the agony of defeat: Spontaneous expressions of medal winners of the 2004

Athens Olympic Games. *Journal of personality and social psychology, 91*, 568-581.

Matsumoto, D., Yoo, S. H., Nakagawa, S., Alexandre, J., Altarriba, J. & Anguas-Wong, A. M. (2008). Culture, emotion regulation, and adjustment. *Journal of personality and social psychology, 94*(6), 925.

Maurice, J. C. M., Magnée, M. J. C. M., De Gelder, B., Van Engeland, H. & Kemner, C. (2007). Facial electromyographic responses to emotional information from faces and voices in individuals with pervasive developmental disorder. *Journal of child psychology and psychiatry, 48*, 1122–1130.

Mauro, R., Sato, K. & Tucker, J. (1992). The role of appraisal in human emotions: A cross-cultural study. *Journal of personality and social psychology, 62*, 301-317.

McAdams, D. P. (1980). A thematic coding system for the intimacy motive. *Journal of Research in Personality, 14*(4), 413-432. doi: http://¬dx.doi.org/10.1016/0092-6566(80)90001-X

McAdams, D. P., Healy, S. & Krause, S. (1984). Social motives and patterns of friendship. *Journal of personality and social psychology, 47* (4), 828-838. doi:10.1037/0022-3514.47.4.828

McAdams, D. P., Jackson, R. J. & Kirshnit, C. (1984). Looking, laughing, and smiling in dyads as a function of intimacy motivation and reciprocity. *Journal of Personality, 52*(3), 261-273. doi:10.1111/j.1467-6494.1984.tb00881.x

McAdams, D. P. & Losoff, M. (1984). Friendship Motivation in Fourth and Sixth Graders: A Thematic Analysis. *Journal of Social and Personal Relationships, 1*(1), 11-27. doi:10.1177/0265407584011002

McClelland, D. C. (1965). Toward a theory of motive acquisition. *American Psychologist, 20*(5), 321-333. doi:10.1037/h0022225

McClelland, D. C., Atkinson, J. W., Clark, R. A. & Lowell, E. L. (1953). *The achievement motive*. East Norwalk, CT, US: Appleton-Century-Crofts.

McClelland, D. C., Davis, W. N., Kalin, R. & Wanner, E. (1972). *The drinking man: Alcohol and human motivation*: Med Council on Alcohol.

McClelland, D. C., Koestner, R. & Weinberger, J. (1989). How do self-attributed and implicit motives differ? *Psychological Review, 96*(4), 690-702. doi:10.1037/0033-295x.96.4.690

McClelland, D. C. & Pilon, D. A. (1983). Sources of adult motives in patterns of parent behavior in early childhood. *Journal of personality and social psychology, 44*(3), 564-574. doi:10.1037/0022-3514.44.3.564

McClure, E. B. (2000). A meta-analytic review of sex differences in facial expression processing and their development in infants, children, and adolescents. *Psychological Bulleting, 126*, 424-453.

McDougall, W. (1908). *An Introduction to Social Psychology*. London:: Methuen & Co.

McIntosh, D. N. (1996). Facial feedback hypothesis: Evidence, implications, and directions. *Motivation and Emotion, 20*, 121–147.

McRae, K., Jacobs, S. E., Ray, R. D., John, O. P. & Gross, J. J. (2012). Individual differences in reappraisal ability: Links to reappraisal frequency, well-being, and cognitive control. *Journal of Research in Personality, 46*(1), 2-7. doi:10.1016/j.jrp.2011.10.003

Mehrabian, A. & Ksionzky, S. (1970). Models for affiliative and conformity behavior. *Psychological Bulletin, 74*(2), 110-126. doi:10.1037/h0029603

Mehrabian, A. & Ksionzky, S. (1974). *A theory of affiliation*: DC Heath Lexington, MA.

Meltzoff, A. N. & Moore, M. K. (1977). Imitation of facial and manual gestures by human neonates. *Science, 198*, 74-78.

Meltzoff, A. N. & Moore, M. K. (1983). Newborn infants imitate adult facial gestures. *Child Development, 54*, 702-709.

Mento, A. J., Steel, R. P. & Karren, R. J. (1987). A meta-analytic study of the effects of goal setting on task performance: 1966–1984. *Organizational Behavior and Human Decision Processes, 39*(1), 52-83. doi: http://dx.doi.org/10.1016/0749-5978(87)90045-8

Mesquita, B. (2001). Emotions in collectivist and individualist contexts. *Journal of personality and social psychology, 80*, 67-74.

Mesquita, B. & Albert, D. (2007). The Cultural Regulation of Emotions *Handbook of emotion regulation* (pp. 486-503). New York, NY, US: Guilford Press.

Mesquita, B. & Ellsworth, P. C. (2001). The role of culture in appraisal *Appraisal processes in emotion: Theory, methods, research* (pp. 233-248). New York, NY, US: Oxford University Press.

Mesquita, B., Frijda, N. H. & Scherer, K. R. (1997). Culture and emotion. In J. W. Berry, P. R. Dasen & T. S. Saraswathi (Eds.), *Handbook of cross cultural psychology* (2nd ed., Vol. 2, Basic processes and human development, pp. 255-297). Boston, MA: Allyn & Bacon.

Messinger, D. S., Fogel, A. & Dickson, K. L. (2001). All smiles are positive, but some smiles are more positive than others. *Developmental Psychology, 37*, 642-653.

Metcalfe, J. & Mischel, W. (1999). A hot/cool-system analysis of delay of gratification: Dynamics of willpower. *Psychological Review, 106*(1), 3-19. doi:10.1037/0033-295X.106.1.3

Mikulincer, M. (1988a). The relation between stable/unstable attribution and learned helplessness. *British Journal of Social Psychology, 27*(3), 221-230. doi:10.1111/j.2044-8309.1988.tb00822.x

Mikulincer, M. (1988b). The relationship of probability of success and performance following unsolvable problems: Reactance and helplessness effects. *Motivation and Emotion, 12*(2), 139-153.

Miller, G. A., Galanter, E. & Pribram, K. H. (1960). *Plans and the structure of behavior*. New York: Holt, Rinehart and Winston.

Mischel, W. (1996). From good intentions to willpower. In P. M. G. J. A. Bargh (Ed.), *The psychology of action: Linking cognition and motivation to behavior* (pp. 197-218). New York, NY, US: Guilford Press.

Mischel, W., Ayduk, O., Berman, M. G., Casey, B. J., Gotlib, I. H., Jonides, J., ... Shoda, Y. (2011). ›Willpower‹ over the life span: Decomposing self-regulation. *Social Cognitive and Affective Neuroscience, 6*(2), 252-256. doi:10.1093/scan/nsq081

Mischel, W., Shoda, Y. & Rodriguez, M. I. (1989). Delay of gratification in children. *Science, 244*(4907), 933-938.

Moffitta, T. E., Arseneaultb, L., Belskya, D., Dicksonc, N., Hancoxc, R. J., Harringtona, H., ... Rossa, S. (2011). A gradient of childhood self-control predicts health, wealth, and public safety. *PNAS, 108*(7), 2693-2698.

Morris, D. (1986). *Cat watching*. New York, NY: Crown Publishers.

Morris, J. S., Öhman, A. & Dolan, R. J. (1998). Conscious and unconscious emotional learning in the human amygdala. *Nature, 393*, 467-470.

Muraven, M., Baumeister, R. F. & Tice, D. M. (1999). Longitudinal improvement of self-regulation through practice: Building self-control strength through repeated exercise. *The Journal of Social Psychology, 139*(4), 446-457.

Murray, H. A. (1938). *Explorations in personality*. Oxford, England: Oxford Univ. Press.

Murray, H. A. (1943). *Thematic apperception test*. Cambridge, MA, US: Harvard University Press.

Neubert, M. J. (1998). The Value of Feedback and Goal Setting Over Goal Setting Alone and Potential Moderators of this Effect: a Meta-Analysis. *Human Performance, 11*(4), 321-335. doi:10.1207/s15327043hup1104_2

Nussbaum, M. C. (2003). *Upheavals of Thought: The Intelligence of Emotions*. New York, NY: Cambridge University Press

Oatley, K. & Johnson-Laird, P. N. (1987). Towards a cognitive theory of emotions. *Cognition and Emotion, 1*, 29-50.

Öhman, A. & Dimberg, U. (1978). Facial expressions as conditioned stimuli for electrodermal responses: A case of ›preparedness‹? *Journal of personality and social psychology, 36*, 1251-1258.

Ortony, A., Clore, G. L. & Collins, A. (1988). *The cognitive structure of emotions*. New York, NY: Cambridge University Press.

Panksepp, J. (1998). *Affective neuroscience: The foundations of human and animal emotions*. New York, NY, US: Oxford University Press.

Parkinson, B. (1997). Untangling the appraisal-emotion connection. *Personality and Social Psychology Review., Vol 1*(1), 62-79.

Parkinson, B. (2005). Do Facial Movements Express Emotions or Communicate Motives? *Personality and Social Psychology Review, 9*, 278-311.

Parkinson, B. & Manstead, A. S. R. (1993). Making sense of emotion in stories and social life. *Cognition and Emotion, 7*, 295-323.

Patrick, H., Knee, C. R., Canevello, A. & Lonsbary, C. (2007). The role of need fulfillment in relationship functioning and well-being: A self-determination theory perspective. *Journal of personality and social psychology, 92*(3), 434-457. doi:10.1037/0022-3514.92.3.434

Pennebaker, J. W. & Sanders, D. Y. (1976). American Graffiti: Effects of Authority and Reactance Arousal. *Personality and Social Psychology Bulletin, 2*(3), 264-267.

Pfaffmann, C. (1960). The pleasures of sensation. *Psychological Review, 67* (4), 253-268. doi:10.1037/h0045838

Philippot, P., Chapelle, G. & Blairy, S. (2002). Respiratory feedback in the generation of emotion. *Cognition and Emotion, 16*, 605-627.

Plutchik, R. (1980). *Emotion: A psychoevolutionary synthesis*. New York: Harper & Row.

Raven, B. H. (1964). *Social influence and power*. Retrieved from

Redican, W. K. (1982). An evolutionary perspective on human facial displays. In P. Ekman (Ed.), *Emotion in the human face* (2nd ed., pp. 212-280). Elmsford, NY: Pergamon.

Reisenzein, R. (1983). The Schachter Theory of Emotion: Two Decades Later. *Psychological Bulletin, 94*, 239-264.

Reisenzein, R. (2003). Stumpfs kognitiv-evaluative Theorie der Emotionen. In L. Sprung & W. Schönpflug (Eds.), *Zur Geschichte der Psychologie in Berlin* (2 ed., pp. 227-274). Frankfurt am Main: Lang.

Reisenzein, R. & Hofmann, T. (1993). Discriminating emotions from appraisal-relevant situational information: Baseline data for structural models of cognitive appraisals. *Cognition & Emotion, 7*, 271-293.

Reisenzein, R., Meyer, W.-U. & Schützwohl, A. (2001). *Einführung in die Emotionspsychologie. Band I: Emotionstheorien von Watson, James und Schachter*. Bern: Huber.

Reisenzein, R. & Schönpflug, W. (1992). Stumpf's cognitive-evaluative theory of emotion. *American Psychologist, 47*, 34-45.

Reisenzein, R. & Spielhofer, C. (1994). Subjectively salient dimensions of emotional appraisal. *Motivation & Emotion, 18*, 31-77.

Reissland, N. & Harris, P. (1991). Children's use of display rules in pride-eliciting situations. *British Journal of Developmental Psychology, 9*, 431-435.

Richeson, J. A., Trawalter, S. & Shelton, J. N. (2005). African Americans' Implicit Racial Attitudes and the Depletion of Executive Function after Interracial Interactions. *Social Cognition, 23*, 336-352.

Ridgeway, D., Waters, E. & Kuczaj, S. A. (1985). Acquisition of emotion-descriptive language: Receptive and productive vocabulary norms for ages 18 months to 6 years. *Developmental Psychology, 21*, 901-908.

Rimé, B. (1995). The social sharing of emotion as a source for the social knowledge of emotion. In J. A. Russell, J. M. Fernandez-Dols, A. S. R. Manstead & J. C. Wellenkamp (Eds.), *Everyday conceptions of emotion: An introduction to the psychology, anthropology, and linguistics of emotion* (pp. 475-490). New York: Springer.

Rimé, B. (2009). Emotion Elicits the Social Sharing of Emotion: Theory and Empirical Review. *Emotion Review, 1*, 60–85.

Rimé, B. (2005). *Le partage social des émotions [The social sharing of emotions]*. Paris: Presses Universitaires de France.

Rizzolatti, G. (2005). The mirror neuron system and its function in humans. *Anatomy and Embryology, 210*. doi:DOI 10.1007/s00429-005-0039-z

Rizzolatti, G. & Craighero, L. (2005). Mirror neuron: a neurological approach to empathy. In J.-P. Changeux, A. R. Damasio, W. Singer & Y. Christen (Eds.), *Neurobiology of human values* (pp. 107-123). Berlin: Springer.

Robinson, M. D. (1998). Running from William James' bear: A review of preattentive mechanisms and their contributions to emotional experience. *Cognition and Emotion, 12*, 667-696.

Robinson, M. D. & Clore, G. L. (2002). Belief and feeling: Evidence for an accessibility model of emotional self-report. *Psychological Bulletin, 128*, 934-960.

Roseman, I. J. (1984). Cognitive determinants of emotion: A structural theory. *Review of Personality & Social Psychology, 5*, 11-36.

Rothbaum, F. & Rusk, N. (2011). Pathways to emotion regulation: Cultural differences in internalization *Socioemotional development in cultural context* (pp. 99-127). New York, NY, US: Guilford Press.

Rotter, J. B. (1975). Some problems and misconceptions related to the construct of internal versus external control of reinforcement. *Journal of Consulting and Clinical Psychology, 43*, 56-67.

Rubin, R. S. (2002). Will the real SMART goals please stand up. *The Industrial-Organizational Psychologist, 39*(4), 26-27.

Russell, J. A. (1991). Culture and the categorization of emotions. *Psychological Bulletin, 110*, 426-450.

Russell, J. A. (1994). Is there universal recognition from facial expression? A review of the cross-cultural studies. *Psychological Bulletin, 115*, 102-141.

Russell, J. A. (1995). Facial expressions of emotion: What lies beyond minimal universality? *Psychological Bulletin, 118*, 379-391.

Ryan, R. M. (1995). Psychological needs and the facilitation of integrative processes. *Journal of Personality, 63*(3), 397-427. doi:10.1111/j.1467-6494.1995.tb00501.x

Ryan, R. M. & Deci, E. L. (2000). Self-determination theory and the facilitation of intrinsic motivation, social development, and well-being. *American Psychologist, 55*(1), 68-78. doi:10.1037/0003-066X.55.1.68

Ryan, R. M., Deci, E. L. & Grolnick, W. S. (1995). Autonomy, relatedness, and the self: Their relation to development and psychopathology. In D. C. D. J. Cohen (Ed.), *Developmental psychopathology, Vol. 1: Theory and methods* (pp. 618-655). Oxford, England: John Wiley & Sons.

Saarni, C. (1984). An Observational Study of Children's Attempts to Monitor Their Expressive Behavior. *Child Development, 55*, 1504-1513.

Sander, D. & Scherer, K. R. (2009). *Oxford Companion to Emotion and the Affective Sciences*. Oxford, UK: Oxford University Press.

Schachter, S. (1959). *The psychology of affiliation*. Stanford, CA: Stanford University Press.

Schachter, S. (1964). The interaction of cognitive and physiological determinants of emotional states. In L. Berkowitz (Ed.), *Advances in Experimental Social Psychology*. New York, NY: Academic Press.

Schachter, S. & Singer, J. E. (1962). Cognitive, social, and physiological determinants of emotional states. *Psychology Review, 69*, 379-399.

Scherer, K. R. (1984). On the nature and function of emotion: A component process approach. In K. R. Scherer & P. Ekman (Eds.), *Approaches to emotion* (pp. 293-317). Hillsdale, NJ: Erlbaum.

Scherer, K. R. (1987). Towards a dynamic theory of emotion: The component process model of affective states. *Geneva Studies in Emotion and Communication, 1*, 1-98. Retrieved from www.affective-sciences.org/node/402

Scherer, K. R. (1994). Toward a concept of »modal emotions«. In P. Ekman & R. J. Davidson (Eds.), *The nature of emotion: Fundamental questions* (pp. 25-31). New York/Oxford: Oxford University Press.

Scherer, K. R. (1997). The role of culture in emotion-antecedent appraisal. *Journal of personality and social psychology, 73*, 902-922.

Scherer, K. R. (2005). Unconscious processes in emotion: The bulk of the iceberg. In L. Feldman-Barrett, P. Niedenthal & P. Winkielman (Eds.), *Emotion and consciousness* (pp. 312-334). New York, NY: Guilford Press.

Scherer, K. R., Summerfield, A. B. & Wallbott, H. G. (1983). Cross-national research on antecedents and components of emotion: A progress report. *Social Science Information/sur les sciences sociales, 22*(3), 355-385. doi:10.1177/053901883022003002

Scherer, K. R. & Wallbott, H. G. (1994). Evidence for universality and cultural variation of differential emotion response patterning. *Journal of personality and social psychology, 66*, 310-328.

Schlam, T. R., Wilson, N. L., Shoda, Y., Mischel, W. & Ayduk, O. (2013). Preschoolers' delay of gratification predicts their body mass 30 years later. *The Journal of Pediatrics, 162*(1), 90-93. doi:10.1016/j.jpeds.2012.06.049

Schmalt, H.-D. & Heckhausen, H. (2010). Machtmotivation. In J. Heckhausen & H. Heckhausen (Hrsg.), *Motivation und Handeln* (pp. 211-236). Heidelberg: Springer.

Schmeichel, B. J. & Baumeister, R. F. (2004). Self-regulatory strength. In R. F. B. K. D. Vohs (Ed.), *Handbook of self-regulation: Research, theory, and applications* (pp. 84-98). New York, NY, US: Guilford Press.

Schmuck, P., Kasser, T. & Ryan, R. M. (2000). Intrinsic and extrinsic goals: Their structure and relationship to well-being in German and U. S.

college students. *Social Indicators Research, 50*(2), 225-241. doi:10.1023/A:1007084005278

Schultheiss, O. C., Liening, S. & Schad, D. J. (2008). The reliability of a Picture Story Exercise measure of implicit motives: Estimates of internal consistency, retest reliability, and ipsative stability. *Journal of Research in Personality, 42*, 1560-1571.

Schultheiss, O. C., Yankova, D., Dirlikov, B. & Schad, D. J. (2009). Are implicit and explicit motive measures statistically independent? A fair and balanced test using the Picture Story Exercise and a cue-and response-matched questionnaire measure. *Journal of Personality Assessment, 91*, 72-81.

Seligman, M. E. & Maier, S. F. (1967). FAILURE TO ESCAPE TRAUMATIC SHOCK. *Journal of Experimental Psychology, 74*(1), 1-9. doi:10.1037/h0024514

Sheffield, F. D. & Roby, T. B. (1950). Reward value of a non-nutritive sweet taste. *Journal of Comparative and Physiological Psychology, 43*, 471-481. doi:10.1037/h0061365

Sheldon, K. M., Ryan, R. & Reis, H. T. (1996). What makes for a good day? Competence and autonomy in the day and in the person. *Personality and Social Psychology Bulletin, 22*(12), 1270-1279. doi:10.1177/01461672962212007

Shipley, T. E., Jr. & Veroff, J. (1952). A projective measure of need for affiliation. *Journal of Experimental Psychology, 43*, 349-356.

Shweder, R. A., Haidt, J., Horton, R. & Joseph, C. (2008). The cultural psychology of the emotions: Ancient and renewed *Handbook of emotions (3rd ed.)* (pp. 409-427). New York, NY, US: Guilford Press.

Simon, L., Greenberg, J. & Brehm, J. W. (1995). Trivialization: The forgotten mode of dissonance reduction. *Journal of personality and social psychology, 68*, 247–260.

Skinner, B. F. (1938). *The behavior of organisms: an experimental analysis.* Oxford, UK: Appleton-Century.

Skinner, B. F. (1953). *Science and human behavior*: Simon and Schuster.

Smith, C. A. & Ellsworth, P. C. (1985). Patterns of cognitive appraisal in emotion. *Journal of personality and social psychology, 48*, 813-838. doi:10.1037/0022-3514.48.4.813

Smith, C. A. & Kirby, L. D. (2001). Affect and cognitive appraisal processes. In J. P. Forgas (Ed.), *Handbook of affect and social cognition* (pp. 75-92). Mahwah, NJ: Lawrence Erlbaum.

Smith, C. A. & Scott, H. S. (1997). A componential approach to the meaning of facial expressions. In J. A. Russell & J.-M. Fernández-Dols (Eds.), *The psychology of facial expression* (pp. 229-254). New York, NY: Cambridge University Press.

Sorrentino, R. M. & Sheppard, B. H. (1978). Effects of affiliation-related motives on swimmers in individual versus group competition: A field

experiment. *Journal of personality and social psychology, 36*(7), 704-714. doi:10.1037/0022-3514.36.7.704
Speisman, J. C., Lazarus, R. S., Mordkoff, A. & Davison, L. (1964). Experimental reduction of stress based on ego-defense theory. *The Journal of Abnormal and Social Psychology, 68*, 367-380. doi:10.1037/h0048936
Spencer, H. (1899). *The Principles of Biology: Vol. 1 & 2*: Williams & Norgate.
Sroufe, L. (1979). The ontogenesis of emotions. In J. Osofsky (Ed.), *Handbook of infant development*. New York, NY: Wiley.
Steele, C. M. (1988). The psychology of self-affirmation: Sustaining the integrity of the self. *Advances in Experimental Social Psychology, 21*, 261-302.
Stel, M. & van Knippenberg, A. (2008). The Role of Facial Mimicry in the Recognition of Affect. *Psychological Science, 19*, 984 - 985.
Stepper, S. & Strack, F. (1993). Proprioceptive determinants of affective and nonaffective feelings. *Journal of personality and social psychology, 64*(2), 211-220.
Strack, F., Martin, L.L., Stepper, S. (1988). Inhibiting and facilitating conditions of the human smile: A nonobstrusive test of the facial feedback hypothesis. *Journal of personality and social psychology, 54* (5), 778-777.
Talwar, V. & Lee, K. (2002). Emergence of white-lie telling in children between 3 and 7 years of age. *Merrill-Palmer Quarterly, 48*, 160-181.
Thibault, P., Levesque, M., Gosselin, P. & Hess, U. (2012). The Duchenne marker is NOT a universal signal of smile authenticity: but it can be learned! . *Special Issue of Social Psychology on Culture as Process, 43, 215-221.*
Thill, E. & Vallerand, R. J. (1993). *Introduction à la psychologie de la motivation*: [Laval, Québec]: Éditions Études vivantes.
Tinbergen, N. (1951). *The study of instinct*. London, UK: Oxford University Press.
Tomaka, J., Blascovich, J., Kelsey, R. M. & Leitten, C. L. (1993). Subjective, Physiological, and Behavioral Effects of Threat and Challenge Appraisal *Journal of personality and social psychology, 65*, 248-260.
Tourangeau, R. & Ellsworth, P. C. (1979). The role of facial response in the experience of emotion. *Journal of personality and social psychology, 37*, 1519-1531.
Tracy, K., Locke, E. & Renard, M. (1999). *Conscious goal setting versus subconscious motives: Longitudinal and concurrent effects on the performance of entrepreneurial firms.* Paper presented at the annual meeting of the Academy of Management, Chicago, IL.
Turner, D. C. (1991). The ethology of the human-cat relationship. *Schweizer Archiv für Tierheilkunde, 133*, 63-70.

Tversky, A. & Kahneman, D. (1992). Advances in prospect theory: Cumulative representation of uncertainty. *Journal of Risk and Uncertainty, 5*(4), 297-323. doi:10.1007/BF00122574

Vallerand, R. J. (2007). Intrinsic and extrinsic motivation in sport and physical activity: A review and a look at the future. In trinsic, s. extrinsic motivation in, A. r. physical activity & G. T. R. C. E. a look at the future (Eds.), *Handbook of sport psychology (3rd Ed.)* (pp. 59-83). Hoboken, NJ, US: John Wiley & Sons Inc.

van Reekum, C. M., Johnstone, T., Banse, R., Etter, A., Wehrle, T. & Scherer, K. R. (2004). Psychophysiological responses to appraisal dimensions in a computer game. *Cognition & Emotion, 18*, 663-688.

Veroff, J. (1992). Power motivation. In C. P. Smith, J. W. Atkinson, D. C. McClelland & J. Veroff (Eds.), *Motivation and personality: Handbook of thematic content analysis* (pp. 278-285). New York, NY, US: Cambridge University Press.

Von Neumann, J. & Morgenstern, O. (1944). *Theory of games and economic behavior*. Princeton, NJ: Princeton University Press.

Vroom, V. H. (1964). *Work and motivation*. Oxford, England: Wiley.

Wagner, H. L. & Smith, J. (1991). Facial expressions in the presence of friends and strangers. *journal of nonverbal behavior, 15*(4), 201-214.

Walker-Andrews, A. S. (1997). Infants' perception of expressive behaviors: Differentiation of multimodal information. *Psychological Bulletin, 121*, 437-456.

Wallbott, H. G. & Scherer, K. R. (1986). The antecedents of emotional experiences *Experiencing emotion: A cross-cultural study* (pp. 69-83). Paris, France: Editions de la Maison des Sciences de l'Homme.

Warner, L. H. (1928a). A study of hunger behavior in the white rat by means of the obstruction method. Comparison of sex and hunger behavior. *Journal of Comparative Psychology, 8*(4), 273-299. doi:10.1037/h0074197

Warner, L. H. (1928b). A study of thirst behavior in the white rat by means of the obstruction method. *The Pedagogical Seminary and Journal of Genetic Psychology, 35*(2), 178-191.

Watson, J. B. (1924). *Behaviorism*. New York, NY: People's Institute Company.

Weber, M. (1925/2002). *Wirtschaft und Gesellschaft*. Tübingen: Mohr-Siebeck.

Weiner, B. (1985). An attributional theory of achievement motivation and emotion. *Psychological Review, 95*, 548-573.

Weiner, B. (1986). *An attributional theory of motivation and emotion*. New York: Springer.

Weiner, B. (1990). History of motivational research in education. *Journal of Educational Psychology, 82*(4), 616-622. doi:10.1037/0022-0663.82.4.616

Weisbuch, M. & Ambady, N. (2008). Affective divergence: Automatic responses to others' emotions depend on group membership. *Journal of personality and social psychology, 95*, 1063-1079.

Wemelsfelder, F. & Lawrence, A. B. (2001). Qualitative assessment of animal behaviour as an on-farm welfare-monitoring tool. *Acta Agriculturae Scandinavica Section A- Animal Science, 51*, 21-25.

Weyers, P., Mühlberger, A., Kund, A., Hess, U. & Pauli, P. (2009). Modulation of facial reactions to avatar emotional faces by nonconscious competition priming. *Psychophysiology, 46*, 328-335.

Whalen, P. J. (2007). The uncertainty of it all. *Trends in Cognitive Sciences, 11*, 499-500.

Wierzbicka, A. (1994). Emotion, language, and cultural scripts. In S. Kitayama & H. R. Markus (Eds.), *Emotion and culture: Empirical studies of mutual influence*. Washington, DC: American Psychological Association.

Williams, G. C. & Deci, E. L. (1996). Internalization of biopsychosocial values by medical students: a test of self-determination theory. *Journal of personality and social psychology, 70*, 767-779.

Wilson, T. D. & Linville, P. W. (1982). Improving the academic performance of college freshmen: Attribution therapy revisited. *Journal of personality and social psychology, 42*(2), 367-376. doi:10.1037/0022-3514.42.2.367

Wilson, T. D. & Linville, P. W. (1985). Improving the performance of college freshmen with attributional techniques. *Journal of personality and social psychology, 49*(1), 287-293. doi:10.1037/0022-3514.49.1.287

Winter, D. G. (1973). *The power motive*. New York: Free Press.

Wortman, C. B. & Brehm, J. W. (1975). Responses to Uncontrollable Outcomes: An Integration of Reactance Theory and the Learned Helplessness Modell. In B. Leonard (Ed.), *Advances in Experimental Social Psychology* (Vol. Volume 8, pp. 277-336): Academic Press.

Yabar, Y. & Hess, U. (2007). Display of empathy and perception of outgroup members. *New Zealand Journal of Psychology, 36*, 42-50.

Zajonc, R. B. (1980). Feeling and thinking: Preferences need no inferences. *American Psychologist,, 35*, 151-175. doi:10.1037/0003-066X.35.2.151

Zanna, M. P. & Cooper, J. (1974). Dissonance and the pill: An attribution approach to studying the arousal properties of dissonance. *Journal of personality and social psychology, 29*, 703-709. doi:10.1037/h0036651

Zayas, V., Mischel, W. & Pandey, G. (2014). Mind and brain in delay of gratification. In V. F. R. V. Zayas (Ed.), *The neuroscience of risky decision making* (pp. 145-176). Washington, DC, US: American Psychological Association.

Zimmerman, B. J. (2000). Attaining self-regulation: A social cognitive perspective. In M. Boekaerts, P. R. Pintrich & M. Zeidner (Eds.), *Handbook of self-regulation* (pp. 13-39). San Diego, CA, US: Academic Press.

Stichwortverzeichnis

A

Affektive Neurowissenschaften 160
- Panksepp 165

Affektive Störungen 117
Affiliation 48
Amotivation 93, 107
Amygdala 163
Anreize 18, 100
Anschlussmotivation 48
Appraisal 150
- Ablauf 155

Appraisaldimensionen 152
Appraisaltheorien 132, 147–148
- Arnold 148
- Lazarus 150
- Prozessmodelle 157

Attribution 93
Attributionstheorie 46, 103
Autonomie 31–32
- -orientierung 109

B

Basisemotionen 124, 126, 165, 175
Bedürfnis nach Intimität 51
Bedürfnis nach Zugehörigkeit 48
Bedürfnisse 28
- physiologische 28
- psychologische 29
- soziale 36
- universelle psychologische 31

Behavioral Ecology Theory 129
Belohnung, Kosten der 101
Belohnungsaufschub 22, 82

D

Dissonanzeffekt, emotionaler 188
Dominanz 54
Duchenne-Lächeln 139, 172
Duchennemarker 196

E

Ego-Depletion 81
Einstellungsänderung 89
Eintrittswahrscheinlichkeit 71
Emotionen
- Entwicklung 171
- Funktion 121–122
- Komponenten 116, 118–119
- modale 169

Emotionsarbeit 187
Emotionsausdruck 132, 172, 195
Emotionsbegriffe 168, 193
Emotionsempfinden 193–194
Emotionsepisoden 116, 118
Emotionserkennung 173, 186, 196
Emotionsnormen 200
Emotionsregulation 187
Emotionsrepertoire 199
Emotionstheorien
- Darwin 135
- James 140

Emotionswissen 176
Entscheidungstheorie 70–71
Erlernte Hilflosigkeit 92, 103

F

Facial-Feedbacktheorien 139
Feedback 69
Fehlattribution 144–145
Framing 73
Furcht vor Misserfolg 40
Furcht vor Schwäche 54
Furcht vor Zurückweisung 50

G

Gefühle 115
- subjektive 118, 141
Gesichtsausdruck 127
Gesichtsfeedback 139, 141–142

H

Handlungsabsichten 129
Handlungstendenzen 149, 167
Heiß-/Kalt-Theorie 83
Hoffnung auf Anschluss 50
Hoffnung auf Erfolg 40

I

Infrahumanisierungstheorie 198
Instinkt 22

J

James-Lange-Theorie 141–142

K

Kausaldimensionen 47
Kausalorientationstheorie 109
Kernthemen 152
Kognitive Dissonanztheorie 86
Kognitive Evaluationstheorie 103, 105
Kompetenz 31, 33
Kompetenzorientierung 40
Kontinuum der Motivation 107
Kontrollorientierung 109
Kontrollüberzeugung 107
Kulturelle Dialekte 196

L

Lächeln 139, 172
Lachen 137
Leistungsmotivation 40
Leistungsziele 44
Lügen, soziale 177

M

Macht 54
- durch Belohnung 55
- durch Identifikation 56
- durch Information 56
- durch Zwang 56
- Expertenmacht 56
- legitime 56
Machtmotiv/-motivation 54
Machtorientierung 55
Messung 18
Mimikry 138, 183–185
Montonie-Hypothese *Siehe* Gesichtsfeedback 142
Motivation 15
- extrinsische 99, 106
- implizite 70
- intrinsische 99
- Quellen 17
Motive 18, 37–38

N

Nachentscheidungsdissonanz 90
Notwendigkeitshypothese *Siehe* Gesichtsfeedback 142

O

Organismische Integrationstheorie 106

P

Performanz 40, 45
Präferenzen 117
Präventionsfokus 84
Promotionsfokus 84
Prospekt-Theorie 72–73

R

Reaktanz 94
Reappraisal 151
Regulation
– externe 107
– identifizierte 107
– integrierte 108
– introjizierte 107
Regulationsfokustheorie 84
Regulationsmethoden 188
Risikowahl-Modell 41

S

Selbst 70, 76
Selbstbestätigung 88
Selbstdeterminationstheorie 32, 106
Selbstkonsistenz 87
Selbstkonzept 70, 76
Selbstregulation 76, 80
Selbstwert 85
Selbstwirksamkeit 77, 91
Somatische Marker
– Damasio 162
Soziale Regeln 176
Soziale Rollen 167
Soziales Wissen 181
Sozialkonstruktivistische Emotionstheorien 167
Stimmungen 117
Stressemotionen 149–150
Stressmodell nach Lazarus 150

Subjektiver Nutzen 71
Suffizienz-Hypothese *Siehe* Gesichtsfeedback 142

T

TAT 20
Temperament 117
Tieremotionen 165, 197
Trieb 23–24
Triurne Brain
– McLean 160

U

Unpersönliche Orientierung 109

V

Verhaltensrepertoire 171
Verstärker 100

W

Werturteile 117
Wille 21, 79

Z

Ziel 67
– -bindung 67
– -schwierigkeit 68
– -spezifizität 68
– -theorien, Kritik 73
Zielsetzungstheorie 66
Zugehörigkeit 31, 35
Zwei-Faktoren-Theorie der Emotionen
– Schachter und Singer 144

Johannes Schiebener
Matthias Brand

Allgemeine Psychologie I

2014. 272 Seiten mit 50 Abb. und 3 Tab. Kart.
€ 22,99
ISBN 978-3-17-021990-8

Grundriss der Psychologie, Band 3

Die Allgemeine Psychologie I bildet für Studierende den Einstieg in die Psychologie. Um dieser Zielgruppe gerecht zu werden, werden die Themen Perzeption, Kognition und Handeln in diesem Lehrbuch kompakt und leicht verständlich vermittelt. Das in allen Kapiteln einheitliche Konzept spiegelt die empirische und naturwissenschaftliche Arbeitsweise in der Allgemeinen Psychologie wider. Phänomene und Theorien werden mit Alltagsbeispielen erläutert, neurobiologische Grundlagen erklärt und empirische Studien vorgestellt.

W. Kohlhammer GmbH · 70549 Stuttgart
vertrieb@kohlhammer.de · www.kohlhammer.de